本书是国家社科基金一般项目“资源环境约束下我国少数民族地区经济增长效率研究”（14BTJ013）的研究成果
本书受到云南省哲学社会科学学术著作出版专项经费资助

经济管理学术文库 • 经济类

资源环境约束下我国少数民族地区经济增长效率研究

A Study on Economic Growth Efficiency under Resources and Environment Constraints in Ethnic Minority Regions of China

徐 杰／著

经济管理出版社
ECONOMY & MANAGEMENT PUBLISHING HOUSE

图书在版编目（CIP）数据

资源环境约束下我国少数民族地区经济增长效率研究/徐杰著．—北京：经济管理出版社，2020.9

ISBN 978－7－5096－7342－3

Ⅰ.①资…　Ⅱ.①徐…　Ⅲ.①少数民族经济—经济发展—研究—中国　Ⅳ.①F127.8

中国版本图书馆CIP数据核字(2020)第146653号

组稿编辑：王　洋
责任编辑：曹　靖　王　洋
责任印制：黄章平
责任校对：董杉珊

出版发行：经济管理出版社
（北京市海淀区北蜂窝8号中雅大厦A座11层　100038）
网　　址：www.E－mp.com.cn
电　　话：（010）51915602
印　　刷：北京玺诚印务有限公司
经　　销：新华书店
开　　本：720mm×1000mm/16
印　　张：13.75
字　　数：240千字
版　　次：2020年9月第1版　2020年9月第1次印刷
书　　号：ISBN 978－7－5096－7342－3
定　　价：88.00元

前　言

我国少数民族大多分布在西部边疆地区，西部大开发以来，少数民族地区依靠资源禀赋优势快速发展，然而，在高速增长的同时，少数民族地区资源环境却付出了巨大代价。自然资源是不可再生的，资源的过度消耗一方面降低了资源的利用效率，另一方面导致环境污染日趋严峻，污染治理成本的上升削弱了经济的增长效率，而少数民族地区的特殊性又进一步制约了经济效率的提高。少数民族有其独特的语言、文化、价值观念，这些差异一方面增加了投资者的交易成本，另一方面阻碍了民族地区经济一体化发展，限制了生产要素的自由流入，而少数民族地域空间的封闭性导致的经济、技术的封闭性以及文化价值观念的封闭性，又使其陷入了一个社会经济封闭发展的"孤岛"陷阱。此外，由于历史和地理的原因，少数民族分散程度高，城镇集聚能力差。人口的过度分散，既影响了少数民族地区产业结构的优化，又制约了资源的优化配置，从而降低了经济效率。既有研究不仅忽略了资源环境约束，而且没能考虑民族地区的特殊性，扭曲了对经济绩效的评价，从而误导政策建议。鉴于此，本书考虑少数民族地域特征，深入探讨资源环境对少数民族地区经济效率的制约效应，从而科学评价经济发展绩效，正确认识少数民族地区经济发展中的资源环境代价。这对地方政府减少对资源禀赋的过度依赖，制定科学合理的经济政策，促进经济发展和资源环境的和谐统一，实现民族地区可持续发展具有重要的实践意义。

鉴于此，首先，本书对经济增长效率的测算方法以及相应文献进行述评，并指出既有研究方法和文献的缺陷与不足，在此基础上，提出本书的研究方法及思路。其次，鉴于既有研究对资本和劳动投入的估算结果差异较大，而投入指标的准确度量对经济增长效率的测算至关重要，为此，本书对资本和劳动投入指标重新进行了更加精确的估算。对于资本存量，为了解决既有研究主观假设对折旧率的影响，利用投入产出表构建的理论模型计算出动态资本折旧率，使折旧率的确定更加客观合理，也更加符合我国经济快速发展的现实，从而使资本存量估计结果更加客观精确；对于劳动投入，已有研究要么忽略劳动质量改善，要么没能正确考虑劳动质量的改善，从而不能准确评价我国的劳动投入水平。为此，本书利用《中国劳动统计年鉴》和各省区统计年鉴数据，通过矩阵计算，构建不同教育程度的劳动者报酬向量和平均工资比，并以此为权重计算考虑劳动质量改善的各省区劳动投入。再次，为解决既有研究中经济增长效率测算模型的缺陷与不足，本书在 Tone（2003）考虑非期望产出的 SBM 模型基础上，构建基于产出角度的 SBM - Undesirable 模型，该模型不仅正确考虑了非期望产出问题，还解决了投入产出的松弛性问题，并充分考虑到规模报酬不变（CRS）和规模报酬可变（VRS）两种情形，从而有效避免了效率测度偏差，完善了经济增长效率的测算方法。最后，为刻画少数民族特殊性对经济增长效率的影响，本书考虑少数民族的地域特征，将其引入经济增长效率影响因素模型，定量分析其对少数民族地区经济增长效率的制约效应。

本书的主要结论如下：

（1）对折旧率的计算结果表明：我国资本折旧率呈现出随时间先升后降的趋势。表明随着技术水平的不断提升，设备更新改造的速度在加快，至于 2007 年以后出现的下降趋势，可能的原因是金融危机爆发后，企业面临“去产能”压力，开工率不足导致资本折旧率逐步回落。

（2）对各省份的资本产出比检验发现：2008 年之前资本产出比缓慢提升，但区域间差异较大。该情况可能是以下两个原因共同作用的结果：一个原因是与西方发达国家相比，现阶段部分省区的劳动密集型产业较多，资本相对稀缺，资本的边际效率相对较高，导致资本产出比较低；另一个原因是目前我国的技术水平与发达国家还有一定差距，较低的技术水平导致资本的利用效率低下，从而导致部分省区的资本产出比较高。对于 2008 年之后出现的加速上升趋势，可能的原因是国家 2008 年“四万亿计划”基建投资和之后持续宽松的货币政策导致资本快速积累，从而加速了资本深化。

（3）对劳动投入的计算结果表明：2003 ~ 2016 年，质量改善对劳动投入的贡献由 2003 年的 36.66% 快速上升到 2016 年的 83.17%。这表明劳动质量改善已经是中国经济劳动投入增长的重要源泉，忽视了劳动质量改善，不可避免地低估中国经济的劳动投入，在增长核算研究中，会导致高估中国经济增长效率。从时间趋势来看，2003 ~ 2016 年，简单劳动投入增长率总体上呈下降趋势，仅实现了年均 1.94% 的增长，而考虑劳动质量改善的劳动投入实现了年均 12.96% 的增长。这表明劳动质量的改善，在我国劳动投入增长中所起的作用越来越大，而从业人数增长的作用则越来越小。可见，虽然我国劳动人口在 2012 年之后开始下降，人口红利逐渐消失，但考虑劳动质量改善的人口质量红利正在不断释放，因此我国劳动投入的增长正逐步由劳动人数的增长向劳动质量的改善转变。

（4）对经济增长效率的测算结果表明：忽略资源环境约束，少数民族地区经济增长效率总体上是不断上升的，VRS 下的平均效率水平为 0.933，而考虑资源环境约束后，经济增长效率总体上是不断下降的，VRS 下的平均效率水平为 0.719，表明在现有技术水平下，少数民族地区经济效率还有 28.1% 的提升空间；资源环境约束确实导致了少数民族地区经济增长效率的损失，VRS 下平均效率损失超过 20%，除宁夏和青海处于生产前沿外，其余各省份经济增长效率均有待进一步改善；分区域来看，我国经济增长效率区域差异明显。在忽略资源环境约束下，考察期内平均效率水平的区域分布为：中部地区 > 民族地区 > 东北地区 > 东部地区，而在考虑资源环境约束后，考察期内平均效率水平的区域分布为：东部地区 > 民族地区 > 中部地区 > 东北地区。考虑资源环境约束后，东部地区不但没有效率损失，而且还出现效率改善，其余地区经济效率均大幅下降。此外，2016 年之后各区域均出现一个效率改善的过程，然而这种趋势能否确立还存在不确定性，可能的原因是供给侧结构性改革的实施，提高了资源利用效率，改善了有效供给，从而提升了各区域的经济增长效率。

（5）对经济增长效率影响因素的检验结果表明：忽略资源环境约束下，对外开放水平的确促进了经济效率的提升，考虑资源环境约束下，对外开放水平则显著降低了少数民族地区经济效率，本书的研究支持“污染天堂假说”，即少数民族地区“高污染、高能耗、高排放”的出口产品结构显著降低了经济效率。忽略资源环境约束下，市场化水平抑制了少数民族地区的经济效率，而考虑资源环境约束下，则促进了经济效率的提升。少数民族地区市场化水平低，产权不明晰，导致资源配置无效率，资源的掠夺性开发不但降低了资源的利用效率，而且导致环境污染加剧。可见，少数民族地区应进一步完善资源和环境产权制度，不断提升市场化水平，进而促进少数民族地区经济效率的改善。

忽略资源环境约束下城镇化水平对经济效率具有显著抑制效应，考虑资源环境约束下城镇化水平具有显著促进作用。可见，通过推进经济活动在适宜空间上的有效集聚，可以促进要素市场的共享和产品市场的扩大，实现分工的不断细化和专业化水平的不断提升，为少数民族地区的产业结构调整、资源的优化配置和技术进步提供条件，从而在根本上减少经济增长中的资源依赖，解决环境保护与经济增长的尖锐矛盾。忽略资源环境约束时，产业结构对经济增长效率具有显著的促进作用，而考虑资源环境约束时具有显著的抑制作用。因此，一方面需要少数民族地区加快以“退二进三”为主导的产业结构调整，优先发展第三产业；另一方面要坚持走新型工业化的发展模式，降低工业化程度提高对经济效率的影响。

在忽略资源环境约束时，能源结构对少数民族地区经济效率影响不显著，而考虑资源环境约束后具有显著抑制作用。少数民族地区虽然煤炭资源丰富，但煤炭消耗是导致我国环境污染的重要原因之一。因此，在节能减排约束下，少数民族地区应不断改善以煤炭为主的能源结构，减少因环境污染引起的经济效率损失。能源效率在忽略资源环境约束时对经济效率具有促进作用，但不显著，而考虑资源环境约束时具有显著的促进作用。可见，在节能减排约束下，少数民族地区应不断提升能源效率水平，以进一步强化其对经济效率的促进作用。

虽然本书将资源环境约束纳入效率测度框架，并考虑了少数民族的特殊性对经济增长效率的影响，但也存在诸多不足，以期在后续研究中克服缺陷，将研究推向深入。具体来讲，包含以下几点：

（1）在固定资本存量的估算过程中，本书推导了一个计算资本折旧率的理论模型，并利用投入产出表的数据计算出不同时期的动态资本折旧率。该方法与既有研究方法相比，更加客观和合理，放松了既有研究在估算折旧率时的一些主观假设，但该方法使用的固定资产折旧数据来源于我国的会计核算方法，我国会计核算的固定资产折旧没能准确体现资产效率的下降。因此，需要在以后的研究中能够采用更加合理和准确的指标，但根据我国既有的统计数据，暂时还找不到相关的统计数据，无疑，这是我们今后需要进一步研究的问题。

（2）在编制劳动投入指标时，理论上应当对从业人员按不同属性分组。由于数据的可获得性和准确性，我们仅对从业人员按教育程度进行了分组，因此，本书的劳动投入的估算结果存在一定的局限性。后续研究如果能够获得按照性别、年龄、教育程度、行业、职业、就业身份等属性交叉分组的数据，由此来反映劳动力的质量差异，就可以对劳动投入进行更加精确的测算，从而更加准确地度量经济增长效率。

（3）为了解决既有研究中效率测算模型存在的缺陷与不足，本书构建了基于产出角度的 SBM - Undesirable 模型，该模型不仅正确考虑了非期望产出问题，还解决了投入产出的松弛性问题，并充分考虑到规模报酬不变（CRS）和规模报酬可变（VRS）两种情形，从而有效避免了效率测度偏差。然而，基于产出角度的效率测算模型，可能导致测算结果的选择性偏差，如何能从投入和产出两个角度对既有的SBM模型进行改进，从而避免角度选择差异产生的偏差和影响，将是我们下一步亟须解决的问题。

目　录

第一章　绪　论

一、研究价值和意义

（一）实践价值和意义

少数民族地区是指以少数民族人民为主聚集生活的地区，包括内蒙古自治区、宁夏回族自治区、新疆维吾尔自治区、西藏自治区、广西壮族自治区五大少数民族自治区和少数民族分布集中的贵州、云南、青海三省。可见，我国少数民族主要分布在西部边疆地区，是经济和社会发展较为落后的地区，更是对自然资源有着高度依赖的生态脆弱地区。西部大开发以来，少数民族地区依靠资源禀赋优势快速发展，然而，在高速增长的同时，少数民族地区资源环境却付出了巨大代价。污染排放量增长率明显高于东、中部地区，而环境污染治理强度和能力却显著落后于东、中部地区，与此同时，能源消费增长率远高于中部地区，与东部地区相当（胡鞍钢，2008；王兵等，2010）。少数民族地区虽然资源丰富，但其能源效率相对于其他区域而言是最低的，2003～2016 年，全国能源效率平均水平为 0.76 万元/吨标准煤，而少数民族地区仅为 0.48 万元/吨标准煤（2000 年价格），属于能源低效区。此外，少数民族地区存在“资源诅咒”现象，而“资源诅咒”现象的来源主要是煤炭（陈祖海等，2015）。随着国家“节能减排”政策日趋严格，进一步强化了少数民族地区的资源环境约束。自然资源是不可再生的，资源的过度消耗一方面降低了资源的利用效率，另一方面导致环境污染日趋严峻，污染治理成本的上升削弱了经济的增长效率，而少数民族地区特征又进一步制约了经济效率的提升。

少数民族有其独特的语言、文化、价值观念，这些差异一方面增加了投资的交易成本，另一方面阻碍了经济一体化发展，限制了生产要素的自由流入（周民良，2008），而少数民族地域空间的封闭性导致的经济、技术的封闭性以及文化价值观念的封闭性，又使其陷入了一个社会经济封闭发展的“孤岛”陷阱（程厚思等，1999）。截至2014年，少数民族地区市场化指数平均为4.67，而全国平均为6.75；截至2016年，少数民族地区平均外贸依存度仅有7.5%，而全国平均为20.90%，均大幅低于全国平均水平。较低的对外开放水平和市场化水平限制了国际分工和专业化程度提升，制约了产权制度改革，降低了资源配置效率。此外，由于历史和地理的原因，少数民族分散程度高，城镇集聚能力差。截至2016年，少数民族地区平均城镇化率为50.60%，其中部分省份仅为45%左右，如贵州44.15%、云南45.03%，低于全国十几个百分点。人口的过度分散，既影响了少数民族地区产业结构的优化，又制约了资源的优化配置，从而降低了经济效率（郑长德，2009）。已有研究既没有考虑资源环境约束，也没有考虑少数民族地区的特殊性，扭曲了对经济绩效的评价，从而误导政策建议。鉴于此，本书考虑少数民族地区特征，深入探讨资源环境对少数民族地区经济效率的制约效应，从而科学评价经济发展绩效，正确认识少数民族地区经济发展中的资源环境代价。这对地方政府减少对资源禀赋的过度依赖，制定科学合理的经济政策，促进经济发展和资源环境的和谐统一，实现民族地区可持续发展具有重要的实践意义。

（二）理论价值和意义

首先，基于已有研究模型的缺陷与不足，本书在Tone（2003）考虑非期望产出的SBM模型基础上，构建基于产出角度的SBM - Undesirable模型，该模型不仅正确考虑了非期望产出问题，还解决了投入产出的松弛性问题，并充分考虑到规模报酬不变（CRS）和规模报酬可变（VRS）两种情形，从而有效避免了效率测度偏差，完善了经济增长效率的测算方法。

其次，除模型的选择与构建外，影响技术效率测算准确性的另一个关键因素是投入指标的数据处理，尤其是资本和劳动投入指标。对于资本投入，既有研究一般假定建筑和设备的使用年限，并采用几何折旧法计算出资本折旧率。

可见，对资产使用年限的不同假定会导致折旧率计算结果差别较大①，而资本存量又对折旧率的变化很敏感②，由此导致资本存量估算结果的更大差异。既有研究对于劳动投入的处理主要是采用历年从业人数或是人力资本存量代替，要么忽略劳动质量改善，要么没能正确考虑劳动质量的改善，从而不能准确评价我国的劳动投入水平。为此，本书采用新的方法分别对资本和劳动投入进行估计，使估算结果更加客观和准确，一方面降低了技术效率测算过程中的数据偏差，另一方面也丰富了我国资本和劳动的基础数据，为后续相关研究提供参考。

二、研究目的、思路及方法

（一）研究目的

针对既有研究文献的缺陷与不足，本书重新估计了少数民族地区的资本和劳动投入，并构建了基于产出角度的 SBM – Undesirable 模型，在考虑少数民族独特的文化和地域特征基础上，考察资源环境约束下的经济增长效率及其制约效应。从而科学评价少数民族地区的经济发展绩效，正确认识经济发展中的资源环境代价，为少数民族地区的可持续发展提供政策建议，为政府制定相应的经济政策提供理论依据。

（二）研究思路

为实现研究目的，本书按照如下思路展开研究（见图 1 – 1）：

（三）研究方法

（1）文献研究。主要通过对既有文献的述评，找出研究的缺陷与不足，在此基础上，提出本书的创新点。

① 黄勇峰和任若恩（2002）根据工业协会和 1985 年政府税收规定，假定建筑和机器设备的寿命分别为 40 年和 16 年，张军（2004）假定建设和设备的寿命分别为 45 年和 20 年，白重恩等（2006）假定建筑和设备平均寿命期分别为 38 年和 12 年，单豪杰（2008）参考财政部《国有企业固定资产分类折旧年限表》等确定相应资本品的使用寿命，最终将建筑和机器设备寿命确定分别为 38 年和 16 年。

② 黄宗远、宫汝凯（2008）和李宾（2009）通过对不同时期资本折旧率的假定，对折旧率进行敏感性分析，结果表明：折旧率对估计结果存在较强烈的敏感度，其变动会引起资本存量的估计结果更大差异。

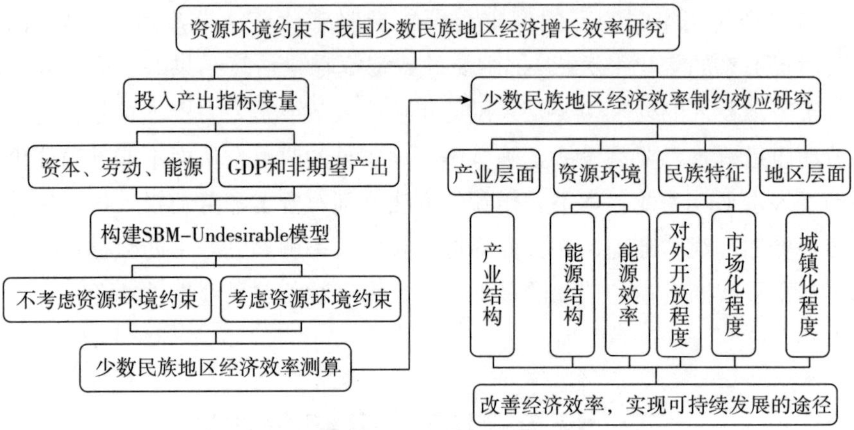

图1-1 本书的技术路线

（2）理论建模。主要构建基于产出角度的 SBM - Undesirable 模型以及基于投入产出表的资本折旧率估算模型。

（3）计量分析。主要涉及资本和劳动投入的估计，少数民族地区经济效率的测算以及制约效应分析。

三、研究内容

（一）文献述评

通过对相关研究文献的述评，找出既有研究的缺陷与不足，在此基础上，提出本书的创新点。

（二）少数民族地区资本度量

采用永续盘存法，利用投入产出表第三象限提供的固定资产折旧数据构建的理论模型，计算出动态资本折旧率和少数民族地区资本存量。

（三）少数民族地区劳动度量

利用《中国劳动统计年鉴》中行业教育程度和行业劳动者报酬数据，通过矩阵计算得到不同教育程度的劳动者报酬向量，并以此为权重对不同教育程度的劳动投入加权，计算出考虑劳动质量改善的劳动投入。

（四）经济效率的测算

通过构建基于产出角度的 SBM - Undesirable 模型，对忽略资源环境约束和考虑资源环境约束下的少数民族地区经济效率进行测算，考察资源环境约束导致的效率损失。

（五）少数民族特殊性对经济效率的制约效应

少数民族特殊性对经济效率的制约效应分两个层面：一是民族特征层面，由于文化和地理的差异，导致少数民族地区形成了较强的封闭惯性，因此，本书采用对外开放程度和市场化程度度量民族地区封闭性对经济效率的制约效应；二是地域层面，考虑少数民族分散程度高，城镇集聚能力差的特点，采用城镇化水平度量地域因素对经济增长效率的制约效应。

（六）资源环境对经济效率的制约效应

资源环境对经济效率的制约效应分两个层面：一是产业层面，考虑第二产业是资源消耗和导致污染的主要产业，采用第二产业比重度量产业结构的制约效应；二是资源利用层面，采用能源结构与能源效率度量资源环境对经济增长效率的制约效应。

（七）政策建议

考虑资源环境和少数民族地区特征对经济效率的制约效应，提出改善经济效率，实现少数民族地区可持续发展的有效途径。

四、研究的创新之处

（一）选题的创新性

本书将资源环境约束纳入效率测度框架，从而更加科学合理地考察少数民族地区经济增长效率，正确认识少数民族地区经济发展中的资源环境代价。

（二）资本和劳动度量方法的创新性

为了解决既有研究主观假设对折旧率的影响，本书采用永续盘存法，利用投入产出表构建的理论模型计算出动态资本折旧率，使资本存量估计结果更加客观精确，也更加符合我国经济高速增长的现实；已有研究对劳动投入的度量要么忽略劳动质量改善，要么没能正确考虑劳动质量的改善，从而不能准确评价我国的劳动投入水平。鉴于此，本书利用《中国劳动统计年鉴》和各省区统计年鉴数据，通过矩阵计算，构建不同教育程度的劳动者报酬向量，并计算不同教育程度劳动者的平均工资比，以此为权重计算考虑劳动质量改善的各省区劳动投入。

（三）效率测算方法的创新性

针对已有研究文献的缺陷与不足，在 Tone（2003）考虑非期望产出的 SBM 模型基础上，构建基于产出角度 SBM - Undesirable 模型。该模型不仅正确考虑了非期望产出问题，还解决了投入产出的松弛性问题，并充分考虑到规模报酬不变（CRS）和规模报酬可变（VRS）两种情形，有效避免了效率测度偏差。

（四）观点的创新性

少数民族有其独特的语言、文化、风俗习惯，这些差异一方面增加了投资者的交易成本，另一方面阻碍了民族地区经济的一体化发展，限制了生产要素的自由流入，从而削弱了经济增长效率；而少数民族地域空间的封闭性导致了经济、技术的封闭性及文化价值观念的封闭性，从而使其跌入了一个社会经济封闭发展的“孤岛”陷阱。此外，由于历史和地理的原因，少数民族分散程度高，城镇集聚能力差，既影响产业结构的优化，也制约着居民收入水平的提高。可见，忽略少数民族的特殊性，会扭曲对经济绩效的正确评价，从而误导政策建议。鉴于此，本书考虑少数民族地区特征，将其引入效率影响因素模型，定量分析其对少数民族地区经济效率的制约效应。

第二章　经济效率测算方法综述

关于经济增长效率的研究一直是经济学界的热点问题之一。改革开放40多年来，中国经济取得了举世瞩目的成就，GDP实现了年均9%以上的增长，创造了“中国奇迹”（林毅夫等，1999），世界银行分析报告（1997）指出，中国经济的增长速度以及持续时间之长在世界主流经济上是史无前例的。然而，1997年的亚洲金融危机，使经济学家开始从效率角度重新审视中国的经济增长。苏联（包括金融危机前的东亚）的经验表明，经济增长的关键不在于实现了一段时间的高增长，而在于实现的是什么样的高增长，增长能否持续。许多学者指出，中国经济的增长方式带有鲜明的“粗放式”特征，生产率的贡献太低，不足以支撑经济的持续增长，中国经济的增长主要是依靠投入推动的。其中最具代表性的是美国经济学家保罗·克鲁格曼，尤其关注中国经济增长的效率问题。通过引用罗伯特·索洛的一项早期研究成果，克鲁格曼发现美国长期人均收入增长中，技术进步起到了80%的作用，投资增加只解释了余下的20%，同时如果用全要素生产率来衡量技术进步的话，亚洲各国的技术进步几乎为零。因此，他认为亚洲的经济增长更多的是依靠汗水而不是灵感，经济增长不是效率提升的结果，而是依靠生产要素的投入。然而部分学者通过对中国全要素生产率的深入研究，否定了克鲁格曼的质疑，并产生了大量的研究文献，但这些文献对全要素生产率的估算结果存在较大差异，引发了许多争论。

早期的经济增长理论认为技术进步提升了全要素生产率，随着生产率测算方法的不断演进，目前可以将技术效率从全要素生产率中分离出来，即早期的全要素生产率测算中包含了经济增长效率的变动，因此，本部分在对经济增长效率测算方法的述评中，包含了全要素生产率的测算方法。目前经济增长效率的测算方法大致可以分为两类：参数方法和非参数方法，两者的区别在于是否需要假设具体的生产函数形式。参数方法主要有索洛余值法、拓展的索洛余值法、随机前沿生产函数（SFA）法，非参数方法主要有数据包络分析（DEA）法和 SBM 法，本书以上述分类方法为基础，对相关研究方法进行评述。

一、参数方法

（一）索洛余值法

索洛余值法最早由索洛（Solow）在 1957 年提出，基本思路是估算出总量生产函数后，采用产出增长率扣除各要素投入增长率后的余值来估算全要素生产率增长，故也称生产函数法。通过假定规模收益不变，同时在希克斯技术中性的前提下，可以将全要素生产增长率视为技术进步增长率。

假设生产函数为柯布－道格拉斯生产函数：

$$Y = AL^{\alpha_L}K^{\alpha_K} \tag{2.1}$$

其中，α_L 和 α_K 分别表示劳动和资本的产出弹性，Y 表示产出，L 和 K 分别表示劳动、资本的投入量。

对式（2.1）取对数形式，则有：

$$\ln Y = \ln A + \alpha_L \ln L + \alpha_K \ln K \tag{2.2}$$

具备了产出、资本和劳动的数据，运用最小二乘法（OLS）法可以估计出劳动和资本的产出弹性 α_L 和 α_K。需要指出的是，尽管在多数情况下计量经济学家都会假设 $\alpha_L + \alpha_K = 1$，但是 $\alpha_L + \alpha_K$ 不一定等于 1。$\alpha_L + \alpha_K = 1$ 的含义是规模报酬不变；如果 $\alpha_L + \alpha_K > 1$，说明规模报酬递增，反之则递减。

将 α_L 和 α_K 代入索洛余值法的公式，可以得到 TFP 增长率的表达式：

$$a = y - \alpha_L l - \alpha_k k \tag{2.3}$$

其中，a、y、l 和 k 分别代表 TFP、Y、L 和 K 的增长率。

Hulten（2000）认为“索洛余值”是一个指数值，其特殊性在于它是从生产函数推导出来的。从理论上看，“索洛余值”等于 Hicks 效率参数的增长，然而实际上它既包含诸如技术进步变动等因素的影响，又包含诸如计算误差、被忽略变量等因素的影响。因此，实际上“索洛余值”度量的是经济增长中要素投入所不能解释的部分，将“索洛余值”称作全要素生产率比技术进步更贴切一些。

由于模型简单，合乎经济学原理，很多研究者采用此方法进行测算，产生了大量的研究文献。不同研究者对中国的经济增长效率主要有两种观点：以张军扩（1991）、Chow（1993）、郭庆旺等（2005）为代表的学者认为我国的全要素生产率增长缓慢，一些年份甚至出现负增长；而以张军（2002）、Chow（2002）、孙琳琳等（2005）为代表的学者认为我国的全要素生产率实现了较快增长，而涂正革等（2006）测算的我国全要素生产率甚至实现了6.8%的增长。尽管由于研究数据和研究时期的差异，导致了上述分歧，然而大多数学者认为改革开放后，我国的全要素生产率有了很大的改善，集体企业的经济增长效率高于国有企业。

虽然索洛余值法具有很多优势，但是该方法也存在明显的缺陷和不足，主要有以下三点：

（1）该方法中的全要素生产率通过方程的"剩余"计算出来，不能够直接求解。这种通过"剩余"计算出的结果，包含了整个方程的计算误差，由此得到结果的精确性有待改善。Jorgenson和Grilliches（1967）认为全要素生产率的估算结果意义不大，其本质上是一种计算误差，导致其误差的原因主要有两方面：一方面要素度量的不够精确，另一方面总量生产函数中变量有遗漏。在度量劳动投入要素时，目前绝大多数相关研究均采用历年的从业人数，没能考虑劳动投入的异质性，即认为不同年份从业人员的身体素质和工作熟练程度是相同的，忽略了"干中学"等因素的影响，这与我国高速发展的现实情况相悖。此外，采用从业人数度量劳动投入忽略了教育程度不同导致的劳动异质性，改革开放以来，我国劳动力受教育年份不断增加，尤其是大学生在劳动力市场的比例不断提升，对不同受教育程度的劳动者视为一致显然是不合理的；在测量资本投入时，目前主要采用永续盘存法估算的固定资本存量，根据新古典经济增长理论，既然产出是即期的，那么资本投入应采用资本即期服务流量，而不应是固定资本存量（郑玉歆，2007），由此，用存量资本代替即期服务流量使投入产出不一致，不符合现实逻辑，从而导致计算结果与实际差异较大。

（2）技术进步外生性、非体现性、希克斯中性的假定不合理。Felipe（1999）对技术进步外生性进行了批判，技术进步外生性意味着其由经济系统以外的因素决定。技术进步的非体现性是指在增加产出的同时，可以无须增加投入，并且生产函数形式保持不变。希克斯中性是指作为增长路径上的点技术替代率不变，当要素投入的价格比率确定时，技术进步不会改变资本和劳动投入的比例。上述三个假定西方发达国家尚且不能完全满足，作为发展中国家，中国不可能满足这些条件。因此，利用索洛余值法对中国的全要素生产率进行估计，可能产生较大偏差。郑玉歆（2007）认为，技术进步依靠一定的资本积累，并需要一定的资本密集程度，即技术进步是投资产生的结果，可见，技术进步外生性在我国并不适用。我国投资的增长速度远远超过劳动力增速，因此，资本和劳动投入的比值也不可能保持不变，即希克斯中性在中国也很难成立。此外，赵志耘（2006）的研究表明，1979～2004年，中国资本的产出弹性呈现出不断下降的趋势，而劳动产出弹性则呈现不断上升趋势，这也印证了中国资本增速快于劳动增速的判断，可见，总量生产函数形式会随着时间的推移而变化，在我国简单的假定技术进步具有外生性和希克斯技术中性是值得质疑的。

（3）参数估计的问题。估计参数 α_L、α_K 主要有三种方法：经验估计法、回归法、比值法或份额法。经验估计法主要根据以往的经验来估计资本和劳动的产出弹性，如史清琪等（1985）将资本和劳动的产出弹性分别设置为0.8和0.2。经验估计法在确定产出弹性时存在较强的主观性，而不同的产出弹性导致全要素生产率的测算结果差异较大。鉴于经验估计法中存在的主观性问题，部分研究者建议利用回归法来确定资本和劳动的产出弹性，如张军（2002）、孙新雷（2006）等。该方法确定的产出弹性在样本区间内是固定不变的，这种固定弹性的计算方法与索洛增长方程的假设条件（中性技术进步）一脉相承，但同时也是一个不完全符合我国实际情况的假设。汤兵勇、宋家第（1988）指出，我们研究的经济系统是动态时变的，不仅不同年份的资本、劳动和产值在不断发生变化，而且资本、劳动对于产出的弹性也是时变的。回归法中资本和劳动产出弹性的确定是与TFP分离而单独得出的。这一算法本身就割裂了三者之间的内在联系，确定产出弹性时代入的是存量数据，计算TFP时代入的是增量数据，然而通过存量数据计算得到的产出弹性，并不能保证代入增量数据后方程的残差平方和最小，由此可能会降低TFP计算结果的准确性。比值法是利用资本和劳动在要素总成本或总产出中所占的比例来近似替代其产出弹性。比值法计算比较简单，但是由于我国统计数据的缺乏，致使应用比值法研究中国TFP增长率的文献较少，如孙琳琳等（2005）、涂正革等（2006）等。根据新古典经济增长理论，只有在完全竞争的市场经济下，且规模报酬不变的条件下，才可以近似认为资本和劳动的产出弹性与其成本份额或产出份额的比例一致。目前，我国的社会主义市场经济还与完全竞争的市场存在一定差距，我国还没有完全建立现代的企业制度，我国经济可能是规模经济也可能是规模不经济。因此，利用比值法测算中国全要素生产率可能存在较大的偏差。

（二）拓展的索洛余值法

有鉴于索洛余值法存在的缺陷，国内外学者在传统的索洛增长方程研究框架下作了一些有益的探索性研究。

（1）要素投入度量的改进。美国经济学家 Denison 认为，Solow 测量的技术进步之所以较大，主要是由于对要素投入的估计不足造成的，而这种估计不足则主要是由于对资本和劳动两种要素投入的同质性假设造成的，即在计算要素投入增长率时没有考虑到要素的质量改善。因此，他在对美国经济增长的研究中，对要素投入进行了更详细的分类，将劳动投入按年龄、性别、就业、教育程度、工时进行分解，资本投入按住宅工地和住宅建筑、非住宅建筑和非住宅土地、设备和存货划分，最后估计的技术进步对美国经济增长的贡献率为 30%，远远低于 Solow 的估算。

对 TFP 方法论研究做出重要贡献的另一位学者是美国经济学家 Jorgenson。Jorgenson 和 Griliches（1967）认为，既有研究中 TFP 过大的原因是由于存在对要素投入的计量误差，正是这种误差使得要素投入的贡献被严重低估。Jorgenson 采用超越对数生产函数的形式，将资本和劳动投入的增长分解为数量增长与质量增长，对 1948 ~ 1979 年美国的经济增长进行研究，最后得出 TFP 增长率对美国经济增长的贡献率为 23.6%，位于资本和劳动之后。Jorgenson 方法最显著的特点是将劳动和资本按不同属性进行交叉分类，并以工资率和资本租赁价格作为计算劳动与资本投入不同类别的权数。Denison 和 Jorgenson 的研究考虑到了资本和劳动投入的不同质，将资本和劳动按不同属性分类，并分别估算了资本和劳动投入中数量增长和质量增长对经济增长的贡献。OECD（2001）生产率手册提出的增长核算方法主要是基于 Jorgenson 的研究。

由于国内相关统计数据的缺乏，按照 Jorgenson 方法对资本和劳动投入的分解存在一定困难。因此，这方面的研究文献相对较少。中国已有的 TFP 研究中，李京文等（1996）将全社会劳动者按 34 个部门、男女性别、文化程度和年龄以及职业进行了交叉分类，很好地测量了劳动投入。但李京文等的研究中对资本的测量依然没有考虑资本质量的改善，用固定资产净值和流动资金作为资本投入，这在理论上是不合理的。孙琳琳等（2005）基于 OECD（2001）生产率手册的方法，采用超越对数生产函数的形式，将资本分为建筑和设备两类，以资本租赁价格为权重，利用 Tornqvist 指数计算了资本投入指数，并区分了资本质量指数和资本数量指数。岳希明、任若恩（2008）按照行业、性别、年龄、教育程度四种属性分组，对劳动投入进行测量，计算了劳动质量改善对劳动投入的贡献率。并通过分析找出了劳动质量改善的源泉，但是由于相关统计数据的限制，该研究只编制了 2000 年之前的劳动投入指数。

（2）内生增长理论的拓展。索洛之后的学者注意到技术进步不是孤立于经济的外生变量，由此发展出内生增长理论。内生增长理论对索洛模型进行了两个方向的拓展：一是考虑一个专门的知识生产部门，增加对该部门的投入会增加知识的产出，最终导致物质生产部门产出的增加，从而把技术进步内生化。这项研究工作主要是由罗默（Romer，1986）开创的；二是对资本概念的拓展，即引入人力资本，这样即使不考虑知识增长率的不同，也可以很好地解释经济的持续增长和国与国之间的差异，这项工作首先是由卢卡斯（Lucas，1988）开展的。

罗默（Romer，1986）把知识作为独立的生产要素，强调知识作为生产要素的重要性。知识具有很强的正外部性。一个企业知识资本的增加不仅会使本企业的产出增加，也会使其他的企业产出增加。知识具有非竞争性，一个人使用某种知识并不影响其他人对该知识的使用，知识一经发现，使用的边际成本几乎为零。罗默认为，一些国家之所以长期处于低水平的增长路径状态，主要是对知识生产部门的投入不够，技术进步率太低。因此，罗默的结论是应当鼓励对知识生产部门的投资。而卢卡斯认为，人力资本是一个与知识紧密联系但又相互区别的概念。人力资本和知识一样，具有正的外部性。人力资本主要是通过学习和教育获得的，附着在不同的人身上，因此，人力资本具有竞争性。在不同的国家和地区，由于积累的人力资本不同，对相同知识的使用完全可以产生不同的收益率，因而导致不同的经济增长和人均产出。因此，卢卡斯得出的结论是应当鼓励投资于教育和学习的做法，从而创造出更多的人力资本，以获得经济的可持续增长。内生增长理论把技术进步内生化，拓展了索洛模型，更加贴近现实的经济增长。

以 Romer（1986）和 Lucas（1988）的研究为基础，一些学者将人力资本和 R&D 引入索洛模型，对我国的全要素生产率进行测度。例如，李静、孟令杰、吴福象（2006）采用 Cohen 和 Soto（2004）的方法对中国不同区域的全要素生产率进行测算，该方法虽然可以测算人力资本对经济增长的贡献，但是其采用受教育年限法对人力资本的度量不尽合理。受教育年限法假设每年产生的人力资本是相同的，这忽略了人力资本的异质性，随着受教育程度的提升，每年受教育程度的边际产出是不同的，同样是一年的教育程度，大学与小学存在明显差异，可见，采用受教育年限法度量人力资本是不合理的；鉴于受教育年限法在度量人力资本中存在的问题，彭国华（2007）区分了不同阶段教育对人力资本形成的影响，但是忽略了在职培训与“干中学”等因素对人力资本形成的影响，仅利用普通教育程度来度量人力资本是不完全的。一些学者通过在索洛模型中引入R&D变量对全要素生产率进行测算。李小平、朱钟棣（2006）采用6种计算外国R&D资本的方法和国际R&D溢出回归方法，首次就国际R&D溢出对中国工业行业的技术进步增长、技术效率增长和全要素生产率增长的影响作了实证分析。王玲（2008）运用永续盘存法估算了R&D存量，并估计了R&D存量和其他知识存量的产出弹性系数。结果表明，当考虑各类技术投入的单独作用时，R&D与国内购入技术的作用比较显著，而当考虑各类技术的交互影响时，R&D与从国外引进技术的合作对生产率的作用非常显著，反映了它们之间的互补关系，即R&D具有提高进口技术吸收能力的作用。然而，R&D的度量也存在一定问题，何锦义（2006）就认为R&D其实是一个伪变量，其中用于购置科研固定资产的部分应计入资本投入，而科研人员的津贴应计入劳动投入，可见，资本和劳动投入中已经包含了R&D，无须作为一个单独的变量来考虑。

此外，还有学者利用其他方法对索洛模型进行拓展研究，如Tinbergen（1942）使用带时间趋势项的Cobb - Douglas生产函数来测度全要素生产率，利用时间趋势项系数来表示TFP增长率。张军（2002）也采用该方法研究中国的经济增长问题，然而，该模型中的时间趋势项系数为常数，即全要素生产率不随时间而改变，作为一个高速增长的发展中国家，这不符合我国的现实情况。国内有些学者对资本和劳动的产出弹性进行了深入研究，试着对索罗余值法进行改进。例如，高宇明、齐中英（2008）从索洛增长方程理论入手，建立了一个基于时变参数的TFP估计体系，通过状态空间模型，利用卡尔曼滤波算法测算了资本和劳动的产出弹性；许冰、章上峰（2008）在Cobb - Douglas生产函数的基础上，把全要素生产率看成是时间的非参数函数，构造全要素生产率测算的半参数估计方法，为索洛余值法的拓展做出了贡献。

（三）随机前沿生产函数法

生产函数是指在特定技术条件下，一定要素投入在理论上的最大产出，然而，在相当长的时期内，学者们估计的都是平均生产函数。Aigner等（1977）创造了一种估计随机前沿生产函数的方法，从而可以在技术无效率条件下估算全要素生产率。

假设几种要素投入x，被用于生产一种单一的产出y。那么，标准的随机前沿生产函数可以表述为：

$$\ln y = \ln f\ (x;\ a)\ + v - u \tag{2.4}$$

其中，a 是一个待估的参数向量，v 是标准的、均值为 0 且方差为常数 σ_v^2 的残差项，而 u 被假设为技术非效率因素的影响。u 被假设为非负的，且独立于 v。根据式（2.4），技术效率（TE）可以被定义为：

$$TE = \exp\ (-u) \tag{2.5}$$

TE 可以使用条件期望值 $E\ (\exp\ (-u)\ /v-u)$ 来估计，式（2.4）和式（2.5）构成的方程组将产出增长分解为三部分，即技术进步、要素投入的贡献和技术效率变化。

$$\dot{y} = f_t + f_x\,\dot{x} + \dot{TE} \tag{2.6}$$

其中，“·”代表百分比变化。f_t 和 f_x 是 f 分别对 t 和 x 的偏导数。式（2.6）可以通过式（2.4）和式（2.5）推导出来。根据全要素生产率的定义，即全要素生产率增长是产出增长和要素投入增长之间的差异，可以得到式（2.7）。

$$\dot{TFP} = \left[1 - \frac{1}{\sum f_x}\right]\sum f_x\,\dot{x} + f_t + \dot{TE} \tag{2.7}$$

假设没有规模报酬不变，全要素生产率（TFP）增长可以被分解为三个部分，即规模效率——式（2.7）右边第一项，技术进步（f_t）和效率变化（$\dot{TE}$）。在规模报酬不变的假设下，式（2.7）表示 TFP 的增长是技术进步率和效率变化率之和。

Aigner 等（1977）奠定了随机前沿生产函数的理论基础，此后，运用该方法测算全要素生产率的研究文献逐渐增多。总的看来，随机前沿生产函数法在计算 TFP 中具有以下优势。①在早期的 TFP 研究中，随机前沿生产函数法主要应用于横截面数据，之后 Kumbhakar（1991，2000）、Battese（1995，1997）等在研究中逐渐地使用面板数据，而面板数据比横截面数据拥有更多的自由度；②与索洛余值法相比，随机前沿生产函数模型考虑了随机误差对经济增长的影响，因而能更好地模拟现实经济的发展状况；③随机前沿生产函数模型最大的贡献是允许技术无效率的存在，并可以将全要素生产率的变化分解为技术效率和技术进步的变化，这就比传统的索洛余值法更加接近生产和经济的实际情况。

然而，这种方法在估计全要素生产率时也存在着一些问题。①目前许多研究只是假设 u 服从非负断尾的正态分布，对于 u 的真正分布形式却无法确认，这会直接影响到技术效率的估计结果；②随机前沿生产函数法只适用于单投入单产出或多投入单产出的情形，不能处理多投入多产出的情形，而且该方法只适用于大型的样本数据，对于小样本数据，估计的结果可能误差较大（Gong 和 Sickles，1992）；③同索洛余值法一样，随机前沿生产函数法同样需要选择生产函数的具体形式。

二、非参数方法

（一）数据包络分析法

数据包络分析（Data Envelopment Analysis，DEA）法可以评价具有多个“输入”和“输出”决策单元（DMU）的相对有效性。其本质是首先利用统计数据来确定 DEA 的有效生产前沿面，然后再把非 DEA 有效的决策单元影射到 DEA 有效的生产前沿面上。通过比较非 DEA 有效的决策单元“偏离”DEA 有效生产前沿面的程度来评价各决策单元的相对效率。由于 DEA 法具有这种优点，可以利用它来分析经济社会中决策单元投入的“技术有效”和“规模有效”。

20 世纪 90 年代国际上流行的 Malmquist 生产率指数法，是一种有效测算全要素生产率的非参数方法。Caves 首先将该指数应用于生产率的测算中，此后与 Charnes 等建立的 DEA 理论相结合，在生产率测算的应用上日益广泛。

从时期 t 到 $t+1$，度量全要素生产率增长的 Malmquist 指数可以表示为：

$$M_0(X^{t+1}, Y^{t+1}, X^t, Y^t) = \left[\frac{D_0{}^{t+1}(X^{t+1}, Y^{t+1})}{D_0{}^{t+1}(X^t, Y^t)} \times \frac{D_0{}^{t}(X^{t+1}, Y^{t+1})}{D_0{}^{t}(X^t, Y^t)}\right]^{1/2} \tag{2.8}$$

式（2.8）中，(X^{t+1}, Y^{t+1}) 和 (X^t, Y^t) 分别表示时期 $t+1$ 和时期 t 的投入和产出向量；D_0^t 和 D_0^{t+1} 分别表示以时期 t 的技术 T 为参照和以时期 $t+1$ 的技术 $T+1$ 为参照时，时期 t 到 $t+1$ 的距离函数。

以时期 t 的技术 T 为参照，基于产出角度的 Malmquist 指数表示为：

$$M_0^t(X^{t+1}, Y^{t+1}, X^t, Y^t) = D_0^t(X^{t+1}, Y^{t+1})/D_0^t(X^t, Y^t) \tag{2.9}$$

类似地，以时期 $t+1$ 的技术 $T+1$ 为参照，基于产出角度的 Malmquist 指数表示为：

$$M_0^{t+1}(X^{t+1}, Y^{t+1}, X^t, Y^t) = D_0^{t+1}(X^{t+1}, Y^{t+1})/D_0^{t+1}(X^t, Y^t) \tag{2.10}$$

为避免时期选择的随意性可能导致的误差，仿照 Fisher 理想指数的构造方法，Caves 等用式（2.9）、式（2.10）的几何平均值来衡量从时期 t 到时期 $t+1$

生产率变化的 Malmquist 指数。如果 M_0（X^{t+1}，Y^{t+1}，X^t，Y^t）>1，表示受评估的 DMU 全要素生产率是增长的；如果 M_0（X^{t+1}，Y^{t+1}，X^t，Y^t）<1，表示受评估的 DMU 全要素生产率恶化。此外，Malmquist 指数还可以分解为不变规模报酬假定下技术效率变化指数（TE）和技术进步指数（TP），其分解如式（2.11）所示：

$$\begin{aligned} M_0(X^{t+1}, Y^{t+1}, X^t, Y^t) &= \frac{D_0^{t+1}(X^{t+1}, Y^{t+1})}{D_0^t(X^t, Y^t)} \times \\ &\quad \left[\frac{D_0^t(X^{t+1}, Y^{t+1})}{D_0^{t+1}(X^{t+1}, Y^{t+1})} \times \frac{D_0^t(X^t, Y^t)}{D_0^{t+1}(X^t, Y^t)}\right]^{1/2} \\ &= TE \times TP \\ &= PE \times SC \times TP \end{aligned} \tag{2.11}$$

式（2.11）给出了 Malmquist 生产率指数的分解公式。其可以分解为两部分，即技术效率变化指数（TE）和技术进步指数（TP）。其中，TP 用来度量技术边界从时期 t 到 $t+1$ 的移动，TE 是规模报酬不变且要素自由处置条件下的效率变化指数，它测度时期 t 到 $t+1$ 每个观察对象到最佳实践边界的追赶程度，效率变化指数又可以分解为纯技术效率变化指数（PE）和规模效率变化指数（SC）。Malmquist 生产率指数需要借助线性规划方法计算距离函数。

数据包络分析法的最大优点是不需要任何具体函数形式或分布假设，对各种形式的投入产出都能适用，Malmquist 生产率指数方法，就是基于数据包络分析法提出的，它除了兼有上述优点外，还具有自身的优点：一是不需要有关投入产出的价格信息，这在投入要素的数量和价格等信息不充分的条件下，其优越性尤为明显；二是不需要行为假设，减少了条件限制，使研究更加具有适用性；三是已经被 Caves 等证明在一定条件下优于 Tornqvist 指数和 Fisher 理想指数。

当然，DEA 法也存一些局限性：一是没有考虑随机测量误差和噪声的影响，把观察值到生产前沿面的所有偏差都当作是无效率的结果，而随机误差会影响确定性前沿面的构造，进而影响技术效率和技术进步测算的准确性。二是 DEA 法计算出的确定性前沿，仅仅由“最高”样本的线性组合得到，因此“最高”样本的水平直接影响到确定性前沿的水平。而由于我国东中西部地区经济发展的不平衡，东部少数“最高”省份的 TFP 增长率与其他省份的差距太大，因而对确定性前沿水平的影响很大。三是 DEA 法不能孤立地对一个国家或地区样本进行测算，必须对样本的面板数据或截面数据进行测算。

（二）SBM 模型

传统的 DEA 模型大都属于径向和角度的度量，忽略了投入产出的松弛性问题，可见，传统 DEA 模型度量的经济效率是有偏的。为此，Tone（2003）构建了基于松弛的（Slack - Based Measure，SBM）效率测度模型，该模型属于非径向和非角度的 DEA 模型，因此，该模型解决了投入产出的松弛性问题。

假定生产系统有 n 个决策单元，每个决策单元具有一个投入向量，记为 $x \epsilon R^m$，同时具有两个产出向量，一个为期望产出向量，记为 $y^g \epsilon R^{S_1}$，另一个为非期望产出向量，记为 $y^b R^{S_2}$。则可以定义如下矩阵：$X = [x_1, \cdots, x_n] \epsilon R^{m \times n}$、$Y^g = [y_1^g, \cdots, y_n^g] \epsilon R^{S_1 \times n}$、$Y^b = [y_1^b, \cdots, y_n^b]$，其中，$X>0$，$Y_g>0$，$Y_b>0$。

不变规模报酬下的生产可能性集（P）可以定义为：

$$P = \{(x, y^g, y^b \mid x \geqslant X\lambda, y^g \leqslant Y^g\lambda, y^b \geqslant Y^b\lambda, \lambda \geqslant 0\} \tag{2.12}$$

根据 Tone（2003）提出的 SBM 模型处理办法，非期望产出的 SBM 模型如下：

$$\min\rho = \frac{1 - \frac{1}{m}\sum_{i=1}^{m}\frac{S_i^-}{x_0}}{1 + \frac{1}{s_1 + s_2}\left(\sum_{r=1}^{s_1}\frac{s_r^g}{y_{r0}^g} + \sum_{r=1}^{s_2}\frac{s_r^b}{y_{ro}^b}\right)} \tag{2.13}$$

$$\text{s. t.} \begin{cases} x_0 - X\lambda - s^- = 0 \\ y_0^g - Y^g\lambda + s^g = 0 \\ y_0^b - Y^b\lambda - s^b = 0 \\ s^g \geqslant 0, \ s^b \geqslant 0, \ \lambda \geqslant 0 \end{cases}$$

目标函数 ρ 是关于 s^-、s^g、s^b 严格递减的，并且 $0 \leqslant \rho \leqslant 1$。对于特定的被评价单元，当且仅当 $\rho = 1$，即 $s^- = 0$、$s^g = 0$、$s^b = 0$ 时是有效率的。$\rho < 1$，说明被评价单元是无效的，存在着投入产出上改进的必要性。式（2.13）是一个非线性规划，可以通过 Charnes（1962）的转换办法进行求解。SBM 模型与传统 CCR 和 BCC 模型的不同之处在于把松弛变量直接放入目标函数中，一方面解决了投入产出松弛性的问题，另一方面也解决了非期望产出存在下的效率评价问题。此外，SBM 模型能够避免角度选择的差异带来的偏差和影响，比其他模型更能体现效率评价的本质。

然而，该模型是在规模报酬不变（CRS）的条件下给出的，因而效率测算结果可能也是有偏差的，鉴于此，本书在 Tone（2003）考虑非期望产出的 SBM 模型基础上，构建了基于产出角度的 SBM - Undesirable 模型，该模型不仅正确考虑了非期望产出问题，还解决了投入产出的松弛性问题，并充分考虑到规模报酬不变（CRS）和规模报酬可变（VRS）两种情形，从而有效避免了效率测度偏差。

三、研究方法展望

从以上的论述可以看出，测度经济增长效率的研究方法主要存在两个方面的不足：投入要素度量的不准确和模型本身的缺陷。因此，经济增长效率的研究方向应主要围绕投入要素度量的改善、测量方法的改进两个方面展开。

（一）要素度量的改善

要素投入度量的精确与否直接关系到模型中参数或者距离函数估计的准确性，进而影响经济增长效率计算的精确性。因此，提高要素投入度量的精度是十分重要的，OECD（2001）生产率手册中明确指出，各国在生产率测算中应选择资本服务和劳动投入的流量作为投入指标，而不应简单选择存量指标。随着技术创新的不断涌现，先进的技术设备被引入生产实践中，使资本质量不断改善；受教育程度的不断提升，以及在职培训和“干中学”等因素提升了劳动投入的质量，因此，不考虑资本和劳动投入的异质性，忽略要素“质”的变化，将低估资本和劳动投入水平，从而导致全要素生产率的高估，而且我国有些统计数据的精确性也值得质疑，因此，投入要素的度量将是一个具有挑战性的研究课题。

（二）测量方法的改进

经济增长效率的研究是以西方经济增长理论为基础，国内学者主要以应用研究为主，较少涉及理论基础的研究。因此，区别于西方经济增长理论，探讨适合我国国情的全要素生产率测算方法，还应进一步加强对基础理论和方法的研究。本书认为可以从四个方面对既有的测量方法进行改进。

（1）要素投入内生化。国外先进设备的引入对我国的技术进步贡献很大，而不断提升的劳动质量也促进了全要素生产率的改善，可见，要素投入的内生化将是我国全要素生产率研究的一个重要方向。

（2）参数估计的动态研究方法。不管是索洛余值法，还是随机前沿生产函数法，都假设参数在研究期间固定不变。然而随着技术的不断进步，资本和劳动的边际技术替代率是动态时变的，导致资本和劳动的产出弹性不断变化。因此，假设参数不变和我国的实际不符，应采用动态的研究方法对参数进行估计。

（3）考虑制度因素的影响。改革开放以来，我国经历了很多重要的制度变革，从 1992 年社会主义市场经济的初步确立，到 2001 年加入世界贸易组织，每一项重大的变革都将对经济效率产生深远的影响。通过将制度变革因素引入效率测算模型，考察制度变革对经济增长效率的影响，可以进一步检验改革的得失，为政府将来制定相应的经济政策提供理论依据。

（4）测量方法适用性问题的研究。部分学者对测量方法的适用性重视不够，在利用索洛余值法和随机前沿生产函数法进行测量时，对生产函数的形式直接采用柯布－道格拉斯生产函数或者超越对数函数，没有对选择的理由进行解释，因而得出的结论显然不够严谨。此外，在运用前沿技术分析方法时，缺乏对 SFA 和 DEA 适用性的探讨，因此，在进行相关实证研究时，应针对具体的研究内容来确定相应的研究方法，并对选择的理由给出合理的解释，从而增强相应研究结论的可信性。

第三章 资本和劳动投入度量

除模型的选择与构建外，影响效率测算准确性的另一个关键因素是投入指标的数据处理，尤其是资本和劳动投入指标。对于资本存量，既有研究一般假定建筑和设备的使用年限，并采用几何折旧法计算出折旧率。然而学者们对资产使用年限的不同假定会导致折旧率的计算结果差别较大，进而导致资本存量估算结果更大的差异。既有研究对于劳动投入的处理主要是采用历年从业人数（张军等，2002；王兵等，2010；李小胜等，2014）或是人力资本存量代替（朱承亮等，2012；王兵等，2015），要么忽略了劳动质量改善，要么没能正确考虑劳动质量的改善，从而不能准确评价我国的劳动投入水平。为此，本书采用新的方法分别对资本和劳动投入进行估计，使估算结果更加客观和准确，一方面降低了技术效率测算过程中的数据偏差，另一方面也丰富了我国资本和劳动的基础数据，为后续相关研究提供参考。

一、资本投入度量

本部分首先对资本存量测量的相关文献进行述评，找出既有研究的缺陷与不足，在此基础上，利用投入产出表构建的理论模型，计算出不同时期的动态资本折旧率，重新估计了我国各省区的资本存量，并采用资本产出比检验了估算结果的合理性。

（一）文献述评

作为宏观经济最重要的变量之一，资本存量在很多实证研究中不可或缺。目前中国还不具备开展大规模资产普查的条件，缺少直接的国家公布的资本存量数据，在此背景下，一些学者尝试在永续盘存法（PIM）的框架下对资本存量进行估计。然而，一方面我国相关统计数据缺乏，另一方面学者对指标的选择和处理不同，导致资本存量的估计结果差距很大，而资本存量测量的不准确必然会影响到后续研究的可靠性和准确性。因此，对我国资本存量的准确估算至今仍是一个悬而未决的难题。鉴于此，有必要对我国资本存量的相关研究文献进行系统的述评，汲取相关研究的有益内容，同时抛弃不合理的估算假定和前后不一致的推算方法，为后续的相关研究提供借鉴。

既有研究主要采用永续盘存法对资本存量进行估计，该方法将资本存量的模型简化为：

$$K_t = \frac{I_t}{P_t} + (1 - \delta_t) K_{t-1} \tag{3.1}$$

其中，K_t 为 t 年的资本存量，I_t 为 t 年的新增投资，P_t 为 t 年的投资价格指数，δ_t 为 t 年的资本折旧率。

由式（3.1）可知，在相对效率几何递减模式下，采用 PIM 对资本存量进行估计，主要涉及四个变量的选择：①每年投资额 I 的确定；②投资价格指数 P 的确定；③经济折旧率 δ 的确定；④基期资本存量 K 的确定。本节其余部分将分别对以上四个变量进行讨论，并对相关研究文献的估算结果进行比较，在此基础上给出我们的结论。

1. 投资指标的选择

为选择合理的投资指标，我们分别对既有研究中采用的投资指标进行评述，并归纳和总结出各指标的优缺点。

（1）积累额。

根据定义可以发现，一些学者采用积累额的主要原因是该指标无须考虑折旧问题，贺菊煌（1992）、Chow（1993）使用积累总额数据。然而，1993 年以来，我国采用新的 SNA 统计体系，此后取消了积累额指标和对应的价格指数，因此无法继续使用该指标。张军和章元（2003）认为生产性积累与固定资产投资的增长率存在可比性，在此基础上，模拟出 1993 年后的生产性积累数据。通过对固定资产投资的分析表明，1993 年之后我国固定资产投资高速增长，因此，模拟出来的生产性积累结果偏高，当然资本存量估计结果也偏高。此外，该指标中还包括存货投资，Holz（2006）认为只有形成生产能力的投资才应计入资本存量，而存货增加是未在当年形成生产能力的产品，不能计入资本存量。

（2）固定资产投资。

固定资产投资作为官方统计指标，具有时间序列长，且按资产和行业分类的特点，很多学者都采用该指标作为当年的投资流量。黄勇峰和任若恩（2002）、王益煊和吴优（2003）、孙琳琳和任若恩（2008）使用了按资产类型和按行业分类的固定资产投资数据。单豪杰（2008）认为，固定资产投资中包括了一些不可再生资本的支出，如旧房屋、机器和土地的支出，因此，虽然固定资产投资指标具有诸多优势，但在测量资本存量时还会存在误差。此外，1997 年以来，国家统计局对固定资产的统计范围由 5 万元以上提高到 50 万元以上，使该指标低估了总投资。孙琳琳和任若恩（2005）认为，从 PIM 方法论上，估计固定资本存量时应选择不考虑退役和资本品效率下降或折旧的固定资产投资数据，且《中国统计年鉴》有按资产和行业分类的固定资产投资数据，可以满足 PIM 对投资数据的分类要求，也符合 OECD 资本度量手册（2001，2009）对投资数据的要求。然而，张军（2004）认为全社会固定资产投资是具有中国特色的统计指标，与目前 SNA 统计体系还存在一定差异。

部分学者对固定资产投资进行了适当的调整和剔除。由于认为我国投资中存在大量浪费，王小鲁和樊纲（2000）将固定资产投资与投资交付使用率的乘积作为 1980 年前的投资指标，1980 年以后则直接采用固定资本形成指标。李宾（2011）将全社会固定资产投资分解为新增固定资产和当年未形成生产能力的资产两部分，从而构建了一个新的投资指标，某年的投资额为当年新增固定资产与上年未形成生产能力的资产之和。陈宽等（Chen 等，1988a，1988b）和大琢启二郎等（2000）都从固定资产投资中剔除了住宅投资，然而，胡永泰等（Woo 等，1994）通过回归分析发现，剔除对资本估计是十分敏感的，即使要做剔除，也只能小心翼翼地做部分剔除。

（3）固定资本形成额。

由于固定资产投资包括旧房屋、机器和土地等不可再生资本的支出，为解决这一问题，国家统计局从固定资产投资中剔除旧机器和房屋的支出费用、土地使用权费，同时增加了 50 万元以下零星固定资产投资完成额和土地改良支出等投资项目，从而调整为固定资本形成额指标。因此，固定资本形成总额是在全社会固定资产投资基础上，通过适当的剔除和调整得到的。从概念上分析可以得出，固定资本形成数据中包含土地投资数据，但不包括存货投资数据。何枫等（2003）使用了固定资本形成数据，张军（2004）认为“固定资本形成总额”扣除折旧后的净额与“固定资产积累”是等价概念，鉴于 PIM 对投资指标的要求，认为固定资本形成总额是度量当年投资流量的合理指标。单豪杰（2008）认为，考虑到研究目的不同，可以对投资进行合理的调整。然而总量生产函数中的资本投入应为直接或间接为生产服务的资本存量，它既包括生产所需的各类资本，也包括生活需要的资本，那么就可以不扣除非生产性投资，认为固定资本形成总额是当年投资流量的较好选择。孙琳琳和任若恩（2014）认为在PIM框架下，SNA的“固定资本形成”概念是更恰当的投资数据，并采用国家统计局的方法，将行业层面的“固定资产投资”调整为“固定资本形成”数据。

通过对国际上同类研究的比较，《OECD资本度量手册》（2001，2009）也建议使用固定资本形成总额作为当年的投资指标。近年来，特别是国家统计局对国内生产总值核算的历史数据进行了两次重大补充和一次重大调整之后，固定资本形成总额作为投资流量被更多学者认为是合理的选择。然而，固定资本形成额也存在一个问题，即从PIM方法论上，固定资本存量时应选择不考虑退役和资本品效率下降或折旧的固定资产投资数据，而固定资本形成额中剔除了退役资本品的价值，低估了当年的投资流量。

（4）新增固定资产。

新增固定资产是指报告期内已经完成建造和购置的过程，并已交付生产或使用单位的固定资产价值。谢千里等（1995）使用新增固定资产作为投资指标，并剔除了其中的住宅和非生产性投资；陈诗一（2011）在估计工业分行业资本存量时，利用基本建设、更新改造投资的新增固定资产之和构造当年投资额；Wang和Szirmai（2012）认为新增固定资产是估计中国资本存量更恰当的指标，并利用统计年鉴中行业固定资产原值数据，推导出1953～2007年的新增固定资产投资序列；Holz（2006）认为，只有当年形成生产能力的投资才能计入资本存量，那么国家统计局公布的投资指标中，只有新增固定资产满足此条件。然而，该指标国家统计局只公布了1995年以前的数据，一些学者采用不同的方法延长了该投资序列，其准确性还有待商榷。而且新增固定资产的投资过程可能是跨年度完成的，因而使用该指标还存在核算和价格指数等很多问题（见表3－1）。

表3－1　投资指标比较

投资指标	优点	缺点
积累额	不需要考虑折旧问题	包含存货投资；目前只有1993年之前的数据

续表

投资指标	优点	缺点
固定资产投资	时间序列长，有按资产分类和按行业分类的数据；不考虑退役，不考虑资本品效率下降或折旧等问题，满足PIM对投资数据的要求	包括不可再生资本支出；存在大量浪费；与目前SNA统计体系存在差异；该指标低估了总投资
固定资本形成额	通过对固定资产投资数据调整得到，弥补了其缺陷；在对历史数据进行两次补充和一次调整后，数据比较完善；OECD资本度量手册推荐使用，便于国际比较	没有分类统计的数据；剔除了退役的资本品价值，与PIM方法论要求的投资指标不符
新增固定资产	不考虑退役，不考虑资本品效率下降或折旧等问题的投资数据，与PIM方法论对投资指标的要求一致；与总量生产函数中所隐含的假设相一致	该指标存在核算和价格指数平减的问题；只有1995年之前的数据

2. 投资价格指数的构造

目前，国家统计局只公布了1991年之后的固定资产投资价格指数，此前的数据从《中国统计年鉴》《中国固定资产投资年鉴》和《中国物价年鉴》上均无法获得。因此，对于早期的投资价格指数，学者主要采用以下两种方式构造相应的价格指数。

（1）根据实际需要进行替代和推算。

Jefferson（1995）选择工业品出厂价格指数对集体企业的现价总投资进行平减；Hu和Khan（1997）以及宋海岩等（2003）利用邹至庄的积累隐含平减指数，1978年之后则采用全国建筑材料价格指数替代；乔根森（2001）认为批发价格指数是对固定资产投资价格指数更为合适的替代变量。

吴方卫（1999）、李治国和唐国兴（2003）利用1991年后的全国固定资产投资价格指数分别对全国生产资料出厂价格指数和上海市固定资产投资价格指数进行模拟，在此基础上，估算出1991年前的固定资产投资价格指数。然而，随着1992年之后我国社会主义市场经济体制的建立，利用1991年后的价格指数对以前的投资价格指数进行模拟，其合理性与准确性还有待商榷；张军和章元（2003）则认为全国和上海市的固定资产投资价格指数之间不存在解释和被解释的关系，并通过分析发现全国和上海市的固定资产投资价格指数波动是一致的，因此，他们认为直接采用上海市的数据来代替全国固定资产投资价格指数是可行的。然而，波动一致并不能代表价格指数的数值相一致，实证研究表明"北京、上海、天津三大直辖市的价格指数是全国各省区市中最低的"①，因此，采用上海市的固定资产投资价格指数会高估当年的投资额。孙琳琳、任若恩（2005）认为，采用回归方法估计投资价格指数的主要缺陷是样本量太少，导致估算的结果稳定性和准确性不高，因此建议利用合适的价格指数进行替代。黄勇峰和任若恩（2002）以及孙琳琳和任若恩（2003）将资产按建筑和设备分类，分别使用建筑价格指数、零售价格指数和工业价格指数进行替代，1992 年之后则使用国家统计局按资产分类的固定资产投资价格指数。

（2）测算和合成投资价格指数。

Chow（1993）利用 1993 年之前公布的积累指数推算出积累隐含平减指数，此后大部分研究都借用了 Chow（1993）的研究结果。王益煊和吴优（2003）使用国家统计局城调队提供的 1985 ~ 1998 年分行业、分资产类型的价格指数，并假定价格匀速增长，从而推算出 1981 ~ 1984 年各类资产的价格指数。Young（2003）利用产出价格指数扣除消费和出口价格指数的残差构造了固定资本形成价格指数，研究结果表明，1978 年之前中国大部分省份的固定资本形成价格指数变化不大，因此，建议忽略 1978 年之前的投资品价格变动。此后，张军等（2004）利用国家统计局提供的重大补充和调整数据，计算出 1995 年之前的固定资本形成价格指数，也验证了 Young（2003）的观点。Jefferson 等（1992，1995）和白重恩等（2006）采用建筑安装指数和机器设备指数加权平均的方法合成固定资产投资价格指数，1990 年后的价格指数采用官方公布的数据，1990 年之前则分别使用建筑业增加值的价格指数和机械制造业的出厂价格指数替代。

在缺乏官方的统计数据下，学者们根据投资指标的不同选择、不同的价格指数进行平减，具有一定的合理性。随着我国统计数据不断的补充和完善，《中国国内生产总值核算历史资料（1952—1995）》《中国国内生产总值核算历史资料（1995—2004）》都提供了 1952 ~ 2004 年全国和分省的固定资本形成总额及其指数，何枫等（2003）、龚六堂和谢丹阳（2004）、Wang 和 Yao（2001）、张军等（2004）、单豪杰（2008）以及李宾（2011）均利用上述数据计算了投资隐含的平减指数。张军等（2004）采用该方法计算了 1991 ~ 1995 年的隐含平减指数，发现与官方公布的同期固定资产价格指数基本一致，李宾（2011）采用同样的计

① 张军等（2004）利用《中国国内生产总值核算历史资料（1952 - 1995）》提供的固定资本形成额及其指数计算出了投资隐含平减指数，并与"林毅夫发展论坛"提供的《1952 - 1999 年中国经济增长数据》中的投资平减指数进行了对比，发现不同省份固定资产投资价格上涨的幅度和趋势有较大差异，特别突出的是三大直辖市尤其是北京市的价格上涨幅度在改革前后都比较小。

算方法发现，这两个价格指数重叠的1991～2004年，两者基本相同。

3. 重置率或折旧率的处理

早期折旧率的设定基本是根据会计方法进行的，没有与资本品的相对效率相联系，这种设定在折旧模式上是不符合PIM要求的，在永续盘存法下估计资本存量应当选择重置率而非折旧率。一般来说，利用PIM估计资本存量需要确定资本品的相对效率，既有研究一般假设相对效率服从单驾马车模式、直线下降模式和几何下降模式。孙琳琳、任若恩（2005）认为只有在相对效率采取几何下降模式时，估算出的折旧率才等于重置率。

由于资本存量估计结果对折旧率的变化很敏感①，所以折旧率的精确估计就显得特别重要，已有研究对折旧率的处理可以归纳为以下四类：

（1）不考虑折旧，利用MPS体系下的“积累”作为投资指标。

由于1993年之后不再公布积累数据，采用该方法的研究较少。已有的代表性研究中贺菊煌（1992）和Chow（1993）运用了剔除“折旧”的积累指数，因而回避了折旧问题。然而，“积累”对折旧的扣除是以历史价格为基础的，而不是基于资本品效率的递减模式，因而积累数据对折旧的剔除不符合PIM下估计资本存量的要求。

（2）利用官方公布的折旧或推算数据。

邹至庄（1993）利用国民收入恒等式推算出折旧额；徐现祥等（2007）利用收入法GDP数据倒推出固定资产折旧额；李治国和唐国兴（2003）沿用邹至庄（1993）的方式，测算出1978～1993年的折旧额，对于1994年之后的折旧额，则通过加总各省的折旧额得到；而宋海岩等（2003）认为折旧率应与经济增长速度成正比，经济增长速度快的省份折旧率会更高，因此，采用官方名义折旧率加上经济增长率作为资本的实际折旧率；李宾（2011）在1994年之前采用Holz（2006）推算出的国有企业折旧率，1994年以后用官方公布的分省的固定资产折旧额；薛俊波和王铮（2007）、徐杰等（2010）、沈利生和乔红芳（2015）利用投入产出表提供的固定资产折旧数据推算出折旧率。

以上研究的优势是充分利用了官方的统计数据，而且薛俊波和王铮（2007）、徐杰等（2010）、沈利生和乔红芳（2015）还利用投入产出表估计了各行业的折旧率，然而，由前文对折旧的定义可知，我国的折旧额是基于会计核算进行的

① 黄宗远、宫汝凯（2008）和李宾（2011）通过对不同时期资本折旧率的假定，对折旧率进行敏感性分析，结果表明：折旧率对估计结果存在较强烈的敏感度，其变动会引起资本存量的估计结果较大差异。

“扣除”，不能准确体现资产效率的下降，这种“扣除”在折旧模式上与 PIM 要求不完全相符。

（3）自行设定折旧率或忽略折旧。

胡永泰（1998）、王小鲁和樊纲（2000）、Wang 和 Yao（2001）假定折旧率为5%；Young（2003）、Hall 和 Jones（1999）则假定折旧率为6%；Hu 和 Khan（1997）假定折旧率为3.6%；刘明兴（2002）、龚六堂和谢丹阳（2004）则假定折旧率为10%；何枫等（2003）没有考虑折旧，实际上估计的是总资本存量。

以上折旧率的设定差别很大，而资本存量对折旧率的取值又相当敏感，李宾（2011）通过稳健性检验得出，如果分别假定5%和10%的折旧率，在其他条件不变的情况下，资本存量的估计结果将相差50%左右。因此，折旧率的取值对资本存量的估计至关重要，自行设定折旧率过于主观，估计结果当然也不具有说服力。

（4）按照 PIM 的要求，采用效率几何递减模式推算折旧率。

王益煊和吴优（2003）依据财政部1994年制定的财务制度对住宅、机器设备等固定资产使用年限的规定，参考美国经济分析局（BEA）的数据，采用几何折旧法测算了我国16个行业和7个资产分类的折旧率；黄勇峰和任若恩（2002）、孙琳琳和任若恩（2005）假定建筑和机器设备的寿命分别为40年和16年，采用几何效率递减模式推算出折旧率分别为8%和17%；张军等（2004）假定建筑、设备和其他类型投资的平均寿命期分别为45年、20年和25年，并依据三类投资在固定资产投资中的比重，加权平均计算出全部资产折旧率为9.6%；白重恩等（2006）假定建筑和设备平均寿命期为38年和12年，并根据1978～2005年建筑和设备的比重变化，估计出动态折旧率在10.47%～12.06%；单豪杰（2008）参考财政部《国有企业固定资产分类折旧年限表》，最终将建筑和机器设备寿命确定为38年和16年，并根据年鉴提供的二者结构比重，采用相对效率几何递减模式计算出总资产折旧率为10.96%。

上述研究依据相应的规定和财务制度设定建筑和设备等资本品的使用寿命，在此基础上，根据财政部建议的3%～5%残值率计算得出折旧率。例如，黄勇峰和任若恩（2002）根据工业协会和1985年政府税收规定，王益煊和吴优（2003）依据财政部1994年制定的财务制度，单豪杰（2008）参考财政部《国有企业固定资产分类折旧年限表》等确定相应资本品的使用寿命，由于参考和依据的标准不一致，使折旧率的估计结果偏差较大，究竟哪个标准是合适的，是否还有其他更合理的参考标准？无疑，这是我们今后需要进一步研究的问题。

4. 基期资本存量的确定

既有研究文献一般将基期确定为1952年或1978年，由于学者对估算的理解和方法不同，得出的基期资本存量也存在较大差异。鉴于此，我们对基期资本存量的研究方法进行了梳理和总结，并指出已有研究文献存在的一些问题，为后续相关研究提供参考。

（1）资本产出比法。

张军扩（1991）参考帕金斯的方法，认为中国1953年资本国民收入比为3的假定是合理的，由此推算出1952年的资本存量为2000亿元（1952年价格）。何枫等（2003）沿用张军扩（1991）的观点，即假设中国1953年资本国民收入比为3，并由此套算出1953年资本－GDP的比例为3.487，由此得出1953年我国年均资本存量为5611.29亿元（1990年价格），采用单豪杰（2008）推断的隐含投资平减指数进行平减，发现何枫等（2003）估计的1952年的资本存量为3017亿元。

李宾（2011）首先利用资本产出比对基期资本存量做敏感性分析，然后排除掉那些在直觉上不合理的 K_0 选择，认为1952年的资本产出比应在1.4～2.0，并采用常数折旧率进行测算，最终将其资本产出比确定为1.6，从而估算出1952年的资本存量为4429.28亿元（2000年价格），采用单豪杰（2008）推断的隐含投资平减指数进行平减，那么李宾（2011）估计的1952年的资本存量为1244亿元（1952年价格）。

（2）利用固定资产原值（净值）或PIM方法推算。

Chow（1993）利用固定资产净值数据估计出1952年非农业部门的资本存量为582.67亿元，同时将农业和土地的资本存量估计为540亿元和720亿元，从而总资本存量为1750亿元（1952年价格），后续许多相关研究都采用了Chow（1993）的估算结果，如Wang和Yao（2001）、李治国和唐国兴（2004）。张军和章元（2003）通过对上海固定资产原值、工业固定资产净值和农业资本存量的数据进行推算，估计出我国1952年的资本存量分别为673亿元、572亿元和800亿元（1952年价格），并最终确定1952年资本存量为800亿元。

黄勇峰和任若恩（2002）、孙琳琳和任若恩（2005）从Albert Feuerwerker（1977）、Maddison（1995）等的研究中推算出中国的早期投资数据，并采用永续盘存法估算出基期资本存量。黄勇峰和任若恩（2002）估算的1978年建筑存量为4714.05亿元，设备存量为1107.61亿元（1978年价格）；孙琳琳和任若恩（2003）估计的1980年建筑存量为5132.1亿元，设备存量为1827.251亿元

（1980 年价格）。从理论上讲，黄勇峰和任若恩（2002）、孙琳琳和任若恩（2005）的估计结果应该比较准确。

（3）经验研究法。

在经济稳态模式下，该方法认为资本存量增长率与投资增长率一致，这样基期资本存量就可以表示为基期的投资额比上期投资的平均增长率与折旧率之和。Hall 和 Jones（1999）采用此方法，利用 1960～1970 年各国投资的平均增长率和折旧率，从而估计出各国 1960 年的资本存量；Young（2003）采用同样的方法估算了 1952 年中国固定资本存量约为 815 亿元（1952 年价格），然而单豪杰（2008）通过对 Young（2003）使用的折旧率和投资增长率的推算，发现 Young 的数据是值得怀疑的；张军（2004）也采用了 Young（2003）的方法，利用 10% 的比例作为分母去除初始年份的投资数据，然而张军（2004）采用的折旧率是 9.6%，由此可见，张军（2004）在估计基期资本存量时的数据处理同样也存在问题；单豪杰（2008）运用同样的方法，利用 1953～1957 年固定资本形成平均增长率与折旧率（10.96%）之和（23.1%），估计出 1952 年资本存量为 342 亿元。单豪杰（2008）强调在这个估算中不包括土地和存货投资。然而，利用资本形成总额作为分子，其中是包括土地和存货投资的，而且该研究后续的投资指标也选择了固定资本形成额，其中也包括土地改良投资，因此，单豪杰（2008）的研究也存在前后不一致的问题。

（4）其他推算方法。

贺菊煌（1992）认为我国经济体制和政策在 1964～1971 年与 1971～1978 年两段时期相对稳定，因此假设生产性资本在这两段时期的平均增长率相同，从而推算出 1952 年资本存量为 946 亿元（1990 年价格）；王小鲁和樊纲（2000）将 1952 年资本存量确定为 1600 亿元（1952 年价格），但未给出明确的推算方法；王益煊和吴优（2003）对永续盘存法下基期资本存量的含义存在误解，文章估计 1981～1998 年的资本存量，却将 1997 年设定为基年，1997 年资本存量为 70377.7 亿元（1990 年价格），文中介绍该数据是根据国家财政部提供的近几年国有单位分行业、分资产种类的固定资本存量调查、汇总数据，经过比较选择和加工整理得到；郝枫（2006）基于 Albala 的最优一致方法估算 1952 年资本存量为 1607.21 亿元，这与王小鲁和樊纲（2000）的估算结果十分接近，但该方法采用产出与投资增长率的一致性假定，与 1952 年前后的现实情况差距很大，由此估算结果也有待商榷。

由此可见，学者采用的方法不同导致结果差别很大，即使同一种方法，由于使用的数据不同，也很难判断哪个估算结果更准确。此外，估算的范围也存在不一致，如李治国和唐国兴（2003）在引用 Chow（1993）的基期资本存量时没有说明是否包括土地；王小鲁和樊纲（2000）将测算的基年资本存量与 Chow（1993）进行对比时也没有交代是否包括土地投资；张军和章元（2003）在基期资本存量中没有包括土地，但是他们应用的生产性积累额中包含土地投资，因此，出现前后不一致的情况。

既有研究表明，基年选择越早，基期资本存量对后续年份资本存量的影响就越小①。李宾（2011）通过选择不同的资本产出比来确定 1952 年末的资本存量，在此基础上，利用永续盘存法估计我国的资本存量序列。结果表明，虽然 1952 年末资本存量相差 5 倍多，但 1978 年已收敛至百分之十几，1993 年之后更是收敛至 2% 左右。这不仅验证了 Young（2000）的研究结论，而且也证明 K_0 的取值对资本存量的估计结果的确影响不大，尤其对 1993 年后的宏观经济分析而言更是如此。

5. 估算结果的比较

为方便进行比较，我们将相关研究的估计结果均调整为 1952 年价格。由图 3－1 可知，贺菊煌（1991）与张军扩（1991）同样运用积累总额作为投资指标，但张军扩的估计结果较高，主要是张军扩（1991）估计的基期资本存量（2000 亿元，1952 年价格）高于贺菊煌（1991）估计的基期资本存量（516 亿元，1952 年价格）。张军和章元（2003）采用生产性积累作为投资指标，他们的估计结果高于贺菊煌（1991）的估计结果。主要原因有两点：一是张军和章元（2003）估计的基期资本存量（800 亿元，1952 年价格）高于贺菊煌（1991）估计的基期资本存量（516 亿元，1952 年价格）；二是张军和章元（2003）利用上海市的固定资产投资价格指数代替全国的价格指数对生产性积累进行平减，高估了投资流量。

张军等（2004）与单豪杰（2008）选择的指标和估算方法基本一致，只是单豪杰（2008）估计的折旧率（10.96%）高于张军等（2004）的折旧率（9.6%），因此，张军等（2004）估计的结果略高；王益煊和吴优（2003）、孙琳琳和任若恩（2005）首先对资产进行了分类，分别计算了每种资产的折旧率，之后估计了每种资产的资本存量。由于对资产进行了分类，他们的估算方法更适合 PIM 方法论的要求，估计结果相对来说也更加精确。

---

① Young（2000）认为，如果我们重点关注的是 1978 年以后的各省资本存量，而基年是 1952 年，那么 26 年的时间跨度使得初始年份的资本存量的数据都显得不太重要了，任何一种假设的方法都是可取的。

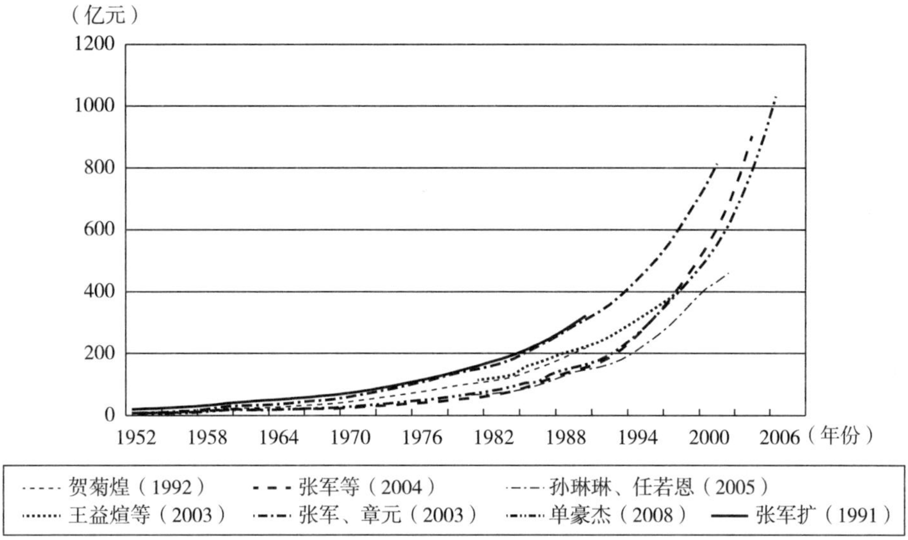

图3-1 相关研究文献估算结果比较

运用永续盘存法估算资本存量，主要涉及四个变量的确定。对于投资流量指标，《OECD 资本度量手册（2001，2009）》建议使用固定资本形成额，特别是我国两次历史数据的重大补充和一次重大调整之后，更多学者倾向使用固定资本形成数据；对于 1991 年前的投资价格指数，目前认为隐含的固定资本形成价格平减指数是最佳的替代指标，通过对比 1991 年后官方公布的固定资产投资价格指数，发现二者基本一致；由于数据缺乏，研究方法各异，基期资本存量的估计结果差别很大，然而实证研究表明，1952 年资本存量的选择对于 1978 年及之后的估算结果影响甚微；折旧率的选择对资本存量的估计结果至关重要，折旧率相差 1 个百分点，可导致 1978 年的资本存量相差大约 10%，若折旧率相差 5 个百分点，那么资本存量的差异之大势必无法忽略（李宾，2011），因此，如何更加准确地测算资本折旧率，是需要我们进一步研究的重要课题。

（二）测算方法

1. 投资指标的确定

鉴于 OECD 资本度量手册（2001，2009）推荐使用固定资本形成额作为投资指标，而且国家统计局对国内生产总值核算进行两次历史数据的重大补充和一次重大调整，因此，考虑数据的可获得性和准确性，本书采用固定资本形成额度量当年的投资指标。

部分省份缺失数据的处理：西藏缺少1992年前的固定资本形成额数据，通过比较1992年之后西藏固定资本形成额与固定资产投资数据，发现二者差别不大，因此，利用西藏1978～1992年的固定资产投资数据代替固定资本形成额数据。海南与重庆由于建省（市）较晚，没有相关的数据可以替代，本书将海南与重庆的基期分别设定为1989年和1984年，因此，直接利用固定资本形成额估算后续年份的资本存量。

2. 价格指数的确定

为充分利用官方最新公布的数据，本书利用《中国国内生产总值核算历史资料（1952—1995）》《中国国内生产总值核算历史资料（1995—2004）》提供的1952～2004年全国和分省份的固定资本形成总额及其指数，计算出以1978年为基期的价格平减指数，对于1991年以后的数据，则采用各省份固定资产投资价格指数进行替代。

对于缺失数据的处理如下：由于利用《中国国内生产总值核算历史资料（1952—1995）》计算的北京市固定资本形成价格指数偏差较大，本书利用《北京60年》公布的固定资本形成额数据重新估算了固定资本形成价格指数，估算结果较为合理；天津由于没有1978～1988年的固定资本形成指数，因此，无法计算固定资本形成价格指数，参考已有的文献研究，采用张军（2004）的方法，1978～1988年的投资价格指数利用零售价格指数（RPI）代替；对于海南和重庆由于建省（市）较晚，均缺乏相应的固定资本形成价格指数，本书分别采用广东和四川的固定资本形成价格指数进行替代；对于西藏的缺失数据，从地理和经济发展水平考虑，采用青海和新疆的固定资本形成价格指数的平均数来代替。

3. 折旧率的确定

鉴于固定资产折旧年限的确定过于主观，且不同学者分歧较大，本书在总结既有研究方法的基础上，利用历年投入产出表提供的固定资产折旧数据，通过构建理论模型计算出各期的动态资本折旧率 δ，使折旧率的确定更加客观合理，也更加符合我国经济快速发展的现实。

首先假定资本效率采取几何递减模式，这时重置率与折旧率相等，且为常数①。假设 i 行业第 t 年的资本存量为 $K_{i,t}$，i 行业第 t 年新增固定资本形成额为

① 参见任若恩、刘晓生（1997）、黄勇峰等（2002）以及孙琳琳、任若恩（2005）的证明过程。他们认为重置是生产能力的维持或恢复，因此在资本存量估算中出现的是重置率的概念，而只有资产效率按照几何方式递减时，折旧率和重置率才是相等的。

$I_{i,t}$，i 行业第 t 年固定资本形成价格指数为 $P_{i,t}$，i 行业的折旧率为 δ_i，为表述方便，设 $\varphi_i = 1 - \delta_i$，则有 $\delta_i = 1 - \varphi_i$，那么根据永续盘存法，i 行业第 t 年的折旧额为：

$$A_{i,t} = K_{i,t-1} \times \delta_i = K_{i,t-1} \times (1 - \varphi_i) \tag{3.2}$$

因此，i 行业第 t 年的资本存量公式可以表示为：

$$K_{i,t} = K_{i,t-1}(1 - \delta_i) + I_{i,t} = K_{i,t-1} \times \varphi_i + I_{i,t} \tag{3.3}$$

利用投入产出表 1987 ~ 2015 年的数据，根据式（3.3），对于任意一个行业，可以得出 1986 ~ 2014 年的资本存量关系为：

$$K_{2011} = \{[(K_{1986} \times \varphi + I_{1987}) \times \varphi + I_{1988}] \times \varphi + \cdots\} \times \varphi + I_{2011} \tag{3.4}$$

同样，对于任意一个行业，由折旧和资本存量的关系容易得到：

$$K_{1986} = \frac{A_{1987}}{P_{1987} \times \delta} = \frac{A_{1987}}{P_{1987} \times (1 - \varphi)} \tag{3.5}$$

$$K_{2014} = \frac{A_{2015}}{P_{2015} \times \delta} = \frac{A_{2015}}{P_{2015} \times (1 - \varphi)} \tag{3.6}$$

由于投入产出表的第三象限提供了固定资产折旧数据，由式（3.4）可知，未知量只有 φ，解此方程可以得到 φ，进而可以得到折旧率 $\delta = 1 - \varphi$。利用国家统计局公布的历年投入产出表①，类似地，根据式（3.4）~（3.6）进行推算，可以得到各个时期的动态折旧率，从而使本书的估算结果更加精确。

由表 3 - 2 可知，我国资本折旧率呈现出随时间先升后降的趋势，表明随着技术水平的不断提升，设备更新改造的速度在加快（沈利生等，2015）。至于 2007 年以后出现的下降趋势，可能的原因是金融危机爆发后，企业面临“去产能”压力，开工率不足导致资本折旧率逐步回落。

表 3 - 2 各时期折旧率计算结果

年份	折旧率（%）	年份	折旧率（%）	年份	折旧率（%）
1986 ~ 1989	4.05	1995 ~ 1996	6.40	2007 ~ 2009	6.65
1990 ~ 1991	5.25	1997 ~ 1999	6.95	2010 ~ 2011	6.00
1992 ~ 1994	6.00	2000 ~ 2006	7.43	2012 ~ 2014②	4.90

① 目前我国已经公布 1987 ~ 2015 年的 12 张投入产出表。

② 由于我国 2017 年投入产出表还未公布，本书在计算 2015 年和 2016 年资本存量时利用了 2012 ~ 2014 年的折旧率。

4. 基期资本存量的确定

依据式（3.2），只要确定了 δ_i，就可以计算出第 $t-1$ 年的资本存量，以第 $t-1$年的资本存量为基础，利用各年的投资数据进行迭代，计算出资本存量的序列数据。通过该方法确定的基期资本存量相对精确，减少了基年资本存量估计误差对后续年份资本存量估计的影响。

对于1986 年的基期资本存量，本书利用各省份 1987 年的折旧额除以折旧率估算，对于数据缺失年份的处理：海南采用1990 年折旧额估算出 1989 年的基期资本存量，重庆采用1996 年折旧额估算出 1995 年的基期资本存量。

（三）测算结果

本书与张军等（2004）、单豪杰（2008）的估计结果进行比较，除北京市差别较大外，其他省份结果比较接近，可能的原因有三：一是由于利用《中国国内生产总值核算历史资料（1952—1995)》计算的北京市固定资本形成价格指数偏差较大，本书利用《北京 60 年》公布的固定资本形成额数据重新估算了固定资本形成价格指数，估算结果较为合理；二是基期资本存量的确定不同，张军（2004）和单豪杰（2008）均采用经验研究法，即用 1952 年的固定资本形成额与投资增长的几何平均数和折旧率之和的比值，估算各省份的基期资本存量，本书利用《中国国内生产总值核算历史资料（1952—1995)》公布的各省份固定资产折旧数据除以折旧率计算出基期资本存量；三是折旧率计算方法不同，张军等（2004）和单豪杰（2008）假设建筑、设备以及其他类型投资的平均使用寿命[①]，在此基础上，采用几何折旧法计算出折旧率分别为 9.6% 和 10.96%。本书利用投入产出表，结合统计年鉴的数据，根据推导的公式计算得出 1986 ~ 2014 年的动态资本折旧率，因此，本书估算的资本存量结果更加客观和精确，也更加符合我国经济快速发展的现实。估算结果详见附表 1。

为检验资本存量估计的合理性，本书计算了各省份历年的资本产出比[②]，发现 2008 年之前资本产出比缓慢提升，但区域间差异较大[③]，发达国家一般维持在 2.5 左右（张军、章元，2003），可能是以下两个原因共同作用的结果：一是与

① 张军（2004）假定建设和设备的寿命分别为45 年和20 年，单豪杰（2008）参考财政部《国有企业固定资产分类折旧年限表》确定相应资本品的使用寿命，最终将建筑和设备寿命分别确定为 38 年和 16 年。

② 为方便表述，计算结果详见附表11。

③ 2003 ~ 2008 年，部分省份资本产出比低于 2.0，部分省份资本产出比高于 3.0，但大部分省份位于 2.0 ~ 3.0。

西方发达国家相比，现阶段部分省份的劳动密集型产业较多，资本相对稀缺，资本的边际效率相对较高，导致资本产出比较低；二是目前我国的技术水平与发达国家还有一定差距，较低的技术水平导致资本的利用效率低下，从而导致部分省份的资本产出比较高。对于2008年之后出现的加速上升趋势，可能的原因是国家2008年“四万亿计划”基建投资和之后持续宽松的货币政策导致资本快速积累，从而加速了资本深化。

二、劳动投入度量

（一）文献述评

众所周知，劳动投入是经济增长核算中重要的要素投入，其准确的度量是估算全要素生产率和经济增长效率的关键。美国经济学家Denison认为，Solow测量的技术进步之所以较大，主要是由于对要素投入的估计不足造成的，而这种估计不足则主要是由于忽略资本和劳动投入的异质性导致的，即没有考虑要素投入的质量改善。因此，他在对美国经济增长的研究中，对要素投入进行了更详细的分类，将劳动投入按年龄、性别、就业、教育程度、工时进行分解，资本投入按住宅工地和住宅建筑、非住宅建筑和非住宅土地、设备和存货划分，在此基础上，重新估计的结果远低于Solow的估算，技术进步对美国的贡献率仅为30%。Jorgenson和Griliches（1967）认为，正是由于忽略了资本和劳动投入的异质性，使要素投入水平被低估，从而导致既有研究中的全要素生产率被高估。因此，Jorgenson等（1967）将资本和劳动按不同属性进行交叉分类，并以资本租赁价格和工资率为权数，分别计算了考虑资本和劳动质量改善的资本和劳动投入，区分了资本和劳动投入的数量增长与质量增长，对1948~1979年美国的经济增长进行研究，最后得出TFP增长率对美国经济增长的贡献率为23.6%，位于资本和劳动之后。Denison和Jorgenson的主要贡献在于考虑了资本和劳动的异质性，并分别估算了资本和劳动投入中数量增长和质量增长对经济增长的贡献，OECD（2001）生产率手册主要借鉴了Jorgenson的研究方法。

由于国内相关统计数据的缺乏，按照Jorgenson的研究方法对资本和劳动投入的分解存在一定的困难。既有研究中度量劳动投入指标主要采用三种方法：一是利用从业人数作为劳动投入（Chow，1993；张军，2002；朱承亮等，2009；王兵等，2010；李小胜等，2014；等等），目前大部分的相关研究均采用该方法，但这种方法没有考虑劳动的异质性，忽略了劳动质量改善对劳动投入的贡献，从而低估了劳动投入对经济增长的贡献率，因此，简单地用从业人数来测量劳动投入显然是不合理的；二是采用人力资本存量代替劳动投入（朱承亮等，2012；王兵等，2015），由于没能正确考虑劳动质量的改善，因而也不能准确评价我国的劳动投入水平，从而误导政策建议；三是根据 Jorgenson 的研究方法，考虑了劳动的异质性，将从业人员根据不同属性分组，然后对不同组别的劳动投入加总，得到总的劳动投入（Yue 和 Ren，2003；林宇坤和任若恩，2005；岳希明和任若恩，2008；徐杰和杨建龙，2010；等等）。该方法考虑了劳动投入的质量改善，能够较为合理地反映劳动投入水平及其变化。但由于我国相关统计数据的缺乏，很难获得按不同属性对从业人员的分组数据，因此，利用第三种方法对劳动投入的估算存在一定的局限性。

由于受到数据可获得性和准确性的制约，考虑劳动质量改善的相关研究文献较少。李京文等（1992）和陈平（1996）将全社会劳动者按 34 个部门、男女性别、文化程度和年龄以及职业进行了交叉分类，采用多比例拟合迭代法（Iterative Proportional Fitting，IPF）构建了一个五维数据库，数据来源为人口普查和 1% 抽样调查等公开数据。Yue 和 Ren（2003）利用调查数据编制了 1982 ~ 2000 年的中国劳动投入指数，然而该指数仍存在两个方面的问题：一是劳动力的划分方法不够合理，仅按劳动者受教育程度分为初中及以下、高中和大专及以上三组，不能充分反映我国当时的劳动力质量改善情况。当时中国劳动力的教育特征主要是文盲或半文盲比率的降低和初中学历比率的上升。可见，不对文盲和初中毕业的就业人员进行区分，就不能反映中国劳动力的质量改善，从而低估了中国的劳动投入。二是对服务业的行业分类过于粗糙。改革开放以来，中国服务业快速发展，服务业从业人员和产值比重不断增加，行业分类过于粗糙，可能引起劳动投入的测量偏差；Young（2003）为了保证数据的准确性和可靠性，没有采用官方从业人员的行业分类数据，因此，他仅使用了性别、年龄、教育的分类数据，测量了 1978 ~ 1998 年的中国劳动投入；林宇坤、任若恩（2005）对劳动力按照行业、性别、年龄、教育程度、职业分组，然后采用 Tornqvist 指数形式对各组数据进行加总，得到总的劳动投入，并把具有大专及以上学历的劳动者定义为人力资本，计算了人力资本对经济增长的贡献；Wu 和 Yue（2006）测量了 1949 ~ 2000 年的中国劳动投入，但是仅限于工业部门；岳希明、任若恩（2008）按照行业、性别、年龄、教育程度四种属性分组，对劳动投入进行测量，计算了劳动质量改善对劳动投入的贡献率，结果发现该贡献率呈持续上升趋势，并通过分析发现从业人员教育水平的提高是目前我国劳动质量改善的重要源泉，但是由于相关统计数据的限制，该研究只编制了 2000 年之前的劳动投入指数；徐杰、杨建龙（2010）将从业者按受教育程度分组，利用 1990 ~ 2007 年的人口普查和抽样调查数据，通过行业教育程度矩阵和行业劳动者报酬矩阵构造了分组的劳动者报酬向量，并以此为权重，编制了反映劳动质量改善的劳动投入指数。

由以上评述可知，已有研究一般采用性别、年龄、行业、职业、教育程度、就业身份等属性进行分类，以此来反映劳动力的质量差异。然而，从业人员的分类标准以及详细程度，还要依据数据的可获得性与准确性。既有研究中获取分组的从业人员及报酬数据主要有两种方法：一种方法是多比例拟合迭代法，该方法根据两个或者两个以上维数较低的矩阵估算维数较多矩阵的数据处理技术。IPF 法从假定一个全维矩阵出发，然后把每一个边际矩阵所给出的控制总量作为一个制约条件，依次修改这个全维矩阵的元素值，直到收敛达到期望精度时，停止迭代。李京文等（1992）和陈平（1996）在利用 4 维矩阵（按行业、文化程度、性别、年龄分类）拓展为 5 维矩阵（按行业、年龄、性别、文化程度、职业分类）的过程中，利用 4 维矩阵（按性别、文化程度、年龄和职业分类）中各职业人数的比例对第一个 4 维矩阵进行分解，这就需要假设全国按性别、文化程度、年龄分类的各职业比例一致，没有区分行业差异，而不同行业中各职业人数的比重差别较大（张国初等，1991），因此，该方法的数据准确性还有待进一步商榷。另一种方法是中国社会科学院经济研究所的中国居民收入分配调查数据，该调查只有 2000 年之前的数据，而 2000 年之后的数据则无从获得。同时由岳希明、任若恩（2008）的分析可知，从业人员教育水平的提高是目前我国劳动质量改善最重要的源泉。因此，本书在既有研究的基础上，根据从业人员教育程度进行分组，并利用《中国劳动统计年鉴》提供的行业教育程度矩阵和行业劳动者报酬矩阵，通过矩阵乘法计算出分组的劳动者报酬向量，在考虑“干中学”等因素的基础上，计算了考虑劳动质量改善的各省份劳动投入水平。

（二）测算方法

鉴于已有研究在劳动投入估算方面的缺陷与不足，考虑到数据的可获得性和准确性，以及教育程度在劳动质量改善中的重要作用（岳希明和任若恩，2008），本书采用如下方法重新估计我国各省份的劳动投入：首先，依据《中国劳动统计年鉴》，将就业人员按受教育程度分成四组，即小学及以下、初中、高中、大专及以上；其次，利用城镇分行业受教育程度数据和城镇分行业工资总额数据[①]，通过矩阵乘法运算，得到不同受教育程度劳动者的报酬向量，并利用各组的城镇就业人数计算出不同受教育程度劳动者的平均工资；最后，根据克拉克的工资理论，在劳动边际生产率等于工资的假定下，利用不同受教育程度劳动者的平均工资之比[②]，对各省份不同受教育程度的从业人员数量进行加权[③]，从而得到考虑劳动质量改善的劳动投入。结果详见附表2。

基于以上估算方法，本书发现不同受教育程度劳动者平均工资比出现先升后降趋势，拐点出现在2008年，同时，小学及以下平均工资水平呈现逐年上升趋势（见表3-3）。表明除了受教育程度影响工资水平外，由“干中学”等因素引起的劳动质量改善也在发挥着重要作用。鉴于工资水平变化反映了劳动边际生产率的变化，因此，本书采用历年小学及以下平均工资水平对不同受教育程度劳动者的平均工资比进行加权（见表3-4），从而能够更加全面合理地反映劳动投入的质量改善。

表3-3　不同受教育程度劳动者平均工资比

年份	2003	2004	2005	2006	2007	2008	2009
小学及以下	1.00	1.00	1.00	1.00	1.00	1.00	1.00
初中	1.56	1.49	1.63	1.74	1.72	1.73	1.72
高中	2.27	2.17	2.64	2.88	2.90	2.90	2.83
大专及以上	3.37	3.44	4.49	5.02	5.13	5.32	5.31
年份	2010	2011	2012	2013	2014	2015	2016
小学及以下	1.00	1.00	1.00	1.00	1.00	1.00	1.00
初中	1.38	1.33	1.36	1.38	1.38	1.29	1.29
高中	2.02	1.67	1.71	1.64	1.65	1.48	1.49
大专及以上	3.60	2.47	2.55	2.30	2.30	2.16	2.23

---

① 在各类统计年鉴中，只有城镇分行业工资总额数据，没有全国的分行业工资总额数据。

② 即将小学及以下作为1，初中、高中、大专及以上与小学及以下的平均工资比率作为权重，同时考虑了不同年份小学及以下工资水平的可比问题，利用国家统计局公布的城镇单位就业人员工资总额及指数构造的工资总额价格指数对不同年份的工资水平进行了平减。

③ 这里假设城镇不同教育程度的平均工资比率与全国不同受教育程度的平均工资比率一致。

表 3 – 4　历年小学及以下平均工资比[①]

年份	工资比	年份	工资比	年份	工资比	年份	工资比
2003	1.00	2007	1.31	2011	2.76	2015	3.96
2004	1.11	2008	1.45	2012	2.93	2016	4.11
2005	1.13	2009	1.60	2013	3.28		
2006	1.17	2010	2.20	2014	3.48		

（三）测算结果

为了计算劳动质量改善对劳动投入的贡献，本书采用如下方法分解出劳动投入中劳动质量改善的部分，劳动投入中质量变化定义如式（3.7）所示：

$$L_{i,t}^{Q} = L_{i,t}^{T} - L_{i,t}^{H} \tag{3.7}$$

其中，$L_{i,t}^{Q}$表示劳动投入中的质量改善部分，$L_{i,t}^{T}$表示考虑劳动质量改善后的全部劳动投入，$L_{i,t}^{H}$表示只考虑从业人数的劳动投入。因此，劳动质量的改善等于全部劳动投入与从业人数之差。换句话说，劳动质量改善对劳动投入的贡献等于考虑了劳动质量改善之后劳动投入变化减去没有考虑质量改善的从业人数变动。

计算结果表明：2003 ~ 2016 年，质量改善对劳动投入的贡献由 2003 年的 36.66% 快速上升到 2016 年的 83.17%[②]，部分省份贡献率超过 86%，如北京和上海，劳动质量改善对劳动力投入的贡献呈现明显的上升趋势。这些数字所传达的重要信息是，劳动质量改善是中国经济劳动投入增长的重要源泉，忽视了劳动质量改善，不可避免地低估了中国经济的劳动投入，在增长核算研究中，会导致高估中国经济增长率。从时间变化来看，2003 ~ 2016 年，简单劳动投入增长率总体上呈下降趋势，仅实现了年均 1.94% 的增长，而考虑劳动质量改善的劳动投入实现了年均 12.96% 的增长，这表明劳动质量的改善，在我国劳动投入增长中所起的作用越来越大，而从业人数增长的作用则越来越小。可见，我国劳动投入的增长正逐步由劳动人数的增长向劳动质量的改善而转变，虽然我国劳动人口在 2012 年之后开始下降，人口红利逐渐消失，但考虑劳动质量改善的“人口质量

① 即以 2003 年小学及以下的平均工资为 1，其他时期经过价格平减的小学及以下平均工资与 2003 年的比值。

② 数据均为我国 31 个省份的平均增速，下同。

红利”正在不断释放。

本书与岳希明、任若恩（2008）估计结果进行比较，其简单劳动投入年均增长速度为1.8%，而考虑劳动质量改善的劳动投入年增长速度为3.23%，即质量改善对劳动投入的贡献度超过44%。本书测算的简单劳动投入年均增长1.94%，而考虑劳动质量改善的劳动投入实现了年均12.96%的增长，质量改善对劳动投入的平均贡献率为65.6%。可能的原因有三：一是考察的时期和空间范围不同。岳希明、任若恩（2008）测算的是1982~2000年的全国劳动投入，而本书考察的是2003~2016年分省份的劳动投入，但测算结果的趋势是一致的，即随着我国从业人员教育程度的提高，劳动质量改善对劳动投入的贡献不断提升。二是测算方法不同。岳希明、任若恩（2008）按照行业、性别、年龄、教育程度四种属性分组，并以各组从业人员工资总额在劳动报酬总额中的比重为权重，对各组从业人数增长速度加权，从而计算劳动投入的增长速度。本书按就业人员受教育程度分组，通过矩阵计算得到不同教育程度劳动者的报酬向量，并计算出不同教育程度劳动者的平均工资比，同时考虑“干中学”因素的影响，以平均工资比为权重，对不同教育程度的从业人员数量进行加权，得到考虑劳动质量改善的劳动投入。三是数据处理不同。岳希明、任若恩（2008）采用多比例拟合迭代法（IPF），利用普查数据的边际矩阵估计全维矩阵，而分性别、年龄、学历从业人员年工资数据来自由中国社会科学院经济研究所和一些国外学者共同实施的中国居民收入分配调查，该调查只有2000年之前的数据，而2000年之后的数据则无从获得。本书利用城镇分行业受教育程度数据和城镇分行业工资总额数据，以及各省份的受教育程度构成数据，通过矩阵乘法运算，得到不同教育程度劳动者的报酬向量和平均工资比，本书的数据具有可持续性，而且可以测算分省份的劳动投入。

第四章　资源环境约束下少数民族地区经济效率测算

一、文献述评

继东亚奇迹后，中国奇迹的出现开始引起国内外学者更多的关注，尤其是对中国经济效率增长的关注。早期的经济增长理论认为技术进步提升了全要素生产率，随着生产率测算方法的不断演进，目前可以将技术效率从全要素生产率中分离出来。如 Chow（2002），林毅夫和刘培林（2003），Wang 和 Yao（2003），颜鹏飞和王兵（2004），Zheng 和 Hu（2004），Young（2003），许和连、亓朋和祝树金（2006），杨文举（2006），王志刚、龚六堂和陈玉宇（2006），刘舜佳（2008）等。Farrell（1957）首先提出了技术效率的概念，并从投入角度给出了技术效率的含义，此后，Leibenstein（1966）又从产出角度重新定义了技术效率。技术效率是用来度量在特定技术条件下，投入既定获得最大产出的能力，或是在产出既定投入最小的能力，其反映了现有技术的利用程度（吴诣民，2004）。然而，实际上现有技术并没有得到完全充分的利用，由于存在一定程度的效率损失，现有技术的利用程度主要依赖于技术效率水平的高低。近年来，随着能源与环境约束日趋严峻，一些学者开始尝试在资源环境约束下对经济增长效率进行研究（胡鞍钢等，2008；涂正革，2008；陈诗一，2010；朱承亮等，2011，2012；王兵等，2015），资源的过度消耗一方面降低了资源的利用效率，另一方面导致环境污染日趋严峻，污染治理成本的上升进一步削弱了经济增长效率。鉴于此，本书分别从忽略资源环境约束和考虑资源环境约束两个角度对经济增长效率进行述评，并指出相关研究文献的缺陷和不足，在此基础上，提出本书模型构建的思路和方法。

（一）忽略资源环境约束下经济效率研究

改革开放以来，伴随着经济的高速增长，中国经济的可持续增长问题备受关注，产生了大量的研究文献。早期的相关研究不仅忽略了资源环境约束，而且没能对技术效率和技术进步进行区别，Farrell（1957）最早将技术效率从全要素生产率中分离出来。此后，对技术效率的测算主要采用两种方法，一种是参数方法，即随机前沿生产函数法（SFA），另一种是非参数方法，即数据包络分析（DEA）下的 Malmquist 指数法，本小节以这两种效率测算方法为分类标准，对相关研究文献进行述评。

1. 随机前沿生产函数法

利用随机前沿生产函数法进行研究需要假定生产函数的形式，目前，主要有超越对数生产函数和 Cobb – Douglas 生产函数两种形式。超越对数生产函数由于放松了常替代弹性的假设，因而具有一定的灵活性。但该方法中需要估计的参数太多，并且一些二次项没能给出明确的经济学含义。同时不同年份参数估计值不变的假设又与我国经济高速增长的现实不符，影响了该方法的适用性。

前沿生产函数采用超越对数生产函数形式的研究文献较多（涂正革和肖耿，2005；王志刚等，2006；王争和郑京海等，2006；等等）。涂正革、肖耿（2005）采用随机前沿生产函数法对 37 个工业行业的生产率进行研究，结果表明：全要素生产率呈现逐年上升趋势，实现了年均 6.8% 的增长，技术进步作为最重要的推动因素，年均提升全要素生产率 14 个百分点，而技术效率水平下降较快，平均每年下降 7 个百分点；王争、郑京海等（2006）采用超越对数的形式，利用随机前沿生产函数法对我国各地区的工业生产率进行研究，结果表明：1988 年以来，各地区的工业全要素生产率均呈现上升趋势，主要得益于技术进步增长的贡献，而技术效率和配置效率的恶化抵消了技术进步的贡献，与此同时，规模效率则经历了先下降再上升的趋势；王志刚等（2006）采用超越对数形式的随机前沿面板模型，对改革开放以来各省市的全要素生产率进行研究。结果表明：20 世纪 90 年代中期以来，全要素生产率增速显著下降，2001 年开始逐步回升，技术进步在全要素生产率的增长中起了决定性作用，技术效率并没有明显改善。重视技术进步而忽略技术效率的增长方式，势必会导致生产的无效和资源的浪费；吴延瑞（2008）应用随机前沿生产函数对中国 29 个省份的生产率进行测算，发现要素投入是中国经济增长的主要推动力量，尤其是资本投入，全要素生产率对经济增长的贡献达到 27%，高于胡永泰（Woo，1998）、吴延瑞（Wu，2003）和 Young（2003）的测算结果，他们此前测算的贡献率分别为 12.9%、13.5% 和 23%，但低于世界银行（1997）43% 的测算结果；李胜文、李大胜（2008）采用三投入的随机前沿生产函数对工业细分行业的全要素生产率进行研究，由于其研究样本包括了众多的中小企业，从而可以对我国工业行业的全要素生产率进行更加全面、准确的评估。研究结论表明：工业全要素生产率增长呈现出先慢后快，短暂停滞后再缓慢回升的态势，技术进步增长率呈逐年上升趋势，且为正，而工业技术效率增长率均为负，且呈现逐年下降的态势。

前沿生产函数采用 Cobb - Douglas 生产函数形式的研究文献较少。傅晓霞、吴利学（2006）利用该方法对我国各地区的全要素生产率进行研究，由于假设规模报酬可变，满足了我国经济高速发展的现实，研究方法更加合理，但是常数项的设定使技术进步的速度限定为 τ，这不符合我国的实际情况，降低了研究结论的可信性。研究结果表明：整体来看，全要素生产率对经济增长中的贡献超过 30%，1990 年之前，技术效率是全要素生产率提升的主要推动力量，之后则主要得益于技术进步的改善；姚洋（1998）利用该模型对第三次工业普查的截面数据进行研究，然而由于各行业的前沿生产函数不同，因此，利用该模型对各行业的技术效率进行比较在理论上存在一定缺陷，研究结果表明：非国有企业不仅在技术效率方面高于国有企业，而且非国有企业对各自的行业还具有显著的正外部效应；郑玉歆等（1995）采用非约束的柯布—道格拉斯生产函数形式，对1985 ~ 1992 年沿海地区 3 个工业行业的 TFP 变化进行考察。由于前沿生产函数只有在各企业的技术性质都相同的前提下才存在，因而只有在行业范围内估计前沿生产函数才是合理的，于是其只计算了各行业的生产率变动情况。

2. *数据包络分析法*

由于 DEA 的 Malmquist 指数法在测算经济增长效率上具有的优势，因此基于该方法的研究文献较多，质量较高。按研究对象主要分为两类：一是对中国地区间的技术效率进行研究，如颜鹏飞和王兵（2004），Zheng 和 Hu（2004），郑京海和胡鞍钢（2005），赵伟、马瑞永、何元庆（2005），郭庆旺、赵志耘、贾俊雪（2005），庞瑞芝、杨慧（2008），章祥荪、贵斌威（2008），赖明勇和王文妮（2008）以及吴延瑞（2008）等。其中，颜鹏飞和王兵（2004）运用 DEA 的方法测度了 1978 ~2001 年中国 30 个省（自治区、直辖市）的技术效率、技术进步及 Malmquist 生产率指数，得出中国全要素生产率增长的主要原因是技术效率的提高，根据技术进步并不能做出中国经济长期持续增长的判断；Zheng 和 Hu

(2004) 运用基于产出的 Malmquist 生产率指数方法测度了 1979 ~ 2001 年中国 29 个省份的 Malmquist 生产率指数，发现中国 1995 ~ 2001 年 TFP 增长出现了下降，在样本期内 TFP 的增长主要是通过技术进步实现，而不是通过效率提高；郑京海和胡鞍钢（2005）利用非参数的 Malmquist 指数方法，基于省际数据测算了 TFP 的增长和技术效率的变化，结果表明：中国全要素生产率在 1978 ~ 1995 年实现了年均 4.6% 的高增长，而在 1996 ~ 2001 年仅实现了年均 0.6% 的增长，技术进步与技术效率均出现了不同程度的下降；赵伟、马瑞永、何元庆（2005）依据全要素生产率变动的分解模型（Malmquist 生产率指数），以中国各地区 1980 ~ 2003 年的面板数据对全要素生产率变动、技术效率变动以及技术变动进行实证研究，结果表明：中国各个地区的 TFP 总体上表现出了较强的增长态势，对 TFP 变动进一步分解发现，技术效率变动对 TFP 增长贡献较小，中国各个地区 TFP 的增长主要来源于技术进步的作用；郭庆旺、赵志耘、贾俊雪（2005）利用非参数 DEA - Malmquist 指数方法估算出中国各省份 1979 ~ 2003 年的全要素生产率增长、效率变化和技术进步率，结果表明：整体上来看，我国全要素生产率和技术进步水平较低，而技术效率则呈现下降趋势，东部地区的全要素生产率和技术进步增长显著，但技术效率还有待进一步改善，中、西部地区无论是技术进步还是技术效率均不明显；庞瑞芝、杨慧（2008）选择中国 30 个省份 2000 ~ 2005 年的跨期面板数据来测算其 Malmquist 生产率指数，并指出了各地区生产率成长的类型，以及影响生产率成长的因素；章祥荪、贵斌威（2008）利用 1978 ~ 2005 年的省份面板数据，使用 Malmquist 指数法对我国 30 个省份的 TFP 变动进行了测算，并将其分解为三个部分：技术效率变动、技术进步和规模报酬变动，结果表明：1978 年以来，由于技术效率的改善和技术进步的提升，我国全要素生产率实现了较快增长，但 1997 年以后，技术效率不断下降导致全要素生产率呈现下降趋势；赖明勇、王文妮（2008）测算了 1952 ~ 2006 年我国 27 个省份的资本存量和 Malmquist 指数，结果发现：1952 年以来，我国的全要素生产率呈不断下降趋势，因此，他们认为中国经济长期增长更多的是依赖资本要素的积累，而非全要素生产率的增长。

二是对中国工业和制造业行业的技术效率进行研究，如陈勇和唐朱昌（2006）、常亚青和宋来（2006）、刘云枫和周健明（2008）等。其中，陈勇、唐朱昌（2006）利用数据包络分析法对中国工业行业的全要素生产率进行研究，分析表明中国工业行业的全要素生产率总体上为正，1990 ~ 1993 年和 1999 ~ 2003 年出现了两个快速增长时期，1990 ~ 1993 年的快速增长主要得益于技术效率的改善，而 1999 ~ 2003 年则主要是技术进步的提升；常亚青、宋来（2006）在对全要素生产率分析研究的基础上，对效率研究的方法进行了比较和筛选，选取《中国统计年鉴》中未变动工业行业划分的5年数据，采用数据包络分析法（DEA）对工业各行业的全部国有及规模以上非国有企业的技术效率、规模效率及全要素生产率（以Malmquist指数衡量）进行计算，结果表明：1998～2002年，烟草加工业、电子及通信设备制造业为相对效率最佳行业；刘云枫、周健明（2008）利用基于DEA的Malmquist生产率指数法，对1997～2006年北京市制造业的全要素生产率进行研究。结果表明，北京市制造业的全要素生产率年均增长率为10.2%，全要素生产率的增长主要得益于技术进步的贡献，而技术效率则以年均2.4%的速度抵消技术进步的贡献。

（二）考虑资源环境约束下经济效率研究

经典DEA模型的相对效率评价原则是以尽可能少的投入实现尽可能多的产出，然而现实的生产过程常伴有明显的副产品，如生产过程中产生的大量废气、废水和固定废弃物等，这些副产品被称为“非期望产出”（Undesirable Output）。非期望产出的存在减少了“好”的产出（GDP），同时降低了生产效率，只有尽可能地减少这些产出才能实现最佳的生产前沿面，但传统的DEA模型属于径向的DEA模型，只能同比例地增加或减少相关产出，可见，经典DEA模型已经不能合理地解决非期望产出的问题，因而不能有效评价经济增长效率。

随着全球环境问题的日益严峻，国外一些学者开始尝试将环境因素纳入效率测算框架。Pittman（1983）以环境污染治理成本作为非期望“坏”产出，首次尝试将非期望“坏”产出引入模型，对美国造纸厂的生产效率进行测算；Chung等（1997）在引入方向性距离函数的基础上，重新构建了Malmquist－Luenberger（ML）指数，既满足了效率测算中期望产出（如GDP等“好产出”）不断增加的需求，又实现了非期望产出（如SO_2和COD等“坏产出”）尽可能减少的要求，此后运用该指数的相关研究逐渐增多；Hailu和Veeman（2001）、Domazlicky和Weber（2004）将污染治理费用作为一种投入对生产率进行研究，该方法虽然可以尽可能地减少坏产出，但是这不符合现实的生产逻辑；Fare等（2001）运用ML生产率指数对1974～1986年美国制造业的全要素生产率进行测算，发现在忽略环境因素的情况下，全要素生产率实现了年均1.7%的增长，而考虑环境因素的情况下，全要素生产率实现了年均3.6%的增长；Jeon和Sickles（2004）采用ML生产率指数和传统的Malmquist生产率指数，分别测算了1980～1990年亚洲一些国家和OECD国家的全要素生产率，发现环境因素显著降低了亚洲一些国家的全要素生产率，但对OECD国家的影响不显著；Yoruk和Zaim（2005）分别采用ML生产率指数和传统的Malmquist生产率指数，对比分析了1983～1998年OECD国家的全要素生产率差异，研究结果表明：Malmquist生产率指数的测算结果低于ML生产率指数，环境因素促进了OECD国家全要素生产率的提升；Kumar（2006）采用ML生产率指数和传统的Malmquist生产率指数，实证研究了41个发展中国家和发达国家的全要素生产率，发现发展中国家的Malmquist生产率指数测算结果都高于ML生产率指数，可见，环境因素对发展中国家的全要素生产率起到了显著的抑制作用。

近年来，随着我国能源与环境约束的日趋严峻，一些学者开始尝试在资源环境约束下对我国经济增长效率进行研究。一是产业层面的研究，涂正革（2008）采用方向性环境距离函数方法，对我国规模以上工业企业的经济增长与资源环境的协调性进行研究，发现区域间环境工业协调性差异较大，东部沿海地区工业发展与环境的协调性较高，而中西部地区工业发展与环境的协调性普遍较低；杨俊、邵汉华（2009）采用ML生产率指数法，利用工业SO_2排放量作为非期望"坏"产出的代理指标，对中国地区工业的全要素生产率进行研究，结果发现环境因素导致了我国工业全要素生产率的降低；吴军（2009）采用ML生产率指数法，同时考虑化学需氧量和SO_2排放量作为非期望"坏"产出的代理指标，对环境约束下中国地区工业的全要素生产率进行研究，并检验了其收敛性，结果表明：在考虑环境约束条件下，全国及三大地区的工业TFP增长均主要源自于前沿技术进步，工业部门间相对前沿的技术效率改善并不明显；涂正革、肖耿（2009）通过构建方向性环境生产前沿函数模型，并以工业SO_2排放量作为非期望"坏"产出的代理指标，研究了环境约束下的中国工业增长模式，发现环境全要素生产率虽然实现了快速增长，但技术效率改善不明显，其增长主要得益于技术进步的贡献；陈诗一（2010）采用方向性距离函数法，重新评估了改革开放以来中国工业的全要素生产率，发现不（正确）考虑环境因素会很大程度地高估正确考虑环境约束的实际全要素生产率；涂正革等（2011）利用SBM模型测度了1998～2008年我国各省份规模以上工业企业的环境效率，结果发现，在资源环境约束与技术进步的共同作用下，全国SBM环境效率微降。

二是区域层面的研究，胡鞍钢等（2008）采用方向性距离函数法，对1999～2005年中国各省份的环境技术效率重新进行评估，发现考虑环境因素下的技术效率排名与忽略环境因素存在显著差距；王兵等（2008）以1980～2004年APEC中17个国家和地区为研究对象，采用ML生产率指数法对环境管制与TFP增长的关系进行研究，结果表明，在考虑环境管制后，APEC 国家的平均全要素生产率出现了提升；杨龙、李静（2009）对传统 DEA 模型的缺陷进行了讨论，在此基础上，以工业“三废”作为非期望“坏”产出的代理指标，采用 SBM 模型对 1990～2006 年我国各省份的环境效率重新进行测算，结果表明，考虑环境因素后中国区域的平均效率水平显著降低；胡晓珍（2010）采用熵权法将六种环境污染指标拟合为各地区综合环境污染指数，重新测算了中国 29 个省份的绿色经济效率，并检验了地区差异的收敛性；李胜文等（2010）遵循 Hailu 和 Veeman（2001）与 Domazlicky 和 Weber（2004）的研究思路，将环境污染作为一种有害投入，估算了 1986～2007 年我国各省份的环境效率，发现中国的环境效率水平较低，而且增长速度缓慢，分区域来看，中部地区环境效率最低，而西部地区环境效率最高；王兵（2010）运用 SBM 方向性距离函数，对资源环境约束下中国 30 个省份 1998～2007 年的环境效率进行测算，并对环境无效率的来源进行分解，结果表明：考虑资源环境约束后，中国各省份的环境效率均呈下降趋势，可见，资源和环境因素的确导致了经济增长效率的损失，不考虑资源和环境约束会高估我国的效率水平，进而误导政策建议；叶祥松和彭良燕（2011）运用 ML 指数方法测度了各地区在环境规制下的技术效率，结果表明：考虑环境规制后，全国各地区平均环境技术效率水平提高，但地区差异较大；屈小娥（2012）采用 SBM 模型测算了 1996～2009 年我国各省份考虑环境约束的全要素生产率，研究发现，考虑环境约束的中国省域全要素生产效率低下，这反映了我国经济粗放增长的现实；朱承亮等（2012）在 SBM 模型基础上构建了基于产出角度的 SBM－Undesirable 模型，发现在考虑资源环境约束后，西部地区的效率水平反而高于忽略资源环境约束时的技术效率；王兵和刘光天（2015）基于绿色卢恩伯格生产率指标的双重分解，采用两期权重修正罗素模型，探讨节能减排对中国绿色全要素生产率的影响效应与机制，发现节能减排主要通过推动技术进步促进绿色全要素生产率增长。

综上可知，既有研究将环境因素纳入效率测算框架主要有两种方式：一是将环境污染变量作为一种有害投入（Domazlicky 和 Weber，2004；Coelli 等，2005；李胜文等，2010），将环境污染变量作为投入的处理方式尽管能在一定程度上减少非期望“坏”产出，但这违反了现实的生产逻辑；二是将环境污染变量作为一种非期望“坏”产出（Pittman，1983；Chung 等，1997；Kumar，2006；胡鞍钢等，2008；杨龙和李静，2009；胡晓珍，2010；陈诗一，2010；涂正革等，2011；叶祥松和彭良燕，2011；屈小娥，2012；朱承亮等，2012；王兵等，2008，2010，2015）。

目前，对非期望产出的处理主要有四种模型：一是“逆产出模型”（Seiford

和 Zhu，2002），但该模型受规模报酬可变（VRS）的条件约束，从而限制了其适用性。二是“倒数法模型”（Scheel，2001；Zhu，2003），但该模型对非期望产出的处理不符合现实逻辑，模型构建缺乏合理性。三是“ML 生产率指数”模型（Chung 等，1997），该模型通过构建方向性距离函数解决了非期望产出的问题，从而得到广泛应用，如 Jeon 和 Sickles，2004；Yoruk 和 Zaim，2005；Kumar，2006；胡鞍钢等，2008；涂正革，2008；王兵等，2008；陈诗一，2010；等等。然而，ML 生产率指数属于径向的 DEA 模型，该模型没能解决投入产出的松弛性问题，因而度量的效率也是有偏的（李静，2009）。四是“SBM 模型”（Tone，2001，2003），该模型属于非径向、非角度的 DEA 模型，因此，可以很好地解决投入产出的松弛型问题。此外，SBM 模型能够避免角度选择偏差的影响，从而能够更加准确地进行效率评价。李静（2009）、王兵等（2010）、涂正革等（2011）、屈小娥（2012）、朱承亮等（2012）等采用该方法对我国环境效率进行了测算。然而，该模型是在规模报酬不变（CRS）的条件下给出的，因而效率测算结果也是有偏的。

二、研究方法

基于传统 DEA 模型的缺陷与不足，Tone（2003）构建了一种非径向、非角度的 SBM 模型，该模型不仅正确解决了非期望产出的问题，同时也充分考虑了投入产出的松弛性问题，然而该模型仍受到规模报酬不变的条件限制，因此其对效率的测算也是有偏的。鉴于此，本书构建了基于产出角度 SBM - Undesirable 模型，并考虑到规模报酬不变（CRS）和规模报酬可变（VRS）两种情形，从而有效避免了效率测度偏差。本书将每个少数民族省区作为一个 DMU 来构造每个时期的最佳生产前沿面。假设有 n 个 DMU，且每个 DMU 具有一个投入向量，记为 $x\epsilon R^m$，每个 DMU 具有两个产出向量，一个为期望产出向量，记为 $y^g\epsilon R^{S_1}$，另一个为非期望产出向量，记为 $y^b\epsilon R^{S_2}$。则可以定义如下矩阵：$X=[x_1, \cdots, x_n]\epsilon R^{m\times n}$、$Y^g=[y_1^g, \cdots, y_n^g]\epsilon R^{S_1\times n}$、$Y^b=[y_1^b, \cdots, y_n^b]\epsilon R^{S_2\times n}$，其中，$X>0$，$Y_g>0$，$Y_b>0$。我们可将生产可能性集($P$)定义为：$P=\{(x, y^g, y^b \mid x\geqslant X\lambda, y^g\leqslant Y^g\lambda, y^b\geqslant Y^b\lambda, \lambda\geqslant 0 \text{ or} \sum\lambda=1\}$，由此，本书从产出角度重新构建了 SBM - Undesirable 模型：

$$\min\rho = \frac{1}{1 + \frac{1}{s_1 + s_2}\left(\sum_{r=1}^{s_1}\frac{s_r^g}{y_{r0}^g} + \sum_{r=1}^{s_2}\frac{s_r^b}{y_{ro}^b}\right)}$$

$$\text{s. t.}\begin{cases} y_0^g - Y^g\lambda + s^g = 0 \\ y_0^b - Y^b\lambda - s^b = 0 \\ s^g \geqslant 0,\ s^b \geqslant 0,\ \lambda \geqslant 0 \text{ or} \sum\lambda = 1 \end{cases}$$

其中，s^g 和 s^b 分别表示期望产出和非期望产出的松弛量，λ 表示权重向量，当 $\lambda \geqslant 0$ 时表示规模报酬不变（CRS），当 $\sum\lambda = 1$ 时表示规模报酬可变（VRS）。目标函数 $\rho \in [0, 1]$，当且仅当 $\rho = 1$ 时，被评价的 DMU 是有效率的，否则就存在改进的空间。该模型可以对规模报酬不变（CRS）和规模报酬可变（VRS）两种情形下的经济效率进行测算，从而完善了 SBM 模型的测算方法，使效率测算结果更加准确。

基于研究目的，本书按照是否考虑资源环境约束和不同的规模报酬假设进行交叉分组，分别对四种情况下的经济效率进行测算：一是忽略资源环境约束，同时规模报酬不变（模型 1）；二是忽略资源环境约束，同时规模报酬可变（模型 2）；三是考虑资源环境约束，同时规模报酬不变（模型 3）；四是考虑资源环境约束，同时规模报酬可变（模型 4）。

三、指标选择与数据处理

基于研究目的，本书以 2003～2016 年我国少数民族地区为研究对象①。基础数据来源于《中国统计年鉴》《中国劳动统计年鉴》《中国环境统计年鉴》《中国人口和就业统计年鉴》《中国能源统计年鉴》和各省区统计年鉴。本书所指的少数民族地区包括内蒙古自治区、广西壮族自治区、贵州省、云南省、青海省、宁夏回族自治区、新疆维吾尔自治区 7 个省区，西藏自治区由于数据问题不在研究范围之内。

① 由于本书采用新的方法对劳动投入进行估算，需要用到各行业的受教育程度数据和工资总额数据，而 2003 年我国进行了行业调整，为保证数据的准确性和可比性，本书选择对 2003 年之后的时间段进行研究。

投入项主要包括资本和劳动投入以及资源投入，产出项包括期望产出和非期望产出，变量具体说明如下：

（1）资本和劳动投入。采用本书第三章估计的资本和劳动投入数据。

（2）资源投入。本书采用能源消费量（万吨标准煤）表示，由于能源消费是环境污染等非期望产出的主要来源，因此，在忽略资源环境约束的模型1和模型2中，投入指标中不包含资源投入。

（3）期望产出。本书期望产出采用各省区的生产总值（GRP）指标表示，并将其按照1978年的可比价格进行平减。

（4）非期望产出。既有研究文献对非期望产出指标的选取不尽相同，鉴于我国“十一五”和“十二五”规划中将主要污染排放物聚焦于SO_2、COD、氨氮和氮氧化物，因此，考虑到省际数据的可获得性和准确性，本书选择SO_2排放量（万吨）和COD排放量（万吨）作为非期望产出指标。

四、实证结果分析

利用构建的SBM－Undesirable模型和上述面板数据，本书对我国少数民族聚集的七省区2003～2016年的经济增长效率进行测算，实证分析结果如下。

通过对四种模型下经济增长效率的测算，我们发现，在忽略资源环境约束时，CRS和VRS假设下的少数民族地区平均效率分别为0.852和0.933；在考虑资源环境约束时，CRS和VRS假设下的平均效率为0.544和0.719（见表4－1）。可见，VRS下的效率水平要高于CRS下的效率水平，且差异明显。一般而言，当两种技术假设下得到不同的结果时，应当选择VRS假设下的结果（Zheng等，1998），因此，本书的结论主要是基于VRS下的分析结果。

表4－1　2013～2016年少数民族各省区经济增长效率值

地区	忽略资源环境因素		考虑资源环境约束	
	CRS（模型1）	VRS（模型2）	CRS（模型3）	VRS（模型4）
内蒙古	0.979	1.000	0.550	0.563
广西	0.921	0.922	0.584	0.604
贵州	1.000	1.000	0.575	0.644

续表

地区	忽略资源环境因素		考虑资源环境约束	
	CRS（模型1）	VRS（模型2）	CRS（模型3）	VRS（模型4）
云南	0.680	0.689	0.607	0.649
青海	0.550	1.000	0.462	1.000
宁夏	1.000	1.000	0.498	1.000
新疆	0.837	0.922	0.534	0.572
少数民族地区	0.852	0.933	0.544	0.719
东部地区	0.719	0.865	0.792	0.896
中部地区	0.809	0.936	0.668	0.694
东北地区	0.808	0.868	0.638	0.652
全国均值	0.796	0.898	0.693	0.781

2003~2016年，忽略资源环境约束，少数民族地区经济增长效率是上升的，VRS下的平均效率水平为0.933；而考虑资源环境约束，经济增长效率是下降的，VRS下的平均效率水平为0.719（见图4-1），资源环境约束确实导致了少数民族地区经济增长效率的损失，VRS下平均效率损失超过20%。这与王兵等（2010）的结论一致，其在考虑资源环境约束后，无论是西部地区，还是东中部地区，经济增长效率均低于忽略资源环境约束的增长效率。

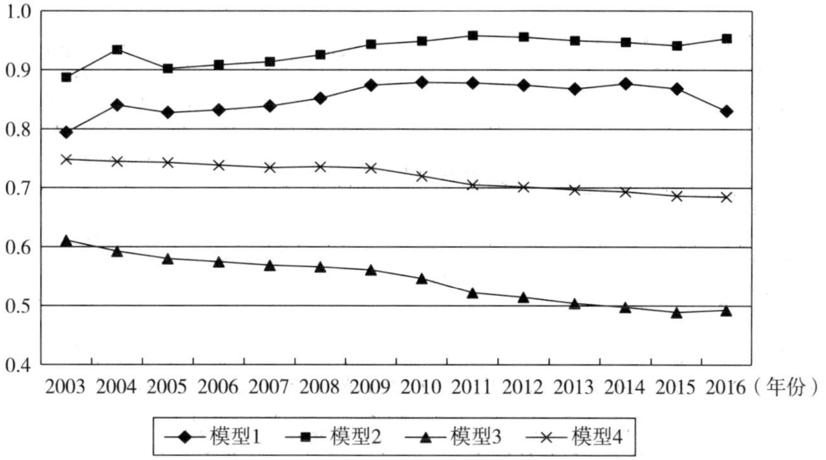

图4-1 少数民族地区年均效率水平比较

由测算结果可以发现，2003~2016年，在资源环境约束下（VRS），宁夏、青海历年均达到了最大值1，表明在现有技术进步不变及不增加现有要素投入的前提下，已经达到了理论的最大可能性产出，要想提高这些处在生产前沿上的省份的效率值则要考虑从提高技术进步角度出发使生产前沿面上移。贵州经济增长效率呈现缓慢上升趋势，广西、云南和新疆经济增长效率呈现缓慢下降趋势，内蒙古则经历了先降后升的转变。从本书的计算结果来看，青海和宁夏的劳动生产率分别为0.22万元和0.20万元，仅低于内蒙古，远高于云南、广西等少数民族省区。与此同时，青海和宁夏污染物的排放量更是远低于内蒙古、贵州和云南等少数民族省区，青海的SO_2排放量不到内蒙古或贵州的20%，接近新疆的25%，宁夏SO_2的排放量也仅为内蒙古或贵州的1/3左右，坏产出（SO_2和COD等）的增加以及污染治理成本的上升，降低了内蒙古和贵州等少数民族省份的经济效率。总体来看，考虑资源环境约束（VRS）下的少数民族地区平均经济效率水平为0.719，表明在现有技术水平下，少数民族地区经济效率还有28.1%的提升空间。

分区域来看，2003~2016年我国经济增长效率区域差异明显。在忽略资源环境约束下，少数民族地区和中部地区经济效率都很高，高于全国平均水平，而东部地区低于全国平均水平（见表4-1）；在考虑资源环境约束下，考察期内平均效率水平的区域分布为：东部地区>全国平均>少数民族地区>中部地区>东北地区（见图4-2）。在考虑资源环境约束后，全国平均效率损失超过13%，中部地区效率损失最高，平均损失25.8%，其次是东北地区和少数民族地区，平均效率分别损失24.9%和22.9%，而东部地区平均效率提升了3.6%。

资源环境约束对东部地区不但没有导致效率损失，而且还出现效率的提升，初步印证了“波特假说”①。“十一五”以来，东部地区经济效率呈现稳中有升的趋势，可能是节能减排的强力约束激发企业进行技术创新，从而推动技术进步和促进效率改善（王兵等，2015）。但“十二五”以来，随着国家“节能减排”要求日趋严格，以及“低悬的果实”采摘殆尽②，经济效率出现大幅下跌，由图4-2可知，其他地区也经历了相同的调整过程，经济效率损失较大。

① Porter和Van der Linder（1995）认为，节能减排能够实现环境和经济的双赢：严格且适宜的环境管制将引致技术创新，这可以部分或完全补偿企业遵守该环境标准的成本，进而提升企业的生产率和市场竞争力，这一观点被后续研究称为“波特假说”。

② 王兵等（2010）认为，在节能减排初期，边际节能减排成本较低，采取一些成本较小的措施就可以取得一定的节能减排成果，但随着“低悬的果实”逐渐被采摘殆尽，边际节能减排成本逐渐升高，要继续节能减排必然要付出更大的代价。

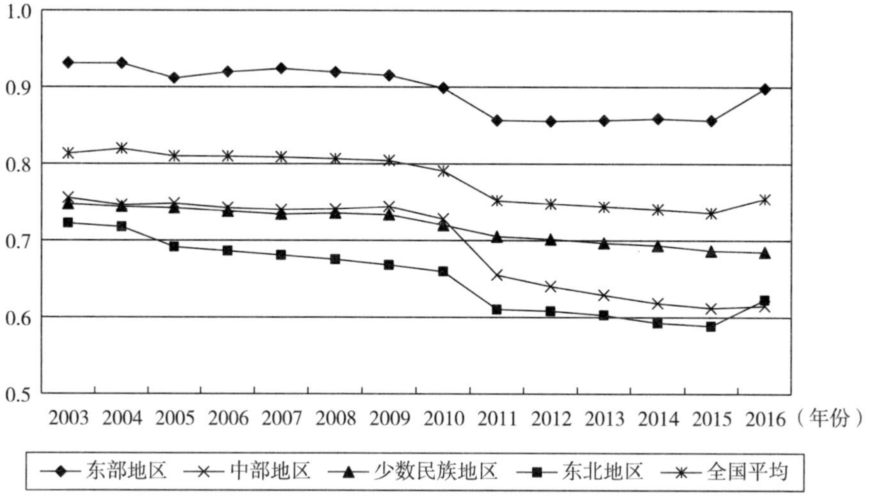

图4-2 经济增长效率区域差异（考虑资源环境约束；VRS）

2003年以来，考虑资源环境约束下，少数民族地区经济效率略高于中部地区，但二者均低于全国平均水平，这与近年来高能耗、高污染产业逐渐向中西部地区转移有关，导致了该地区产业结构的“污染化”趋势，从而降低了经济增长效率。同时，少数民族地区得益于西部大开发战略的实施，逐步缩小与中部地区经济发展的差距，促使我国区域经济从趋异转向收敛（刘生龙等，2009）。忽略资源环境约束，东北三省经济效率是逐年提升的，而且辽宁和黑龙江在部分年份效率值还处于生产前沿，而考虑资源环境约束后，东北三省经济增长效率整体趋势是不断下降的，东北经济发展早已显露出其不可持续性，粗放型发展方式已经透支了资源环境的承载能力，在国家“节能减排”指标要求日趋严格时，东北经济开始出现大幅调整。此外，2016年之后各区域均出现一个效率改善的过程，然而由于数据的限制，这种趋势能否确立还存在不确定性，可能的原因是供给侧结构性改革的实施，提高了资源利用效率，改善了有效供给，从而提升了各区域的经济增长效率。

表4-2提供了不同模型测算的最佳实践省份。可见，不同模型测算的结果差异较大，在忽略资源环境约束下（VRS），上海、江苏、广东、海南、山东、山西、湖南、四川、重庆、内蒙古、宁夏、青海、贵州的经济效率达到了最大值1，表明这些省份每年均处于生产前沿，而考虑资源环境约束时（VRS），北京、上海、江苏、广东、海南、重庆、宁夏、青海仍处于生产前沿。从最佳实践省份

构成来看，除东部发达地区的北京、上海、江苏等省份外，还包括少数民族地区的青海和宁夏，这与朱承亮等（2012）的研究结果较为接近，与胡鞍钢等（2008）、王兵（2010）和李静（2009）的研究结论差别较大。胡鞍钢等（2008）考虑 SO_2 和 COD 两种环境因素的模型中，辽宁、上海、江苏、安徽、湖北、海南、贵州、云南、西藏九个省份均在生产边界上；王兵（2010）运用考虑 SO_2 和 COD 因素的 SBM 进行测算，发现北京、上海、广东和海南每一年均处在环境效率的生产前沿，而天津、青海有部分年份在生产前沿，环境效率较高的省份均集中在东部地区；李静（2009）使用“三废”排放作为非期望产出，运用 SBM 模型的测算结果表明：北京、上海、天津、广东每年均处在生产前沿。结果的差异除考察的样本时间和数据处理不同外，一个重要的原因是本书构建的基于产出导向的 SBM - Undesirable 模型，能够对规模报酬不变（CRS）和规模报酬可变（VRS）两种情形下的经济效率进行区别，而在两种技术假设下得到不同的结果时，应当选择 VRS 假设下的结果（Zheng 等，1998）。因此，通过构建两种情形下的 SBM - Undesirable 模型，增强了模型的识别能力，从而更加准确地甄别每一年的最佳实践省份。

表 4-2　2003~2016 年最佳实践省份

模型 1（忽略约束、CRS）	上海、湖南、重庆、宁夏、贵州
模型 2（忽略约束、VRS）	上海、江苏、广东、海南、山东、山西、湖南、四川、重庆、内蒙古、宁夏、青海、贵州
模型 3（考虑约束、CRS）	上海、北京、重庆①
模型 4（考虑约束、VRS）	北京、上海、江苏、广东、海南、重庆、宁夏、青海

① 北京和重庆仅有 1 年不在生产前沿，北京 2016 年不在生产前沿，重庆 2006 年不在生产前沿。

第五章 少数民族地区经济效率影响因素分析

一、文献述评

目前，尽管缺少确定效率影响因素的相关理论（王兵等，2010），但随着规范和实证研究的不断深入，更多的效率影响因素被识别出来。Yoruk 和 Zaim（2005）发现 OECD 国家中人均 GDP 和工业份额均与生产率指数呈 U 形的关系，即人均 GDP 和工业份额与生产率指数呈负相关，但人均 GDP 和工业份额的平方项与生产率指数呈正相关，OECD 国家《气候公约》的签订对生产率增长具有正的冲击；Kumar（2006）通过对 41 个发达或发展中国家 1971 ~ 1992 年的生产率研究发现，这些国家的人均生产总值较高，对环境敏感的生产率指标较高，ML 指数值与技术效率和资本劳动比率呈负相关，隐含着收敛假设的存在。此外，它还发现，生产的能源强度与对环境敏感的生产率指标负相关，然而，传统的生产率衡量标准仍然不受产出增长构成的影响，无论是用标准曼奎斯特指数还是 ML 指数来衡量，一个国家的开放度都增加了 TFP；Loko 和 Diouf（2009）证实了宏观经济和体制因素、贸易开放和人力资本对生产率增长的促进作用，而且研究结论进一步证明：加快 FDI 和政府规模合理化改革，将资源从低生产率的部门转移到更高的部门，并鼓励妇女进入劳动力市场，可能会加速 TFP 的增长，尤其是在经济较不发达的经济体。总的来说，实现高生产率的增长需要一定的结合，包括良好的宏观经济环境、贸易开放和强有力的制度、人力资本的发展，以及具有吸引力的商业环境体制和社会经济因素。国内关于经济效率影响因素的相关研究文献较多，何枫（2003）采用随机前沿生产函数法实证检验了金融中介发展对经济增长效率的影响，结果表明：东部地区的金融中介发展促进了技术效率的提升，而从全国角度来看，金融中介发展降低了技术效率。此后，何枫和陈荣（2004）还考察了金融机构贷款配置对技术效率的影响，发现贷款规模的增长促进了非国企部门技术效率的提升，但导致了国企技术效率下降。陈迅和余杰（2005）研究发现公共支出对技术效率具有显著的抑制效应，而通过优化公共支出机构可以促进技术效率改善。王志刚、龚六堂和陈玉宇（2006）认为国有化程度和财政支出比重降低了生产效率，而出口比重和人力资本却提升了技术效率，其中人力资本对生产效率改善的贡献最大。许和连、亓朋和祝树金（2006）考察了贸易开放度和人力资本对经济效率的影响，结果表明：贸易开放度通过对人力资本的影响促进全要素生产率提升，且其影响存在区域差异。朱承亮等（2009）运用随机前沿分析技术考察了金融机构存贷款业务以及经济开放度等因素对效率的影响，发现金融发展整体上提升了技术效率，但无论是存款还是贷款业务均降低了技术效率水平，经济开放度和人力资本对经济效率的改善作用有限。

近年来，能源和环境问题受到越来越多的关注，部分学者尝试在资源环境约束下对我国经济增长效率的影响因素进行研究。王兵等（2008）对 APEC 17 个国家和地区 1980～2004 年环境管制下的全要素生产率影响因素进行分析，结果发现，人均 GDP 和生产率指数正相关，工业份额、劳均资本、人均能源使用量和国家的开放度与生产率增长负相关；王兵等（2010）采用 Tobit 模型，对考虑资源环境因素下的经济效率影响因素进行分析，结果表明：FDI、所有制结构和公众的环保意识对环境效率具有显著促进作用，而禀赋结构、产业结构、能源结构、政府环境管理能力与环境效率显著负相关；朱承亮等（2011）采用随机前沿生产函数研究了环境约束下效率的影响因素，发现 FDI 和对外贸易显著提升了技术效率，否定了“环境污染天堂”假说，非国有经济的发展改善了技术效率，环境约束抑制了工业化进程对技术效率的改善，在忽略环境约束下，环境污染治理强度降低了技术效率，而在考虑环境约束时提升了技术效率；叶祥松和彭良燕（2011）对我国各省份 1999～2008 年环境规制下的全要素生产率影响因素进行研究，结果表明：人均 GDP 和生产率指数正相关，FDI 对数与生产率指数负相关，但在严格的环境技术门槛下，FDI 与生产率指数正相关，资本劳动比的检验表明，在弱环境规制下，资本深化会促进生产率的增长，而政策严格的情况下，资本深化会抑制生产率的增长，工业发展水平 IDL 和生产率增长负相关，而环境保护力度 EPS 与生产率增长正相关；田银华等（2011）采用省际面板数据研究环境约束下的全要素生产率影响因素，回归分析结果表明：人均收入水平与环境约束下的全要素生产率具有U形关系，能源强度和国企比重对全要素生产率具有抑制作用，而经济开放度和大中企业比重具有显著促进作用；朱承亮等（2012）实证分析了节能减排约束下西部地区经济效率的影响因素，结果表明：在节能减排约束下，能源结构和能源效率降低了西部地区的经济增长效率，而产业结构和环境治理强度及能力提升了西部地区的经济增长效率；刘伟明和唐东波（2012）对我国30个省份工业部门的环境全要素生产率的影响因素进行研究，结果表明：环境规制、市场结构、教育水平、FDI和产业结构促进了环境全要素生产率的增长，而资源禀赋和能源结构则抑制了环境全要素生产率的增长，所有制结构的影响并不显著；李小胜等（2014）采用空间面板模型实证分析了环境全要素生产率的影响因素，发现人均收入对环境全要素生产率增长产生正向的作用，这表明经济发展水平越高，经济与环境的协调性越好，而人均收入的平方系数为负，证明我国存在环境全要素生产率的库兹涅茨曲线。

对我国少数民族地区经济效率的研究文献较少，既有研究主要以民族八省区为研究对象考察少数民族地区的经济效率。总体来看，均认为少数民族地区经济效率较低，且出现下降趋势，民族地区的经济增长仍然属于粗放型的增长（杨徐佳、齐飞，2009；舒燕飞，2010；郑长德，2011；李星颐等，2013）。杨徐佳和齐飞（2009）运用CES生产函数模型研究技术进步对贵州省经济增长的影响，结果表明，1978~2007年，贵州省技术进步贡献率大多为负值，贵州主要是依靠要素投入的外延型经济增长；舒燕飞（2010）的研究结果表明：改革开放的前二十年，我国少数民族地区全要素生产率对经济增长的贡献最大，平均贡献率在50%左右，但在最近十年，全要素生产率贡献率出现明显的下降趋势，而资本对于经济增长的贡献却在逐年上升；郑长德（2011）发现全要素生产率对少数民族地区经济增长的贡献波动很大，认为技术进步并不是近30年来少数民族地区经济增长的主要动力；李星颐等（2013）在对数型柯布-道格拉斯生产函数的基础上，运用随机前沿分析模型对我国少数民族地区自西部大开发以来十年间的技术效率进行了测算，结果表明：我国少数民族地区平均效率水平呈现稳步上升趋势，但总体的技术效率水平不高，少数民族地区的技术效率存在收敛趋势。然而，上述研究均没有考虑资源环境约束，模型选择和处理简单，资本和劳动度量粗糙，扭曲了对经济绩效的评价，从而误导政策建议。

少数民族地区有其特殊性，由于历史和地理的原因，少数民族地区形成了较强的封闭惯性（程厚思等，1999；周民良，2008），对外开放程度和市场化程度较低，而少数民族分散程度高，城镇集聚能力差，既影响了产业结构的优化，又制约了资源的优化配置（郑长德，2009）。此外，少数民族地区虽然资源丰富，却存在“资源诅咒”现象，而“资源诅咒”现象的来源主要是煤炭（陈祖海等，2015）。目前，少数民族地区经济效率的相关文献均忽略了影响因素研究。鉴于此，本书考虑少数民族地区的特殊性，定量研究少数民族地区经济增长效率的影响因素。

二、变量选择

为定量研究少数民族地区经济效率的制约效应，本书借鉴国内外相关理论和文献（Yoruk 和 Zaim，2005；Kumar，2006；Loko 和 Diouf，2009；王兵等，2010；刘伟明和唐东波，2012；朱承亮等，2011，2012；李小胜等，2014 等），主要从少数民族特征因素和资源环境约束角度选择相关影响因素，具体设定和说明如下：

（一）少数民族特征

一是对外开放程度和市场化程度较低。由于历史和地理的原因，少数民族地区形成了较强的封闭惯性（程厚思等，1999；周民良，2008），对外开放程度和市场化程度较低。较低的对外开放水平限制了国际分工和专业化程度的提升，而较低的市场化水平则制约了产权制度改革，降低了资源配置效率。为此，本书将考察对外开放程度和市场化程度对少数民族地区经济效率的影响。二是城镇化水平低。考虑少数民族分散程度高，城镇集聚能力差的特点，既影响了产业结构的优化，又制约了资源的优化配置（郑长德，2009），本书采用城镇化率度量城镇化水平对经济效率的影响。

（二）资源环境约束

一是产业结构。考虑第二产业是资源消耗和导致污染的主要产业，而且各地政府把“退二进三”为主导的产业结构调整作为节能减排的主要措施，为此，本书采用第二产业比重度量产业结构的制约效应。二是能源效率。少数民族地区虽然资源丰富，但其能源效率相对于其他区域而言是最低的，2003～2016 年，全国能源效率平均水平为0.76万元/吨标准煤，而少数民族地区仅为0.48万元/吨标准煤（2000年价格），属于能源低效区。三是能源结构。少数民族地区存在"资源诅咒"现象，而"资源诅咒"现象的来源主要是煤炭（陈祖海等，2015）。因此，本书选择产业结构、能源效率和能源结构考察资源环境约束对少数民族地区经济效率的影响（见表5－1）。

表5－1 变量说明

解释变量	变量定义
对外开放度	贸易依存度：进出口贸易总额/GRP
市场化程度	非国有单位职工比重
城镇化水平	城镇化率：城镇常住人口与各省份年末总人口比重
产业结构	第二产业产值与GRP比重
能源结构	折合为标准煤的煤炭消费量占能源消费总量的比重
能源效率	单位能耗GDP

三、数据来源及处理

本书采用贸易依存度刻画对外开放程度，即进出口贸易额与当地GRP的比重，数据来源于《中国外贸统计年鉴》，并采用当年的汇率中间价将美元换算为人民币。市场化程度可以采用中国各省份的市场化指数度量，但目前樊纲的中国市场化指数只公布到2014年。中国的市场化改革伴随着产权结构的变化，其现状高度概括就是"国退民进"。因此，考虑数据的可获得性与可比性，本书选择非国有单位职工人数/从业人员来刻画当地的市场化程度，数据来源于《中国劳动统计年鉴》。城镇化程度采用城镇化率度量，即城镇常住人口与各省份年末人口比重度量，数据来源于《中国人口和就业统计年鉴》。产业结构采用第二产业与GRP比重度量，数据来源于《中国统计年鉴》。能源效率采用万吨标准煤产生的GRP度量，并采用价格平减指数折算为2000年价格，数据来源于《中国能源统计年鉴》。能源结构采用折合为标准煤的煤炭消费量占能源消费总量的比重度量，其中，内蒙古、广西、云南、青海、宁夏和新疆的数据来源于各省的统计年鉴，贵州省无此数据，本书采用《中国能源统计年鉴》的煤炭消费量数据，根据能源折算系数折算的标准煤占能源消费总量比重计算贵州的能源结构①。具体数据详见附表12～附表17。

四、实证结果分析

考虑到经济增长效率介于0～1，为受限值因变量，故本书选择Tobit模型对少数民族地区经济增长效率的影响因素进行估计。通过对回归模型进行Hausman检验，结果表明，在忽略资源环境约束（VRS）和考虑资源环境约束（VRS）下均应选择固定效应模型，结果如表5－2及表5－3所示。

表5－2　Hausman模型检验结果

检验摘要	卡方统计量	自由度	p值
忽略资源环境约束	118.106891	6	0.0000
考虑资源环境约束	2346.989646	6	0.0000

表5－3　少数民族地区经济效率影响因素估计结果

变量	忽略资源环境约束（VRS）		考虑资源环境约束（VRS）	
	系数	Z统计量	系数	Z统计量
常数项	1.6354***	19.8720	0.9812**	2.2928
贸易依存度	0.0069	0.7683	－0.2138**	－2.5135
市场化水平	－0.0144**	－2.4237	0.0032***	8.6671
城镇化水平	－0.4606***	－3.8638	0.0516**	2.2742
产业结构	0.0911*	1.8912	－0.0248*	－1.8462
能源结构	－0.0238	－0.7518	－0.0218**	－2.4612
能源效率	0.0089	0.6240	0.1725**	2.2669

注：***、**、*分别表示显著性水平为1%、5%、10%。

① 《新中国六十年统计资料汇编》公布了贵州省的煤炭消费结构，但2004年开始部分年份的煤炭消费量占能源消费总量的比重大于1。为此，本书采用将煤炭消费量折算为标准煤的方式计算能源结构，有些年份能源结构大于1，用1代替。

忽略资源环境约束下贸易依存度在回归方程中的系数为正，表明对外开放水平的确促进了经济效率的提升，这与朱承亮等（2009）的结论一致，但考虑资源环境约束下贸易依存度的系数显著为负，这与李小胜等（2015）的结论一致，即本书的研究支持“污染天堂假说”。我国长期处于国际分工中价值链的低端，资源消耗型的初级产品出口结构降低了经济效率（李小胜等，2015），而少数民族地区的贸易结构相对全国更加不合理，主要出口钢铁、有色金属、煤炭等依赖资源开发、加工的采掘和原材料产品，“高污染、高能耗、高排放”的出口产品结构显著降低了资源环境约束下的少数民族地区经济效率。忽略资源环境约束下，市场化水平抑制了少数民族地区的经济效率，而考虑资源环境约束下，则促进了经济效率的提升。少数民族地区虽然资源丰富，但资源的开发与利用只有在产权明晰的市场机制下才能更有效地实施，少数民族地区资源的掠夺性开发不但降低了资源的利用率，而且导致环境污染加剧（郑长德，2009）。因此，少数民族地区应不断提升市场化水平，进一步完善资源和环境产权制度，进而促进少数民族地区经济效率的改善。

忽略资源环境约束下城镇化水平对经济效率具有显著的抑制效应，考虑资源环境约束下城镇化水平具有显著的促进作用。少数民族地区分散程度高，城镇聚集能力差，既影响了产业结构优化，又制约了资源的优化配置。在资源环境约束下，通过推进经济活动在适宜空间上的有效集聚，可以促进要素市场的共享和产品市场的扩大，实现分工的不断细化和专业化水平的不断提升，为少数民族地区的产业结构调整、资源的优化配置和技术进步提供条件，从而在根本上减少经济增长中的资源依赖，解决环境保护与经济增长的尖锐矛盾（郑长德，2009）。忽略资源环境约束时，产业结构对经济增长效率具有显著的促进作用，这与朱承亮等（2011）的结论一致，而考虑资源环境约束时具有显著的抑制作用，这与王兵等（2010）的结论一致。工业化发展过程是以一定的资源消耗和环境污染为代价的，截至 2016 年，第二产业在少数民族地区 GDP 中仍占有绝对比重，平均占比超过 43.0%，而内蒙古、青海和宁夏第二产业比重超过 47%。因此，一方面，需要少数民族地区加快以“退二进三”为主导的产业结构调整，优先发展第三产业；另一方面，要坚持走新型工业化的发展模式，降低工业化程度提高对经济效率的影响。

在忽略资源环境约束时，能源结构对少数民族地区经济效率影响不显著，而考虑资源环境约束后具有显著抑制作用。少数民族地区虽然煤炭资源丰富，但煤炭消耗是导致我国环境污染的重要原因之一，截至 2016 年，少数民族地区能源消费结构中煤炭消费量占比仍很高，部分省份超过80%，如内蒙古、贵州和宁夏。因此，在节能减排约束下，少数民族地区应不断改善以煤炭为主的能源结构，减少因环境污染引起的经济效率损失。能源效率在忽略资源环境约束时对经济效率具有促进作用，但不显著，而考虑资源环境约束时具有显著促进作用。我国少数民族地区能源效率远低于全国平均水平，2003~2016年，全国能源效率平均水平为0.76万元/吨标准煤，而少数民族地区仅为0.48万元/吨标准煤(2000年价格)。可见，在节能减排约束下，少数民族地区应不断提升能源效率水平，以进一步强化其对经济效率的促进作用。

第六章　政策建议

少数民族地区在经济发展过程中，既要考虑资源环境的承载能力，严格执行国家的节能减排政策，加强以“退二进三”为主导的产业结构调整，提高能源效率，逐步改变以煤炭为主的能源消费结构，同时也要注重少数民族特征因素对经济增长效率的制约，制定科学合理的经济政策，打破民族地区本身的封闭壁垒，实施空间集中化战略，推进供给侧结构性改革，以释放民族地区经济发展潜力，促进民族地区经济发展和资源环境的和谐统一，从而实现经济的可持续发展。

一、加大节能减排力度，提升资源利用效率

少数民族地区高能耗、高污染的增长模式导致了资源的巨大浪费，虽然少数民族地区煤炭资源丰富，但煤炭消耗是导致我国环境污染的重要原因之一，截至2016年，少数民族地区能源消费结构中煤炭消费量占比仍很高，内蒙古、贵州和宁夏更是超过80%。同时，少数民族地区能源利用效率不高，2003～2016年，全国能源效率平均水平为0.76万元/吨标准煤，而少数民族地区仅为0.48万元/吨标准煤（2000年价格），远低于全国平均水平。可见，在节能减排约束下，少数民族地区应改善以煤炭为主的能源结构，不断提升能源利用效率，从而减少经济发展中的资源环境代价。

少数民族地区在经济发展过程中，应重视资源环境代价问题，着力提升经济增长效率，要树立绿色、低碳的发展理念，加大节能减排力度，降低资源环境约束，实现少数民族地区经济的又好又快发展。从节能角度看，政府应建立资源节

约标准，降低企业在生产过程中的资源浪费，注重资源的综合与循环利用。同时，采取采矿权拍卖、开征资源税等形式，理顺资源及资源性产品的价格体系，通过市场供求，合理确定资源的市场价值，从而提升资源的利用效率，促使少数民族地区资源的可持续开发利用。从环境保护角度看，少数民族地区大多处于大江大河上游，生态比较脆弱，应建立对高污染企业的环境准入机制，严格执行国家对生产性企业的排放标准，减少企业生产活动的负外部性。通过政府购买或者市场化运作模式提升生态补偿标准，维护好上游的生态系统，保障下游的利益不被损害。鉴于此，从节能减排和资源利用效率角度，本书对少数民族地区经济发展提出了三点建议。

第一，发展循环经济，构建节约型社会。这是转变高能耗、高污染的经济发展模式，实现少数民族地区可持续发展的根本措施。不同于传统的经济增长模式，循环经济注重资源的高效和循环利用，最终目的是实现经济的可持续增长。就目前循环经济发展的现状来看，少数民族地区应在政府的引导下按照市场机制来发展循环经济。一是强化政策导向，加强政府表率作用。政府相关部门应做好指导和服务工作，将发展循环经济作为民族地区实现可持续发展的重要抓手，通过资源的高效和循环利用，切实提升资源的利用效率，并降低环境污染水平，严格执行政府的节能减排标准，督促各级政府将节能减排落到实处。二是开发循环经济新技术，提高自主创新能力。循环经济就是采用新技术对现有资源的高效、循环利用，因此，新技术的开发对发展循环经济至关重要，只有立足于少数民族地区的实践，开发出适应少数民族地区发展循环经济的新技术，才能有效解决目前的资源环境约束，提升少数民族地区资源环境的承载能力，从而实现可持续发展。三是进一步完善相关法律法规体系，推动循环经济立法建设。循环经济立法应充分体现“3R 原则”，将环境保护、再生资源利用以及绿色发展等内容纳入立法范围，明确各个主体的权利和义务，体现责权利对等的原则，同时借鉴其他国家的先进经验，适度体现少数民族地区的特殊性，扬长避短，推陈出新。

第二，理顺资源及资源性产品的价格体系。少数民族地区自然资源丰富，这是少数民族地区的优势。然而，长期以来，由于资源的市场化机制缺失，致使资源的市场价格未能正确反映其稀缺性和供求关系，从而导致资源的滥用和掠夺性开发，不但降低了资源的利用效率，也导致了环境污染加剧，降低了经济增长效率。因此，通过建立和完善少数民族地区资源的市场化机制，理顺资源型产品的价格体系，从而使价格正确反映资源的市场价值。通过市场的价值发现功能，实现市场主体的供求均衡，进一步实现市场出清，是少数民族地区可持续发展的关键环节。

第三，建立“现代资源产权制度”和“现代环境产权制度”。随着资源环境约束的日益增强，国家对节能减排的标准也更加严格。通过建立资源产权制度和环境产权制度，明确少数民族地区资源开发和环境保护的相应权利和责任，实现责权利的有效匹配，从而提升资源开发与环境保护的效率和效果。自然资源是稀缺的、不可再生的，资源的开发与利用只有在产权明晰的市场机制下才能更有效率地实施，少数民族地区资源的掠夺性开发不但降低了资源的利用效率，而且导致了环境污染加剧，解决这一问题就必须要明确资源的产权制度。通过明确界定自然资源的财产权利，保护开发主体的财产权利，使开发主体更有效地利用资源。通过环境产权界定制度，做好生态环境的价值评估，使开发主体对资源进行保护性开发；通过环境产权流转制度，使优质环境的受益企业支付相应的转让费用；通过产权保护制度，维护环境投资者的合法权益。总之，通过相应的产权制度创新，保障各利益主体合理利用资源和保护环境，从而实现资源开发与环境保护的和谐统一。

就云南省而言，可从以下几个方面建立和完善资源产权制度：首先，对于生物性可再生自然资源，可依据其生态效益的大小建立多元的所有权结构。应继续保留生态草地、生态林和珍稀动植物等生物性可再生自然资源的国有产权，同时，通过拍卖或授权的方式转让一般的生产性草地、经济林地的所有权，通过构造多元的所有权结构，进一步明晰资源的产权主体，防止资源被滥用。其次，对于非生物可再生自然资源，一般不需要改变其国家或集体所有权，但对非紧缺型的荒山、荒地等非生物可再生自然资源，可在严格限制目标用途后转让其所有权，激励持有者长期投资，改善土地的恶化情况。最后，对于不可再生自然资源，我国法律明确规定矿产资源所有权一律归属国家，但对一些非紧缺而没有规模开发效应的小矿山，如小煤矿、小铜矿等，可通过拍卖方式出售其所有权，以克服矿产资源因“无主”而形成的无序开发。同时，通过引入竞争和价格机制，改变目前矿产资源因“无价”而粗放开发和浪费使用的现状。

建立现代环境产权制度，可从以下四个方面着手：首先，完善环境产权的界定工作。明确界定环境贡献者的权利和利益，以及环境损害者的相应责任。其次，建立环境产权的公平交易机制。亟须建立相应的环境产权利益补偿机制，包括环境外部效应的受益者对贡献者的直接补偿，以及国家和区域间纵向横向结合的利益间接补偿机制。其中，关键是补偿的原则和补偿的方式，如何度量直接和间接补偿的数额。中央或地方政府可以通过征收环境税费的形式筹集补偿资金，并通过转移支付实现对云南等生态保护区外溢效应的间接补偿机制，从而理顺环境外部相应的贡献者与受益者之间的收益分配关系，实现受益者付费、贡献者获益、损害者赔偿的环境产权交易机制。再次，建立环境成本的科学还原制度。通过强制企业提取矿山环境恢复和生态补偿基金，建立和完善企业环境治理和生态恢复的责任机制，使企业负担其环境外部性成本，形成“完全成本价格”。最后，实施环境产权严格保护。凡是对环境造成损害的企业，尤其是高污染、高耗能类产业，责令其限期整改后，还应做出相应的经济赔偿或行政处罚。

二、加强人力资本投资，提升劳动投入质量

2003～2016 年，少数民族八省区劳动质量改善对劳动投入的贡献由 2003 年的 29.59% 快速上升到 2016 年的 82.23%，但仍低于全国平均水平。依据新经济增长理论，人力资本是一个国家或地区经济长期增长的主要推动力，新经济增长理论将人力资本内生于技术进步中，人力资本作为技术进步的载体推动技术进步，为实现科技创新提供人才支撑。西部大开发以来，少数民族地区技术进步水平有了较大幅度的提升，技术效率也有了很大程度的改善，但与国内东部地区相比，科技创新能力仍很弱，人力资本对经济增长的支撑作用仍不明显。因此，为切实提高区域自主创新能力，必须大力发展人才战略，加强人力资本投资，提升劳动投入质量，发挥人力资本对经济发展的重要支撑作用，是少数民族经济发展方式转变的重要手段。

然而，就少数民族地区人力资本的现状来看，由于教育、培训事业的投入不足，导致当地人力资本增长缓慢，远远落后于东部发达地区，这势必影响少数民族地区的技术创新，从而降低技术进步和效率，限制了经济的长期增长。为此，少数民族地区要实现资源环境约束下的可持续发展，必须加大少数民族地区的人力资本投资强度，尤其是教育的投资强度。首先，作为公共物品，基础教育的提供主要是由政府完成。习近平总书记在党的十九大报告中指出，目前，我国社会的主要矛盾已经转变为人民日益增长的美好生活需要和不平衡不充分的发展之间的矛盾，因此，应特别注重民族地区基础教育质量的提高，切实改善民族地区的教育基础设施，实现基础教育在质量和水平上的提升。其次，多渠道全方位发展职业技术教育，提高劳动者的生产技能。通过提升劳动者的基础素质，提升企业

的生产效率，更进一步地，具备较好生产技能的劳动者可以为承接东部地区的产业转移提供人员支撑，从而吸引更多的企业落户民族地区，形成产业集群，为少数民族地区经济效率的改善提供产业基础；最后，必须注重发展高等教育，为民族地区培养出一批具有企业家能力、技术创新能力和管理能力的专门人才，一方面通过这些人才的培养，为民族地区经济的创新发展、和谐发展、跨越发展提供人才支撑，另一方面通过灵活的人才引进战略，采用“不为所有，但为所用”的柔性人才引进方式，激励发达地区的各种人才向民族地区流动。

就新疆维吾尔自治区而言，首先，职业教育发展落后，师资严重不足。新疆基层职业学校尤其是南疆职业学校的教师整体素质不高，缺乏相应的职业技能和专业能力，缺少专业带头人和骨干教师，无法满足职业教育专业教学的要求。其次，职业教育投入不足。近年来，随着国家对职业教育的重视，加大了对职业教育的投入，办学条件得到了一定改善。然而，由于历史的原因，办学基础仍较薄弱，尤其是基础设施、实习条件和实训基地建设方面投入严重不足，严重制约了新疆职业教育的发展，影响了新疆职业教育人才培养质量。

因此，一方面需要加强师资建设，提升职业教育教师整体素质。首先，通过专项培训活动和进修计划，提升教师的职业技能和专业能力，通过引进人才战略，培养专业带头人和骨干教师；其次，通过校企合作建立“双师型”教师培养培训基地，鼓励教师到企业挂职培训，提升教师的职业教育能力，实现教师教学培训与应用研发协调发展，提升“双师”素质。另一方面要注重提升职业教育的人才培养质量，提升学生就业竞争力，为承接东部地区的产业转移提供技术人员支撑。高等教育要盘活本地教育资源，走专兼结合的道路，努力探索建立地方高级人才为高等教育服务的模式。同时，本着“但求为我所用，不求为我所有”的原则，采取灵活的人才引进战略，如借用、阶段性聘用、兼职、有偿服务等，通过提升人才的流动性，创造良好的用人环境，为新疆高等教育发展提供智力支撑。

三、加快产业结构调整，实现三产协调发展

作为资源消耗和环境污染的主要产业，第二产业在少数民族地区 GDP 中仍占有绝对比重，截至 2016 年，平均占比超过 43.0%，而内蒙古、青海和宁夏第

二产业比重超过47%。本书的实证分析表明，产业结构在忽略资源环境约束时对经济增长效率具有显著的促进作用，而考虑资源环境约束时具有显著的抑制作用。因此，为了降低资源环境约束导致的效率损失，少数民族地区亟须加快产业结构调整，以实现产业发展与资源环境的和谐统一。

西部大开发以来，少数民族地区利用资源禀赋优势实现了快速的经济增长，然而，在产业结构方面仍然过度依赖第二产业的发展，在资源环境约束日益严峻的背景下，少数民族地区的可持续发展面临严峻的考验。因此，加快产业结构的调整、升级是少数民族地区未来面临的艰巨任务。今后，应把产业结构的调整和升级作为少数民族地区经济转型的重要抓手，减少对第二产业（尤其是资源型工业）的过度依赖，实现第一、第二、第三产业协调发展，这取决于少数民族地区特色经济的培育，也取决于民族地区产业链向高附加值、高科技含量产业环节延伸的能力。由此可见，一方面，需要依据比较优势原则，加大对特色产业的扶持力度，提升特色优势产业的规模和核心竞争力，推进工业内部结构向着科学、合理的方向调整。民族地区的工业化必须走出一条符合自身实际的新型工业化之路，减少对资源型工业的过度依赖，这就要求民族地区必须利用自身的禀赋优势和后发优势，加大力度推进特色优势产业的快速成长，并使之成长为主导产业和支撑产业，走人与自然和谐发展的新型工业化道路。另一方面，加快发展服务业，尤其是大力发展“生产性服务业”。少数民族地区可以发挥资源禀赋优势和后发优势，选准方向，积极发展对经济增长具有重大带动作用的生产性服务业，并努力将产业链做长做强，使之成为国民经济新的成长链。

2016年，贵州地区生产总值11734.43亿元，三次产业结构占比为15.8∶39.5∶44.7，呈现“三二一”格局。从第二产业内部构成来看，新兴产业增长较快，占比提升。以大数据为引领的电子信息产业发展迅速，2016年，计算机、通信和其他电子设备制造业增加值达93.38亿元，近五年年均增长46.7%；以汽车制造、电气机械制造为主的装备制造业发展较快，2016年全省装备制造业增加值389.83亿元，近五年年均增长21.3%。传统支柱行业增速放缓，但其占比较高，2016年全省煤电烟酒四个传统行业增加值合计2193.81亿元，占规模以上工业增加值的比重为54.4%。新兴行业虽然增长迅速，但占比较低，装备制造业增加值占规模以上工业的9.7%，而电子信息产业增加值仅占规模以上工业的2.3%，难以弥补传统产业增速回落造成的缺口。服务业发展质量不高、支撑力不强，现代服务业发展滞后，传统服务业仍然占据大半江山。2016年全省批发零售业、住宿餐饮业、交通运输业和房地产业增加值合计占服务业增加值的比重高达45.1%。

因此，对于第二产业，一方面要提升新兴产业核心竞争力。着力推动新兴产业向产业链、价值链高端攀升，扩大新兴产业规模，特别是要做大做强电子信息产业、装备制造业。完善大数据产业链，构建多层次的生态产业体系。在鼓励本地企业创新发展的同时，按照大数据产业链的发展需求，大力引进关联企业。在大数据产业生态基础层和分析层中要加强技术攻关、抢占技术前沿，在大数据产业生态应用方面，通过数据挖掘的应用，提高产业附加值。另一方面要巩固转型升级传统支柱产业。加快以信息产业为代表的各种高新技术对传统产业的渗透、融合、改造和升级，增强传统产业的竞争力，进一步挖掘传统产业的发展潜力，发挥传统产业优势，保障经济稳定增长。对于第三产业，一方面，依据比较优势，继续强化现代服务业、旅游业对第三产业的支撑作用；另一方面，随着新业态、新商业模式的涌现和发展，以大数据产业为依托，大力发展“互联网+”经济、“四众”等新商业模式，逐步形成“创业苗圃+孵化器+加速器+产业园”阶梯形孵化体系，不断培育经济增长新动能。

四、提升市场化水平，深入扩大对外开放

少数民族有其独特的语言、文化、风俗习惯，也具有少数民族自身的价值观，这既是民族地区的特色所在，同时也制约了其经济发展。当外部投资者进入民族地区投资时，首先考虑到少数民族的语言、文化、生活习惯和价值观等方面的差异，这些差异是否会影响项目的顺利实施，从而增大交易成本。当前，自由贸易背景下，经济趋势是全球化、一体化发展，就是全球范围内配置生产要素，以最大限度地降低成本，而少数民族地区增加的交易成本自然难以吸收生产要素的自由流入，同时，少数民族地区由于文化等差异导致的封闭惯性阻碍了经济的一体化发展，进一步降低了生产要素的自由流动，削弱了经济增长的效率。截至2014年，少数民族地区市场化指数平均为4.67，而全国平均为6.75；截至2016年，少数民族地区平均外贸依存度仅有7.5%，而全国平均为20.90%，均大幅低于全国平均水平。

忽略资源环境约束下，市场化水平抑制了少数民族地区的经济效率，而考虑资源环境约束下，则促进了经济效率的提升。少数民族地区虽然资源丰富，但资

源的开发与利用只有在产权明晰的市场机制下才能更有效率地实施，少数民族地区资源的掠夺性开发不但降低了资源的利用效率，而且导致环境污染加剧（郑长德，2009）。因此，少数民族地区应不断提升市场化水平，进一步完善资源和环境产权制度，进而促进少数民族地区经济效率的改善。忽略资源环境约束下贸易依存度在回归方程中的系数为正，表明对外开放水平的确促进了经济效率的提升，但考虑资源环境约束下贸易依存度的系数显著为负，即本书的研究支持“污染天堂假说”。我国长期处于国际分工中价值链的低端，资源消耗型的初级产品出口结构降低了经济效率，而少数民族地区的贸易结构相对全国更加不合理，主要出口钢铁、有色金属、煤炭等依赖资源开发、加工的采掘和原材料产品，“高污染、高能耗、高排放”的出口产品结构显著降低了少数民族地区经济效率。为此，少数民族地区在扩大对外开放的同时，需要调整出口产品结构，减少资源消耗型的初级产品出口，增加中等技术和高技术产品的出口比例。

就云南而言，其发展潜力在于利用区位优势，更加深入地扩大对外开放。通过持续深入的开放引进资本和技术，实现产业的升级和调整，从而打破生产要素短缺对经济发展的限制。一方面，云南应依托边疆地区的区位优势，进一步强化和国际市场的交流与合作，从商品市场和要素市场的开放，再到观念和政策的开放，实现宽范围、全领域的合作。另一方面，要充分利用国内外“两种资源、两个市场”，充分挖掘对周边国家的产品优势，构建云南对越南、老挝和缅甸等国家的制造优势，通过“两头在外”的方式，输入周边国家的优质资源，输出云南中等技术和高技术附加值的制成品，改善云南的出口产品结构。与此同时，鉴于越南、老挝和缅甸等周边国家输入的丰富资源，可以构建云南对国内制造业发达地区的资源优势，通过控制产业链上游的资源优势，与东部发达地区进行更广泛的合作。

五、实施空间集中战略，构建高效和谐的空间结构

通过空间结构优化，科学合理地划分主体功能区，充分发挥主体功能区的空间集聚效应，从而实现规模经济和范围经济，提升经济增长效率。少数民族地区的空间集中化战略，就是通过人口和经济活动的相对集中，不断扩大产品市场的规模，实现生产要素的进一步共享，通过不断细化市场分工，提升各环节的专业

化水平，为升级产业结构、完善资源的优化配置、实现资源的集约利用，进而提升技术进步准备条件。因此，空间集中化战略是民族地区从根本上解决资源环境约束，实现经济可持续发展的必然选择。

第一，生态移民和扶贫开发移民为聚集少数民族人口提供了重要契机。这包含了两层的含义：一是通过生态移民和扶贫开发移民，使少数民族人口从生态脆弱地区或不适宜居住的地区逐步迁移，从而实现脆弱生态的重新修复，并为其他地区的开发利用提供条件；二是生态移民和扶贫开发移民具有更重要的经济意义，通过少数民族人口的相对集中，实现资源的高效利用，完善资源的优化配置，实现环境的集中治理，为少数民族地区实行空间集中化发展战略提供重要保障。

第二，培育民族地区空间集中的产业支撑。空间集中战略是人口与经济活动的集中，这需要强有力的产业支撑。就少数民族的实际而言，就是依据民族地区的比较优势，大力发展特色产业，从而减少对资源型产业的过度依赖，实现第一、第二、第三产业协调发展。可以利用农牧业与工业的天然联系，实现农业与工业的有机互动。同时发挥少数民族地区的资源禀赋优势和后发优势，积极发展对经济增长具有重大带动作用的生产性服务业，并努力将产业链做长做强，使之成为国民经济新的成长链。此外，少数民族地区旅游资源丰富，旅游产业又被称为“无烟工业”，具有附加值高、环境污染少等特点，因此，少数民族要特别重视旅游资源的开发，使其成为空间集中战略重要的产业支撑。

第三，培育科学合理的少数民族城镇体系，构建集中化战略的空间载体。作为空间集中化的重要载体，城镇化建设为人口和产业的发展提供了重要支撑，为产城融合提供了基础，因此，培育科学合理的城镇体系对于少数民族地区调整产业结构、区域空间结构进而实现产城融合发展具有战略性的意义。根据少数民族地区的发展现状，其空间战略的重点是区域性经济增长极的培育，就是采用非均衡发展的方式，通过培育和发展区域性经济增长极，突破区域空间结构低水平均衡陷阱，为区域空间的更高水平均衡创造条件。少数民族地区应在市场化机制下，通过人口和产业的适度集中，实现城市规模的不断扩大，对资源的集聚和优化配置不断加强，对产业结构不断优化。同时，可以发挥少数民族独特的文化和习俗特色，积极推进特色小镇建设，既可以传承和发扬少数民族优秀传统文化，又推进了少数民族地区经济的和谐发展。

广西通过易地扶贫搬迁与新型城镇化相结合，推进空间集中化战略。在尊重群众意愿的基础上，注重因地制宜，科学合理地制定安置点规划，并结合本地新型城镇化建设和产业发展规划，在县城、产业园区和重点镇附近设置集中安置区。加快安置点附近的基础设施建设，加强扶贫搬迁移民在产业、医疗、康养、教育及困难救助等方面的支撑。健全移民搬迁后续管理和社会保障机制，通过扶贫与“扶智、扶志”相结合，培育扶贫搬迁移民的内生发展动力，保证移民平稳有序地融入城镇生活。同时，依据地区比较优势，通过搬迁扶贫移民建立的集聚效应，建立移民地区的特色优势产业，实现产城融合发展。

为构建空间集中化战略的空间载体，广西应加快建设科学合理的城镇体系。首先，强化城市群的主体发展思路。目前，广西以南宁、北海、柳州等核心城市为支撑，逐步形成了北部湾、桂中、桂北、桂东南四大特色城镇群，对广西经济发展和产业升级起到了重要作用。随着北部湾城市群上升为国家战略，以此为契机，应进一步强化城市群在新型城镇化建设中的主导作用，推进城市群之间产业优势互补、要素市场共享，产品市场扩大和市场统一开放，形成基础设施互联、信息与服务共享的协同发展格局。其次，构建多层次城镇体系，突出县城纽带作用。将县城作为集聚人口、连接中心城市群和乡村的重要纽带，推进县城与周边城市群、中小梯级城镇的协同发展。通过加快轨道交通、高速公路等市政通道建设，向上与城市群无缝连接，加强产业承接功能；向下加强集聚周边城镇人口、辐射带动乡村的功能，逐步向基础条件好、区位优势明显、潜力发展较大的重点镇延伸，形成定位清晰、规模适中、层次合理、功能互补、布局科学的城镇群、城镇带。最后，推动特色小镇错位发展，促进末梢产业功能互补。进一步梳理城市群核心城市、县城和特色小镇的产业布局，按照不同类型城镇的比较优势，进行差异化定位，特别是小城镇应重点做好城市群产业链的延伸承接，同时注重因地制宜打造特色产业，实现“一镇一品”，推进特色小镇产业多样化和特色化发展格局。

六、推进供给侧结构性改革，促进经济效率持续改善

2016 年后，各区域均出现一个效率改善的过程，主要是供给侧结构性改革的实施，淘汰了落后产能，提高了资源利用效率，改善了供给结构对需求变化的适应性和灵活性，增强了有效供给，从而提升了各区域的经济增长效率。推进供给侧结构性改革，要从生产端入手，重点是促进产能过剩有效化解，促进产业优化重组，降低企业成本，发展战略性新兴产业和现代服务业，增加公共产品和服

务供给，提高供给结构对需求变化的适应性和灵活性。简言之，就是去产能、去库存、去杠杆、降成本、补短板。

供给侧管理，重在解决结构性问题，注重激发经济增长动力，主要通过优化要素配置和调整生产结构来提高供给体系质量和效率，进而推动经济增长效率。内蒙古应加快提升传统产业，让传统产业焕发新活力、增强竞争力，积极发展具有比较优势的战略性新兴产业，使其成为支撑经济增长的主要动力。同时，坚持工业和现代服务业双轮驱动，促进生产性服务业向专业化和价值链高端延伸，推动生活性服务业向便利化、精细化、品质化提升。云南重化工业产能过剩严重，应在改造传统优势产业基础上，化解过剩产能，增强企业竞争力。降成本方面，重点应在降低用能成本、制度性交易成本、用地成本、物流成本、降税减费等方面下功夫。补短板方面，应重点针对云南硬软基础设施特别薄弱的领域，突出抓好脱贫攻坚、基础设施、教育卫生等领域补短板工作。同时，应进一步发挥云南的比较优势，切实贯彻省委、省政府提出的"绿色能源、绿色食品、健康生活目的地"发展战略，加快全省经济结构优化和新旧动能接续转换，增强经济发展持久动力和活力。

广西应加强政策引导，重点化解钢铁、水泥、电解铝、船舶、平板玻璃等行业产能过剩问题，防止新增过剩产能，淘汰落后产能，提高产业发展质量。一方面，支持有实力的企业低成本兼并重组，整合生产要素，优化资源配置，增强企业竞争力。另一方面，企业作为去产能的主体，要坚持严控增量、主动减量、优化存量原则，围绕创新驱动，利用信息技术加快生产方式转变，增强企业技术创新能力，引导企业通过整合上下游资源延伸产业链、调整产品结构来化解过剩产能，把"量"减下来，把"质"提上去，促进企业产品升级，加快向高端、智能、绿色方面转型升级。新疆应加快建立落后产能退出机制，以处理"僵尸企业"为突破口，建立市场化法制化退出通道，实现真正市场出清。加快形成产业升级机制，以资产重组、资本整合、产业融合为路径，促进制造业和服务业融合，传统产业嫁接新技术模式，实现真正产业升级换代。通过优化存量资源配置、通过优质增量供给，不断提高供给质量。贵州省供给侧结构性改革取得了较好成绩，2017 年，贵州大数据电子信息制造业、医药制造业增加值分别增长 86.3%和 21.3%，高技术产业、装备制造业增加值分别增长 39.9%和 26.6%，新业态、新模式层出不穷。因此，推进供给侧改革，必须牢固树立创新发展理念，推动新技术、新产业、新业态蓬勃发展，为经济持续健康发展提供源源不断的内生动力。

第七章　结论与展望

面对日趋强化的资源环境约束，科学地测算少数民族地区的经济增长效率及其影响因素，这对正确认识经济发展中的资源环境代价具有重要的理论和现实意义。鉴于此，本课题通过定性与定量、规范与实证的研究方法对资源环境约束下我国少数民族地区经济增长效率进行测算，在此基础上，检验了少数民族地区特征对经济增长效率的制约效应。

首先，鉴于既有研究中经济增长效率测算模型的缺陷与不足，本书在 Tone（2003）考虑非期望产出的 SBM 模型基础上，构建基于产出角度的 SBM – Undesirable 模型，该模型不仅正确考虑了非期望产出问题，还解决了投入产出的松弛性问题，并充分考虑到规模报酬不变（CRS）和规模报酬可变（VRS）两种情形，从而有效避免了效率测度偏差，完善了经济增长效率的测算方法。其次，除了模型的选择与构建，影响经济增长效率测算准确性的另一个关键因素是投入指标的数据处理，尤其是资本和劳动投入指标，不同学者估算结果差异很大。对于资本存量，为了解决既有研究主观假设对折旧率的影响，本书利用投入产出表构建的理论模型计算出动态资本折旧率，使折旧率的确定更加客观合理，也更加符合我国经济快速发展的现实，从而使资本存量估计结果更加客观精确；已有研究对劳动投入的度量要么忽略劳动质量改善，要么没能正确考虑劳动质量的改善，从而不能准确评价我国的劳动投入水平。为此，本书利用《中国劳动统计年鉴》和各省区统计年鉴数据，通过矩阵计算，构建不同教育程度的劳动者报酬向量，并以此为权重计算考虑劳动质量改善的各民族省区劳动投入。最后，本书考虑少数民族地区特征，将其引入经济增长效率影响因素模型，定量分析其对少数民族地区经济效率的制约效应。

一、主要结论

（1）对折旧率的计算结果表明：我国资本折旧率呈现出随时间先升后降的趋势。表明随着技术水平的不断提升，设备更新改造的速度在加快，至于2007年以后出现的下降趋势，可能的原因是金融危机爆发后，企业面临“去产能”压力，开工率不足导致资本折旧率逐步回落。

（2）对各省区的资本产出比检验发现：2008年之前资本产出比缓慢提升，但区域间差异较大。发达国家一般维持在2.5左右，可能是以下两个原因共同作用的结果：一是与西方发达国家相比，现阶段部分省区的劳动密集型产业较多，资本相对稀缺，资本的边际效率相对较高，导致资本产出比较低。二是目前我国的技术水平与发达国家还有一定差距，较低的技术水平导致资本的利用效率低下，从而导致部分省份的资本产出比较高。对于2008年之后出现的加速上升趋势，可能的原因是国家2008年“四万亿计划”基建投资和之后持续宽松的货币政策导致资本快速积累，从而加速了资本深化。

（3）对劳动投入的计算结果表明：2003～2016年，质量改善对劳动投入的贡献由2003年的36.66%快速上升到2016年的83.17%。这表明劳动质量改善已经是中国经济劳动投入增长的重要源泉，忽视了劳动质量改善，不可避免地低估了中国经济的劳动投入，在增长核算研究中，会导致高估中国经济增长效率。从时间趋势来看，2003～2016年简单劳动投入增长率总体上呈下降趋势，仅实现了年均1.94%的增长，而考虑劳动质量改善的劳动投入实现了年均12.96%的增长。这表明劳动质量的改善，在我国劳动投入增长中所起的作用越来越大，而从业人数增长的作用则越来越小。可见，我国劳动投入的增长正逐步由劳动人数的增长向劳动质量的改善转变，虽然我国劳动人口在2012年之后开始下降，人口红利逐渐消失，但考虑劳动质量改善的人口质量红利正在不断释放。

（4）对经济增长效率的测算结果表明：忽略资源环境约束，少数民族地区经济增长效率总体上是不断上升的，VRS下的平均效率水平为0.933，而考虑资源环境约束后，经济增长效率总体上是不断下降的，VRS下的平均效率水平为0.719，表明在现有技术水平下，少数民族地区经济效率还有28.1%的提升空间；资源环境约束确实导致了少数民族地区经济增长效率的损失，VRS下平均效率损失超过20%，除宁夏和青海处于生产前沿外，其余各省份经济增长效率均有待进一步改善；分区域来看，我国经济增长效率区域差异明显。在忽略资源环境约束下，考察期内平均效率水平的区域分布为：中部地区 > 民族地区 > 东北地区 > 东部地区，而在考虑资源环境约束后，考察期内平均效率水平的区域分布为：东部地区 > 民族地区 > 中部地区 > 东北地区。考虑资源环境约束后，东部地区不但没有效率损失，而是出现效率改善，其余地区经济效率均大幅下降。此外，2016年后各区域均出现一个效率改善的过程，然而这种趋势能否确立还存在不确定性，可能的原因是供给侧结构性改革的实施，提高了资源利用效率，改善了有效供给，从而提升了各区域的经济增长效率。

（5）对经济增长效率影响因素的检验结果表明：忽略资源环境约束下，对外开放水平的确促进了经济效率的提升，考虑资源环境约束下，对外开放水平则显著降低了少数民族地区经济效率，本书的研究支持“污染天堂假说”，少数民族地区“高污染、高能耗、高排放”的出口产品结构显著降低了经济效率。忽略资源环境约束下，市场化水平抑制了少数民族地区的经济效率，而考虑资源环境约束下，则促进了经济效率的提升。少数民族地区市场化水平低，产权不明晰，导致资源配置无效率，资源的掠夺性开发不但降低了资源的利用效率，而且导致环境污染加剧。可见，少数民族地区应进一步完善资源和环境产权制度，不断提升市场化水平，进而促进少数民族地区经济效率的改善。

忽略资源环境约束下城镇化水平对经济效率具有显著抑制效应，考虑资源环境约束下城镇化水平具有显著促进作用。可见，通过推进经济活动在适宜空间上的有效集聚，可以促进要素市场的共享和产品市场的扩大，实现分工的不断细化和专业化水平的不断提升，为少数民族地区的产业结构调整、资源的优化配置和技术进步提供条件，从而在根本上减少经济增长中的资源依赖，解决环境保护与经济增长的尖锐矛盾。忽略资源环境约束时，产业结构对经济增长效率具有显著的促进作用，而考虑资源环境约束时具有显著的抑制作用。因此，一方面，需要少数民族地区加快以“退二进三”为主导的产业结构调整，优先发展第三产业；另一方面，要坚持走新型工业化的发展模式，降低工业化程度提高对经济效率的影响。

在忽略资源环境约束时，能源结构对少数民族地区经济效率影响不显著，而考虑资源环境约束后具有显著抑制作用。少数民族地区虽然煤炭资源丰富，但煤炭消耗是导致我国环境污染的重要原因之一。因此，在节能减排约束下，少数民族地区应不断改善以煤炭为主的能源结构，减少因环境污染引起的经济效率损失。能源效率在忽略资源环境约束时对经济效率具有促进作用，但不显著，而考虑资源环境约束时具有显著促进作用。可见，在节能减排约束下，少数民族地区应不断提升能源效率水平，以进一步强化其对经济效率的促进作用。

二、研究展望

在考虑少数民族地区特征基础上，本书将资源环境约束纳入效率测度框架，从而更加科学合理地考察少数民族地区经济增长效率及其影响因素，正确认识少数民族地区经济发展中的资源环境代价。但本书也存在诸多不足，以期在后续研究中克服缺陷，将研究推向深入。具体来讲，包含以下三点：

（1）在固定资本存量的估算过程中，本书推导了一个计算资本折旧率的理论模型，并利用投入产出表的数据计算出不同时期的动态资本折旧率。该方法与既有研究方法相比，更加客观和合理，放松了既有研究在估算折旧率时的一些主观假设，但该方法使用的固定资产折旧数据来源于我国的会计核算方法，我国会计核算的固定资产折旧没能准确体现资产效率的下降。因此，需要在以后的研究中能够采用更加合理和准确的指标，但根据我国既有的统计数据，暂时还找不到相关的统计数据，无疑，这是我们今后需要进一步研究的问题。

（2）在编制劳动投入指标时，理论上应当对从业人员按不同属性分组。由于数据的可获得性和准确性，我们仅对从业人员按教育程度进行了分组，因此，本书的劳动投入的估算结果存在一定的局限性。后续研究如果能够获得按照性别、年龄、教育程度、行业、职业、就业身份等属性交叉分组的数据，由此来反映劳动力的质量差异，就可以对劳动投入进行更加精确的测算，从而更加准确地度量经济增长效率。

（3）为了解决既有研究中效率测算模型存在的缺陷与不足，本书构建了基于产出角度的 SBM – Undesirable 模型，该模型不仅正确考虑了非期望产出问题，还解决了投入产出的松弛性问题，并充分考虑到规模报酬不变（CRS）和规模报酬可变（VRS）两种情形，从而有效避免了效率测度偏差。然而，基于产出角度的效率测算模型，可能导致测算结果的选择性偏差，如何能从投入和产出两个角度对既有的 SBM 模型进行改进，从而避免角度选择差异产生的偏差和影响，将是我们下一步亟须解决的问题。

参考文献

[1] Abramovitz M. Catching Up, Forging Ahead and Falling Behind, in Thinking About Growth and other Essays on Economic Growth and Welfare [M] . Cambridge U. Press, 1986.

[2] Aghion P. , Howitt P. A. Model of Growth through Creative Destruction [J] . Econometrica, 1992 (60): 323 -351.

[3] Aigner D. J. , Lovell C. A. K. , Schmidt P. J. Formulation and Estimation of Stochastic Frontier Production Function Models [J] . Journal of Econometrics, 1977 (6): 21 -37.

[4] Ambec S. , P. Barla. A Theoretical Foundation of the Porter Hypothesis [J] . Economics Letters, 2002, 71 (3): 355 -360.

[5] Battese G. E. , Coelli T. J. A Model for Technical Inefficiency Effects in a Stochastic Frontier Production Function for Panel Data [J] . Empirical Economics, 1995 (20): 325 -332.

[6] Battese G. , S. Broca. Functional Forms of Stochastic Frontier Production Functions and Models for Technical Inefficiency Effects: A Comparative Study for Wheat Farmers in Pakistan [J] . Journal of Productivity Analysis, 1997, 8 (4): 395 -414.

[7] Barro, Robert J. , Lee, Jong W. A. Winner and Losers in Economics Growth [R] . NBER Working Paper, 1993a.

[8] Barro, Robert J. , Lee, Jong W. A. International Comparisons of Educational Attainment [R] . NBER Working Paper, 1993b.

[9] Barhera A. J. , V. D. McCommell. The Impact of Environmental Regulation on Industry Productivity: Direct and Indirect Effects [J] . Journal of Environmental Economics and Management, 1990, 18 (1): 50 -65.

[10] Berman E. , L. T. M. Bui. Environmental Regulation and Productivity: Evidence from Oil Refineries [J] . The Review of Economics and Statistics, 2001, 83 (3): 498 -510.

[11] Boyd G. A. , J. D. McClelland. The Impact of Environmental Constraints on Productivity Improvement in Integrated Paper Plants [J] . Journal of Environmental Economics and Management, 1999, 38 (2): 121 -142.

[12] Boyd G. A. , G. Tolley J. Pang. Plant Level Productivity, Efficiency, and Environmental Performance of the Container Glass Industry [J] . Environmental and Resource Economics, 2002, 23 (9): 29 -43.

[13] Caves D. W, L. R. Christensen W. E. Diewert. The Economic Theory of Index Numbers and the Measurement of Input, Output, and Productivity [J] . Econometrica, 1982, (50): 1393 -1414.

[14] Chambers R. G. , R. Fare, S. Grosskopf Productivity Growth in APEC Countries [J] . Pacific Economic Review, 1996 (3): 181 -190.

[15] Charnes A. , W. W. Cooper, E1Rhodes Measuring the Efficiency of Decision Making Units [J] . European Journal of Operational Research, 1978 (2): 429 -444.

[16] Chen P. C. , M. M. Yu, C. C. Chang, S. Managi. Non -radial Direerional Performance Measurement with Undesirable Outputs [R] . MPRA Working Paper, 2011.

[17] Christensen, Laurits R. , Jorgenson, Dale W. The Measurement of U. S Real Capital Input, 1929 - 1967 [J] . Review of Income and Wealth, 1969 (4): 293 -320.

[18] Christensen, Laurits R. , Dale W. Jorgenson. U. S. Real Product and Real Factor Input, 1929 -1969 [J] . Review of Income and Wealth, 1970 (16): 19 -50.

[19] Coelli T. J. Prasada Rao D. S. , Battese G. E. An Introduction to Efficiency and Productivity Analysis [M] . 0Kluwer Academic Publishers, Boston, 1998.

[20] Chow, Gregory C. Capital Formation and Economic Growth in China [J] . Quarterly Journal of Economics, 1993, 108 (3): 809 -842.

[21] Chow G. , A. Lin. Accounting for Economic Growth in Taiwan and Mainland China: A Comparative Analysis [J] . Journal of Comparative Economics, 2002,

30 (3): 507 -530.

[22] Chou J. Old and New Development Models: The Taiwan Experience [M]. In: Growth Theories in Light of the East Asian Experience, Chicago: University of Chicago Press, 1995.

[23] Coelli, Tim, Ludwig Lauwers, Guido Van Huylenbroeck Formulation of Technical, Economic and Environmental Efficiency Measures That is Consistent with the Materials Balance Condition [R]. CEPA Working Paper Series, 2005, No. 06/2005.

[24] Chung Y. H., Fare R., Grosskopf S. Productivity and Undesirable Outputs: A Directional Distance Function Approach [J]. Journal of Environmental Management, 1997, 51 (3): 229 -240.

[25] Denison Edward F. Why Growth Rates Differ [R]. Washington, D. C.: Brookings Institute, 1967.

[26] Dees, Stephane. Foreign Direct Investment in China: Determinants and Effects [J]. Economics of Planning, 1998 (31): 175 -194.

[27] Domazlicky B. R., W. L. Weber. Does Environmental Protection Lead to Slower Productivity Growth in the Chemical Industry [J]. Environmental and Resource Economies, 2004, 28 (7): 301 -324.

[28] Eisner R. The Total Incomes System of Accounts [J]. Survey of Current Business [J]. 1985, 65 (1): 24 -48.

[29] Fare R., Grosskopf S., Lovell C. A., et al. Multilateral Productivity Comparisons When Some Outputs Are Undesirable [J]. The Reviewof Economics and Statistics, 1989 (71): 90 -98.

[30] Fare R, Grosskopf S, Pasurka C. The Effect of Environmental Regulations on the Efficiency of Electric Utilities: 1969 Versus 1975 [J]. Applied Economics, 1989 (21): 225 -235.

[31] Fare R., S. Grosskopf C. A. Pasulka Jr. Pollution Abatement Activities and Traditional Productivity [J]. Ecological Economics, 2007, 62 (5): 673 -682.

[32] Farrell M. J. The Measurement of Production Efficiency [J]. Journal of the Royal Statistical Society, 1957 (120): 253 -281.

[33] Felipe J. Total Factor Productivity Growth in East Asia: A Critical Survey [J]. Journal of Development Studies, 1999, 35 (4): 1 -41.

[34] Fujii H., S. Managi R. Matousek. Indian Bank Efficiency and Productivity

Changes with Undesirable Outputs; A Disaggregation Approach [J]. Journal of Banking & Finance, 2014, 38 (1): 41 -50.

[35] Fujii H., J. Cao S. Managi. Decomposition of Productivity Considering Multi - Environmental Pollutants in Chinese Industrial Sector [R]. MPRA Working Paper, 2014.

[36] Fuku Y. H., William L. W. A Directional Slacks - based Measure of Technical Inefficiency [J]. Socio - Economics Planning Sciences, 2009, 43 (4): 274 -287.

[37] Gary W. B, R. J. Shadbegian. Plant Vintage, Technology, and Environmental Regulation [J]. Journal of Environmental Economics and Management, 2003, 46 (3): 384 -402.

[38] Gollop F. M., M. J. Roberts. Environmental Regulations and Productivity Growth: The Case of Fossil - fueled Electric Power Generation [J]. Journal of Political Economy, 1983, 91 (4): 654 -674.

[39] Goldsmith, Raymond W. A Perpetual Inventory of National Wealth [M]. NBER Studies in Income and Wealth, New York: National Bureau of Economic, 1951.

[40] Graham J. W., Webb R. H. Stocks and Depreciation of Human Capital: New Evidence from a Present - value Perspective [J]. Review of Income and Wealth, 1979, 25 (2): 209 -224.

[41] Grossman G. M., Helpman E. Quality Ladders in the Theory of Growth [J]. Review of Economic Studies, 1991 (58): 43 -61.

[42] G. Jefferson T. Rawski, Y. Zheng. Growth, Efficiency, and Convergence in China's State and Collective Industry [J]. Economic Development and Cultural Change, 1992 (40): 239 -266.

[43] Hailu A., Veeman, T. S. Environmentally Sensitive Productivity Analysis of the Canadian Pulp and Paper Industry, 1959 - 1994: An Input Distance Function Approach [J]. Journal of Environmental Economics and Management, 2000 (40): 251 -274.

[44] Hall R. & C. Jones. Why do Some Countries Produce so Much More output per worker than others [J]. The Quarterly Journal of Economics, 1999 (114): 83 - 116.

[45] Hamamoto M. Environmental Regulation and the Productivity of Japanese

Manufacturing Industries [J] . Resource and Energy Economics, 2006, 28 (3); 299 -312.

[46] Hans G. , Maik T. , Schneider O S. Basic Research, Openness, and Convergence [J] . Journal of Economic Growth, 2013 (18): 33 -68.

[47] Hulten C. R. Total Factor Productivity: A Short Biography [R] . NBER Working Paper No. 7471, 2000.

[48] Hsueh Tien - tung, Qiang Li, eds. China's National Income: 1952 - 1995 [M] . Boulder: Westview Press, 1999.

[49] Hu, Zuliu and Mohsin S. Khan, Why is China Growing So Fast? [R] . IMF Staff Papers, The International Monetary Fund. Washington, DC, 1997.

[50] Jeon B. M. , Sickles R. C. The Role of Environmental Factors in Growth Accounting [J] . Journal of Applied Econometrics, 2004 (19): 567 -591.

[51] Jorgenson D. and Z. Griliches. The Explanation of Productivity Change [J] . Review of Economic Studies, 1967, 34 (3): 249 -283.

[52] Jorgenson, Dale W. Information Technology and the U. S. Economy [J] . American Economic Review, 2001 (91): 1 -32.

[53] Jorgenson Dale W. , Barbara M Fraumeni. The output of education sector. In Z. Griliches (Ed), output measurement in the services sector [M] . Chicago, I. L. : The university of Chicago Press, 1992.

[54] Kendrick J. W. The Formation and Stocks of Total Capital [M] . New York: Columbia University Press, 1976.

[55] Krugman, Paul. Myth of East Asia's Miracle [J] . Foreign Affairs, 1994, 73 (6): 62 -78.

[56] Kumar S. Environmentally Sensitive Productivity Growth: A Global Analysis Using Malmquist - Luenberger Index [J] . Ecological Economics, 2006, 56: 280 - 293.

[57] Kumbhakar S. , S. Ghosh, and J. McGuckin. A Generalised Production Frontier Approach for Estimating Determinants of Inefficiency in US Dairy Farms [J] . Journal of Business and Economic Statistics, 1991, 9 (3): 279 -286.

[58] Kumbhakar, Subal C. Estimation and Decomposition of Productivity Change When Production Is Not Efficient: A Panel Data Approach [J] . Econometric Reviews, 2000, 19 (4): 425 -460.

[59] Kuosmanen T. , N. Bijsterbosch R. Dellink. Enviromnental Cost – Benefit Analysis of Alternative Timing Strategies in Greenhouse Gas Abatement: A Data Envelopment Analysis Approach [J] . Ecological Economics, 2009, 68 (4): 1633 – 1642.

[60] Lanoie P. , M. Patry R. Lajeunesse. Environmental Regulation and Productivity: Testing the Porter Hypothesis [J] . Journal of Productivity Analysis, 2008, 30 (9): 121 – 128.

[61] Leibenstein H. Allovative Efficiency vs. "X – efficiency" [J] . American Economic Review, 1966 (56) : 392 – 415.

[62] Lucas, Robert E. G. On the Mechanics of Economic Development [J] . Journal of Monetary Economics, 1988 (22): 3 – 42.

[63] Managi S. , J. J. Opaluch D. Jin, T. A. Grigalunas. Environmental Regulations and Technological Change in the Offshore Oil and Gas Industry [J] . Land Economic, 2005, 81 (2): 303 – 319.

[64] Mohr R. D. Technical Change, External Economic, and the Porter Hypothesis [J] . Journal of Environmental Economies and Management, 2002, 43 (1): 158 – 168.

[65] OECD Productivity Manual. Guide to the Measurement of Industry – Level and Aggregate Productivity Growth [R] . Paris, 2001.

[66] Pastor J. T. , M. Asmild A. K. Lovell. The Biennial Malmquist Productivity Change Index [J] . Socio – Economic Planning Sciences, 2011, 45 (3): 10 – 15.

[67] Porter M. E. , C. Yan der Linde. Toward a New Conception of the Environment – Competitiveness Relationship [J] . The Journal of Economic Perspectives, 1995, 9 (4): 97 – 118.

[68] Romer, Paul M. Increasing Return and Long – Run Growth [J] . Journal of political Economy, 1986, 94 (5), 1002 – 1037.

[69] Romer P. Endogenous Technolgical Change [J] . Journal of Political Economy, 1990 (98): 71 – 102.

[70] Scheel H. Undesirable Outputs in Efficiency Evaluations [J] . European Journal of Operation Research, 2001 (132): 400 – 410.

[71] Seiford L. M. , Zhu J. Modeling Undesirable Factors in Efficiency Evaluation [J] . European Journal of Operation Research, 2002 (142): 16 – 20.

[72] Solow R. M. , Technical Change and the Aggregate Production Function

[J] . Review of Economics and Statistics, 1957, 39 (3): 312 - 320.

[73] Schultz T. W. Investment in Human Capital [J] . American Economic Review, 1961, 51 (1): 1 - 17.

[74] Sueyoshi T. , M. Goto. Weak and Stmng Disposability vs. Natural and Managerial Disposability in DEA Environmental Assessment: Comparison between Japanese Electric Power Industry and Manufacturing Industries [J] . Energy Economics, 2012, 34 (5): 686 - 699.

[75] Tinbergen, Jan. Zur Theorie der Langfristigen Wirtschastsentwicklung [J] . Weltwirtschaftliches Archiv, 1942, 55 (1): 511 - 549.

[76] Tone K. A Slacks - based Measure of Efficiency in DataEnvelopment Analysis [J] . European Journal of Operational Research, 2001 (130): 498 - 509.

[77] Tone K. Dealing with Undesirable Outputs in DEA: A Slacks Based Measure (SBM) Approach [R] . GRIPS Research Report, 2003: 44 - 45.

[78] World Bank. China 2020: Development Challenges in the New Century [R] . Washington D. C. : The World Bank, 1997.

[79] Wang, Yan and Yudong Yao. Sources of China's Economic Growth, 1952 - 1999: Incorporating Human Capital Accumulation [R] . World Bank Working Paper, 2001.

[80] Woo W. T. Chinese Economic Growth: Sources and Prospects, in M. Fouquin and F. Lemoine (Eds), The Chinese Economy [R] . Paris: Economica, 1998.

[81] Wu, Yanrui. Has Productivity Contributed to China's Growth? [J] . Pacific Economic Review, 2003 (8): 15 - 30.

[82] Wu X. Harry and Ximing Yue. Sources of Quality Change in the Labor Input of Chinese Industry: 1955 - 2000 [R] . Mimeo, 2006.

[83] Yang C. H. , Y. H. Tseng, C. P. Chen. Environmental Regulations, Induced R&D, and Productivity: Evidence from Taiwan's Manufacturing Industries [J] . Resource and Energy Economies, 2013, 34 (5): 514 - 532.

[84] Yoruk B. , Zaim O. Productivity Growth in OECD Countries: A Comparison with Malmquist Index [J] . Journal of Comparative Economics, 2005 (33): 401 - 420.

[85] Young, Alwyn. Gold into Base Metals: Productivity Growth in the People's Republic of China during the Reform Period [J] . Journal of Political Economy, 2003

(111): 1220 - 1260.

[86] Yue, Ximing and Ruoen Ren. Labor Input in China: 1982 - 2000 [R]. Paper for International Comparison of Productivity in Asia (ICPA), 2003.

[87] Zheng J., Liu X., Bigsten A. Ownership Structure and Determinants of Technical Efficiency: An Application of Data Envelopment Analysis to Chinese Enterprises (1986 - 1990) [J]. Journal of Comparative Economics, 1998, 26 (3): 465 - 484.

[88] Zheng, Jinghai and Hu, Angang. An Empirical Analysis of Provincial Productivity in China (1979 - 2001) [R]. Goteborg, Department of Economics, 2004.

[89] Zhu J. Quantitative Models for Performance Evaluation and Benchmarking: Data Envelopment Analysis with Spreadsheets and DEA Excel Solver [M]. Boston: Kluwer Academic Publishers, 2003.

[90] 保罗·克鲁格曼．萧条经济学的回归［M］．北京：中国人民大学出版社，1999.

[91] 常亚青，宋来．中国企业相对效率和全要素生产率研究——基于37个行业5年数据的实证分析［J］．数量经济技术经济研究，2006 (11)：3 - 12.

[92] 陈勇，唐朱昌．中国工业的技术选择与技术进步：1985 - 2003［J］．经济研究，2006 (9)：50 - 61.

[93] 蔡昉，王德文．中国经济增长可持续性与劳动贡献［J］．经济研究，1999 (10)：62 - 68.

[94] 蔡昉，都阳，王美艳．经济发展方式转变与节能减排内在动力［J］．经济研究，2008 (6)：4 - 11.

[95] 蔡昉．中国经济增长如何转向全要素生产率驱动型［J］．深圳大学学报（人文社会科学版），2013 (5)：56 - 71.

[96] 蔡翼飞，张车伟．地区差距的新视角：人口与产业分布不匹配研究［J］．中国工业经济，2012 (5)：31 - 43.

[97] 查建平，唐方方，郑浩生．什么因素多大程度上影响到工业碳排放绩效——来自中国（2003 - 2010）省级工业面板数据的证据［J］．经济理论与经济管理，2013，33 (1)：79 - 95.

[98] 查建平．环境规制与工业经济增长模式——基于经济增长分解视角的实证研究［J］．产业经济研究，2015 (3)：92 - 101.

[99] 查建平，李志勇．资源环境约束下的中国经济增长模式及影响因素

[J]．山西财经大学学报，2017，39（6）：1－14.

[100] 陈诗一．中国的绿色工业革命：基于环境全要素生产率视角的解释（1980－2008）[J]．经济研究，2010（11）：21－34.

[101] 陈诗一．节能减排与中国工业的双赢发展：2009－2049 [J]．经济研究，2010（3）：129－143.

[102] 陈诗一．中国各地区低碳经济转型进程评估 [J]．经济研究，2012（8）：32－44.

[103] 曹泽，李东．R&D 投入对全要素生产率的溢出效应 [J]．科研管理，2010，31（2）：18－25.

[104] 曹霞，张路蓬．企业绿色技术创新扩散的演化博弈分析 [J]．中国人口·资源与环境，2015，25（7）：68－76.

[105] 董颖，石磊．"波特假说"——生态创新与环境规制的关系研究述评 [J]．生态学报，2013（7）：809－824.

[106] 傅晓霞，吴利学．全要素生产率在中国地区差异中的贡献：兼与彭国华和李静等商榷 [J]．世界经济，2006（9）：12－22.

[107] 宫俊涛，孙林岩，李刚．中国制造业省际全要素生产率变动分析——基于非参数 Malmquist 指数方法 [J]．数量经济技术经济研究，2008（4）：97－109.

[108] 高宇明，齐中英．基于时变参数的我国全要素生产率估计 [J]．数量经济技术经济研究，2008（2）：100－121.

[109] 郭克莎．经济增长方式转变的条件和途径 [J]．中国社会科学，1995（6）：15－26.

[110] 郭庆旺，赵志耘，贾俊雪．中国省份经济的全要素生产率分析[J]．世界经济，2006（5）：46－53.

[111] 郭庆旺，贾俊雪．中国全要素生产率的估算：1979－2004 [J]．经济研究，2005（6）：51－60.

[112] 郭玉清，姜磊．中国地区经济差距扩散的源泉：资本深化还是效率改进？[J]．数量经济技术经济研究，2010（7）：38－52.

[113] 郭正权，郑宇花，张兴平．基于 CGE 模型的我国能源—环境—经济系统分析 [J]．系统工程学报，2014，29（5）：581－591.

[114] 国涓．我国能源消费与环境污染关系的分析 [J]．商业经济，2008（11）：8－9.

［115］贺菊煌．我国资产的估算［J］．数量经济技术经济研究，1992（8）：24－27.

［116］黄永峰，任若恩．中国制造业永续盘存法估计［J］．经济学（季刊），2002（2）：377－396.

［117］黄永春，郑江淮，杨以文等．“跨工业化”经济增长模式分析［J］．中国人口·资源与环境，2012（11）：137－143.

［118］黄永春，祝吕静，余菲菲．“率先工业化”与“跨工业化”经济增长模式的比较分析［J］．经济问题探索，2013（12）：132－138.

［119］黄永春，石秋平．中国区域环境效率与环境全要素的研究——基于包含 R&D 投入的 SBM 模型的分析［J］．中国人口·资源与环境，2015，25（12）：25－34.

［120］黄群慧．“新常态”、工业化后期与工业增长新动力［J］．中国工业经济，2014，25（10）：5－19.

［121］黄健英．当代少数民族地区经济发展简要回顾及几点思考［J］．中央民族大学学报（哲学社会科学版），2016，43（2）：17－23.

［122］胡永远．人力资本与经济增长：一个实证分析［J］．经济科学，2003，25（1）：54－60.

［123］胡鞍钢，郑京海，高宇宁，张宁，许海萍．考虑环境因素的省级技术效率排名（1999—2005）［J］．经济学（季刊），2008，7（3）：933－960.

［124］何枫，陈荣，何林．我国资本存量的估算及其相关分析［J］．经济学家，2003（5）：29－35.

［125］何锦义，刘晓静，刘树梅．当前技术进步贡献率测算中的几个问题［J］．统计研究，2006（5）：29－35.

［126］何小刚，张耀辉．技术进步、节能减排与发展方式转型——基于中国工业 36 个行业的实证考察［J］．数量经济技术经济研究，2012（3）：19－33.

［127］何小钢，王自力．能源偏向型进步与绿色增长转型［J］．中国工业经济，2015（2）：50－63.

［128］郝枫，盛卫燕．中国要素替代弹性估计［J］．统计研究，2014，31（7）：12－21.

［129］匡远凤，彭代彦．中国环境生产效率与环境全要素生产率分析［J］．经济研究，2012（7）：62－74.

［130］李周为，钟文余．经济增长方式与增长质量测度评价指标体系研究

[J]．中国软科学，1999（6）：37－42.

［131］李从欣，李国柱．能源消费与环境污染关系的实证研究［J］．煤炭经济研究，2009（1）：37－38.

［132］李丹，胡小娟．中国制造业企业相对效率和全要素生产率增长研究［J］．数量经济技术经济研究，2008（7）：31－41.

［133］李小平，朱钟棣．中国工业行业的全要素生产率测算［J］．管理世界，2005（4）：56－64.

［134］李小平，朱钟棣．国际贸易、R&D 溢出和生产率增长［J］．经济研究，2006（2）：31－43.

［135］李京文，龚飞鸿，明安书．生产率与中国经济增长［J］．数量经济技术经济研究，1996（12）：27－40.

［136］李治国，唐国兴．资本形成路径与资本存量调整模型［J］．经济研究，2003（2）：34－42.

［137］李静，孟令杰，吴福泉．中国地区发展差异的再检验：要素积累抑或 TFP［J］．世界经济，2006（1）：12－22.

［138］李静．中国区域环境效率的差异与影响因素研究［J］．南方经济，2009（12）：24－34.

［139］李胜文，李大胜．中国工业全要素生产率波动：1985－2005［J］．数量经济技术经济研究，2008（5）：43－54.

［140］李胜文，李新春，杨学儒．中国的环境效率与环境管制——基于 1986－2007 年省级水平的估算［J］．财经研究，2010，36（2）：59－68.

［141］李钢，马岩，姚磊磊．中国工业环境管制强度与提升路线——基于中国工业环境保护成本与效益的实证研究［J］．中国工业经济，2010（3）：31－41.

［142］李国璋，江金荣，周彩云．全要素能源效率与环境污染关系研究［J］．中国人口·资源与环境，2010，20（4）：50－56.

［143］李鹏．能源消费与我国的经济增长——基于动态面板数据的实证分析［J］．经济管理，2013（1）：1－10.

［144］李星颐，魏传华，葛霓亚．基于随机前沿模型我国少数民族地区区域技术效率的测定［J］．中央民族大学学报（自然科学版），2013（22）：103－106.

［145］李树，陈刚．环境管制与生产率增长——以 APPCL2000 的修订为例

[J]. 经济研究，2013（1）：247–262.

[146] 李小胜，余芝雅，安庆贤. 中国省际环境全要素生产率及其影响因素分析[J]. 中国人口·资源与环境，2014，24（10）：17–23.

[147] 李春米，魏玮. 中国西北地区环境规制对全要素生产率影响的实证研究[J]. 干旱区资源与环境，2014，28（2）：14–19.

[148] 李谷成. 中国农业的绿色生产率革命：1978–2008年[J]. 经济学（季刊），2014，13（2）：537–558.

[149] 李江苏，王晓蕊，苗长虹. 基于两种DEA模型的资源型城市发展效率评价比较[J]. 经济地理，2017，37（4）：99–106.

[150] 李政，杨思莹，何彬. FDI抑制还是提升了中国区域创新效率？——基于省际空间面板模型的分析[J]. 经济管理，2017，39（4）：6–19.

[151] 刘伟，张辉. 中国经济增长中的产业结构变迁和技术进步[J]. 经济研究，2008（11）：4–15.

[152] 刘云枫，周健明. 北京制造业全要素生产率持续增长的对策研究——基于DEA的Malmquist生产率实证分析[J]. 北京工商大学学报（社会科学版），2008，23（5）：120–123.

[153] 刘生龙，王亚华，胡鞍钢. 西部大开发成效与中国区域经济收敛[J]. 经济研究，2009（9）：94–104.

[154] 刘瑞翔，安同良. 资源环境约束下中国经济增长绩效变化趋势与因素分析：基于一种新型生产率指数构建与分解方法的研究[J]. 经济研究，2012（11）：34–47.

[155] 刘贵清. 少数民族地区人口、资源、环境与经济协调发展问题研究[J]. 贵州民族研究，2013，34（3）：79–82.

[156] 刘承良，段德忠，余瑞林等. 武汉城市圈社会经济与资源环境系统耦合作用的时空结构[J]. 中国人口·资源与环境，2014，24（5）：145–152.

[157] 刘和旺，郑世林，左文婷. 环境规制对企业全要素生产率的影响机制研究[J]. 科研管理，2016，37（5）：33–41.

[158] 廖重斌. 环境与经济协调发展的定量评判及其分类体系——以珠江三角洲城市群为例[J]. 热带地理，1999，19（2）：76–82.

[159] 赖明勇，王文妮. 全要素生产率和经济增长方式——基于1952–2006年的Malmquist指数分析[J]. 求索，2008（11）：52–54.

[160] 林宇坤，任若恩. 人力资本对中国1987年~2000年经济增长率的贡

献研究［J］．生产力研究，2005（3）：89－91.

［161］林毅夫，任若恩．东亚经济增长模式相关争论的再探讨［J］．经济研究，2007（8）：4－12.

［162］卢艳，刘治国，刘培林．中国区域经济增长方式比较研究：1978－2005［J］．数量经济技术经济研究，2008，25（7）：54－66.

［163］鲁晓东，连玉君．中国工业企业全要素生产率估计：1999—2007［J］．经济学（季刊），2012（2）：541－558.

［164］逯进，周惠民．中国省域人力资本与经济增长耦合关系的实证分析［J］．数量经济技术经济研究，2013（9）：3－19.

［165］逯进，常虹，汪运波．中国区域能源、经济与环境耦合的动态演化［J］．中国人口·资源与环境，2017，27（2）：60－68.

［166］陆大道．中速增长：中国经济的可持续发展［J］．地理科学，2015，35（10）：1207－1219.

［167］敏杰，李钢，梁泳梅．中国工业环境全要素生产率的来源分解［J］．数量经济技术经济研究，2012（2）：3－20.

［168］毛中根，孙豪．中国省域经济增长模式评价：基于消费主导型指标体系的分析［J］．统计研究，2015，32（9）：68－75.

［169］穆学英，刘凯，任建兰．中国绿色生产效率区域差异及空间格局演变［J］．地理科学进展，2017，36（8）：1006－1014.

［170］聂辉华，江艇，杨汝岱．中国工业企业数据库的使用现状和潜在问题［J］．世界经济，2012（5）：142－158.

［171］聂普焱，黄利．环境规制对全要素能源生产率的影响是否存在产业异质性［J］．产业经济研究，2013（4）：50－58.

［172］聂玉立，温湖炜．中国地级以上城市绿色经济效率实证研究［J］．中国人口·资源与环境，2015，25（S1）：409－413.

［173］彭水军，包群．经济增长与环境污染—环境库兹涅茨曲线假说的中国检验［J］．财经问题研究，2006（8）：3－17.

［174］彭国华．我国地区全要素生产率与人力资本构成［J］．中国工业经济，2007（2）：52－59.

［175］庞瑞芝，杨慧．中国省际全要素生产率差异及经济增长模式的经验分析——对30个省（市、自治区）的实证考察［J］．经济评论，2008（6）：16－22.

［176］钱雪亚等．中国人力资本水平实证研究［J］．统计研究，2004（3）：9－45.

［177］钱雪亚，王秋实，刘辉．中国人力资本水平再估算：1995－2005［J］．统计研究，2008（12）：3－10.

［178］钱争鸣，刘晓晨．中国绿色经济效率的区域差异与影响因素分析［J］．中国人口·资源与环境，2013，23（7）：104－109.

［179］任宇飞，方创琳．京津冀城市群县域尺度生态效率评价及空间格局分析［J］．地理科学进展，2017，36（1）：87－98.

［180］史清琪．技术进步与经济增长［M］．北京：科学技术文献出版社，1985.

［181］孙新雷，钟培武．改革开放后我国全要素生产率的变动与资本投入［J］．经济经纬，2006（5）：24－27.

［182］孙琳琳，任若恩．中国资本投入和全要素生产率的估算［J］．世界经济，2005（12）：3－13.

［183］世界银行．中国：社会主义经济的发展［M］．北京：中国财政经济出版社，1982.

［184］世界银行．中国：长期发展的问题和方案［M］．北京：中国财政经济出版，1985.

［185］宋海岩，刘淄楠．改革时期中国总投资决定因素的分析［J］．世界经济文汇，2003（1）：44－56.

［186］宋长青，李子伦，马方．中国经济增长效率的地区差异及收敛分析［J］．城市问题，2013（6）：46－51.

［187］单豪杰．中国资本存量K的再估算：1952－2006年［J］．数量经济技术经济研究，2008（10）：17－31.

［188］沈可挺，龚健健．环境污染、技术进步与中国高耗能产业［J］．中国工业经济，2011（12）：25－34.

［189］沈利生，朱运法．人力资本与经济增长分析［M］．北京：社会科学出版社，1999.

［190］沈利生，乔红芳．重估中国的资本存量：1952—2012［J］．吉林大学社会科学学报，2015，55（4）：122－133.

［191］舒燕飞．TFP对少数民族八省区经济增长贡献研究［J］．湖北社会科学，2010（6）：101－104.

［192］Selin Ozyurt. 中国工业的全要素生产率：1952－2005［J］．世界经济文汇，2009（5）：1－16.

［193］涂正革，肖耿．中国的工业生产力革命——用随机前沿生产模型对中国大中型工业企业全要素生产率增长的分解及分析［J］．经济研究，2005（3）：4－15.

［194］涂正革，肖耿．中国经济的高增长能否持续：基于企业生产率动态变化的分析［J］．世界经济，2006（2）：3－10.

［195］涂正革，肖耿．中国大中型工业的成本效率分析：1995－2002［J］．世界经济，2007（7）：46－53.

［196］涂正革．环境、资源与工业增长的协调性［J］．经济研究，2008（2）：93－104.

［197］涂正革，肖耿．环境约束下的中国工业增长模式研究［J］．世界经济，2009（11）：41－54.

［198］汤玲，李建平，余乐安等．基于距离协调度模型的系统协调发展定量评价方法［J］．系统工程理论与实践，2010，30（4）：43－51.

［199］魏一鸣，曾嵘，范英等．北京市人口、资源、环境与经济协调发展的多目标集成模型［J］．系统工程理论与实践，2002，22（2）：31－39.

［200］吴敬琏．中国增长模式抉择［M］．上海：远东出版社，2005.

［201］吴延兵．R&D 与生产率：基于中国制造业的实证研究［J］．经济研究，2006（4）：60－71.

［202］吴延瑞．生产率对中国经济增长的贡献：新的估计［J］．经济学（季刊），2008，7（3）：827－842.

［203］吴军．环境约束下中国地区工业全要素生产率增长及收敛分析［J］．数量经济技术经济研究，2009（11）：17－27.

［204］吴振球，王建军．地方政府竞争与经济增长方式转变：1998—2010——基于中国省级面板数据的经验研究［J］．经济学家，2013（1）：38－47.

［205］吴英姿，闻岳春．中国工业绿色生产率、减排绩效与减排成本［J］．科研管理，2013，34（2）：105－111，151.

［206］王玲，Adam Szirmai. 高技术产业技术投入和生产率增长之间关系的研究［J］．经济学（季刊），2008，7（3）：913－932.

［207］王玲．中国工业行业资本存量的测度［J］．世界经济统计研究，

2004 (1): 16 - 25.

[208] 王争，郑京海，史晋川．中国地区工业生产绩效：结构差异、制度冲击及动态表现［J］．经济研究，2006 (11): 48 - 59.

[209] 王志刚，龚六堂，陈玉宇．地区间生产效率与全要素生产率增长率分解（1978 - 2003）［J］．中国社会科学，2006 (2): 55 - 66.

[210] 王小鲁，樊纲．我国经济增长的可持续性——跨世纪的回顾与展望［M］．北京：经济科学出版社，2000.

[211] 王小鲁，樊纲，刘鹏．中国经济增长方式转换和增长可持续性［J］．经济研究，2009 (1): 44 - 47.

[212] 王益煊，吴优．中国国有经济固定资本存量的初步测算［J］．统计研究，2003 (5): 40 - 45.

[213] 王德劲，向蓉美．我国人力资本存量估算［J］．统计与决策，2006 (5): 100 - 102.

[214] 王德劲，刘金石，向蓉美．中国人力资本存量估算：基于收入方法［J］．统计与信息论坛，2006 (5): 69 - 74.

[215] 王姗姗，徐吉辉，邱长溶．能源消费与环境污染的边限协整分析［J］．中国人口·资源与环境，2010, 20 (4): 69 - 73.

[216] 王燕军，宗跃光，孙燕红．陕西省能源、环境与经济关系的实证研究［J］．河南科学，2010, 28 (7): 880 - 884.

[217] 王俊能，许振成，胡习邦．基于 DEA 理论的中国区域环境效率分析［J］．中国环境科学，2010, 30 (4): 565 - 570.

[218] 王兵，吴延瑞，颜鹏飞．环境管制与全要生产率增长：APEC 的实证研究［J］．经济研究，2008 (5): 19 - 32.

[219] 王兵，吴延瑞，颜鹏飞．中国区域环境效率与环境全要素生产率增长，经济研究，2010 (5): 95 - 109.

[220] 王兵，刘光天．节能减排与中国绿色经济增长——基于全要素生产率的视角［J］．中国工业经济，2015 (5): 57 - 69.

[221] 王恕立，胡宗彪．中国服务业分行业生产率变迁及异质性考察［J］．经济研究，2012 (4): 15 - 27.

[222] 王文刚，李汝资，宋玉祥等．吉林省区域农地生产效率及其变动特征研究［J］．地理科学，2012, 32 (2): 225 - 231.

[223] 王杰，刘斌．环境规制与企业全要素生产率：基于中国国有企业数据

分析［J］．中国工业经济，2014（3）：44－56.

［224］王军，耿建．中国绿色经济效率的测算及实证分析［J］．经济问题，2014（4）：52－55.

［225］王杰，刘斌．环境规制与企业全要素生产率——基于中国工业企业数据的经验分析［J］．数量经济技术经济研究，2014（3）：44－56.

［226］王晓云，魏琦，胡贤辉．我国城市绿色经济效率综合测度及时空分异：基于 DEA－BCC 和 Malmquist 模型［J］．生态经济，2016，32（3）：40－45.

［227］魏楚，黄磊，沈满洪．鱼与熊掌可兼得么？——对我国环境管制波特假说的检验［J］．世界经济文汇，2015（1）：80－98.

［228］汪锋，解晋．中国分省绿色全要素生产率增长率研究［J］．中国人口科学，2015（2）：53－62，127.

［229］许冰，章上峰．全要素生产率测算的半参数估计方法及其应用［J］．统计与信息论坛，2008（4）：37－40.

［230］谢千里，罗斯基，张轶凡．中国工业生产率的增长与收敛［J］．经济学（季刊），2008，7（3）：809－826.

［231］谢千里，罗斯基，郑玉歆．改革以来中国工业生产率变动趋势估计及可靠性分析［J］．经济研究，1995（12）：10－22.

［232］解垩．环境管制与中国工业生产率增长［J］．产业经济研究，2008（1）：19－25.

［233］项本武．中国经济的动态效率：1992－2003［J］．数量经济技术经济研究，2008（3）：79－88.

［234］徐杰，段万春，杨建龙．中国资本存量的重估［J］．统计研究，2010（12）：72－77.

［235］徐杰，杨建龙．中国人力资本及其对经济增长的贡献［J］．教育与经济，2010（3）：11－16.

［236］徐杰，杨建龙．中国区域生产率的变动及分解——基于 Malmquist 生产力指数的实证研究［J］．现代管理科学，2010（9）：3－5.

［237］徐杰，杨建龙．中国劳动投入及其对经济增长的贡献［J］．经济问题探索，2010（10）：8－12.

［238］徐杰，王宏伟，李平．我国创新型国家建设面临的挑战——基于东中西部地区科技进步的差异研究［J］．经济问题探索，2016（2）：8－15.

［239］徐杰，王宏伟，李平．中国资本存量测量述评［J］．华东经济管理，2017，31（6）：151－157.

［240］徐成龙，任建兰，程钰．山东省环境规制效率时空格局演变及影响因素［J］．经济地理，2014，34（12）：35－40.

［241］许建伟，许新宇，陈兴鹏等．基于DEA交叉模型的甘肃省城市效率评价［J］．自然资源学报，2013，28（4）：618－624.

［242］徐彦坤，祁毓．环境规制对企业生产率影响再评估及机制检验［J］．财贸经济，2017（6）：147－161.

［243］熊强，郭贯成．中国各省区城市工业用地生产效率差异研究［J］．资源科学，2013，35（5）：910－917.

［244］薛静静，沈镭，彭保发等．区域能源消费与经济和环境绩效——基于14个能源输入和输出大省的实证研究［J］．地理学报，2014，69（10）：1414－1424.

［245］约翰．伊特韦尔，默里．米尔盖特，彼得．纽曼．新帕尔格雷夫经济学大辞典［M］．北京：经济科学出版社，1996.

［246］易纲，樊纲，李岩．关于中国经济增长与全要素生产率的理论思考［J］．经济研究，2003（8）：13－20.

［247］颜鹏飞，王兵．技术效率、技术进步与生产率增长：基于DEA的实证分析［J］．经济研究，2004（12）：55－65.

［248］杨徐佳，齐飞．技术进步对少数民族地区经济增长贡献的实证分析——以贵州省为例［J］．中央民族大学学报（自然科学版），2009（18）：87－91.

［249］杨文举．基于DEA的绿色经济增长核算：以中国地区工业为例［J］．数量经济技术经济研究，2011（1）：19－34.

［250］杨龙，胡晓珍．基于DEA的中国绿色经济效率地区差异与收敛分析［J］．经济学家，2010（2）：46－54.

［251］殷宝庆．环境规制与我国制造业绿色全要素生产率：基于国际垂直专业化视角的实证［J］．中国人口·资源与环境，2012，22（12）：60－66.

［252］于婷婷，宋玉祥，浩飞龙等．吉林省经济效率差异及空间格局演变［J］．地理科学，2016，36（7）：1066－1072.

［253］姚洋．非国有经济成分对我国工业企业技术效率的影响［J］．经济研究，1998（12）：29－35.

［254］岳希明，任若恩．测量中国经济的劳动投入：1982－2000［J］．经济研究，2008（3）：16－28.

［255］余泳泽．我国节能减排潜力、治理效率与实施路径研究［J］．中国工业经济，2011（5）：58－68.

［256］赵伟，马瑞永，何元庆．全要素生产率变动的分解——基于Malmquist 生产力指数的实证分析［J］．统计研究，2005（7）：37－42.

［257］章祥荪，贵斌威．中国全要素生产率分析：Malmquist 指数法评述与应用［J］．数量经济技术经济研究，2008（6）：111－121.

［258］张军扩．"七五"期间经济效益的综合分析——各要素对经济增长贡献率的测算［J］．经济研究，1991（4）：8－17.

［259］张帆．中国的物质资本和人力资本估算［J］．经济研究，2000（8）：65－71.

［260］张阿玲，李继峰．构建中国的能源—经济—环境系统评价模型［J］．清华大学学报（自然科学版），2007，47（9）：1537－1540.

［261］张倩肖，冯根福．三种 R&D 溢出与本地企业技术创新［J］．中国工业经济，2007（11）：64－72.

［262］张红凤．制约、双赢到不确定性：环境管制与企业竞争力相关性研究的演进与借鉴［J］．财经研究，2008（7）：16－26.

［263］张军．资本形成、工业化与经济增长：中国的转轨特征［J］．经济研究，2002（6）：3－13.

［264］张军，章元．对中国资本存量 K 的再估计［J］．经济研究，2003（7）：35－43.

［265］张军，吴桂英，张吉鹏．中国省际物质资本存量估算：1952－2000［J］．经济研究，2004（10）：35－44.

［266］张明慧，李永峰．论我国能源与经济增长关系［J］．工业技术经济，2004，23（4）：77－80.

［267］张成，陆旸，郭路，于同申．环境规制强度和生产技术进步［J］．经济研究，2011（2）：113－124.

［268］张三峰，卜茂亮．环境规制、环保投入与中国企业生产率——基于中国企业问卷数据的实证研究［J］．南开经济研究，2011（2）：129－146.

［269］张广胜，王振华．县域经济增长中结构红利的测度及决定——基于中国 1820 个县面板数据的实证分析［J］．经济理论与经济管理，2014，34（6）：

102 – 112.

［270］张宇，蒋殿春．FDI、政府监管与中国水污染——基于产业结构与技术进步分解指标的实证检验［J］．经济学（季刊），2014，2（1）：491 – 514.

［271］张子龙，薛冰，陈兴鹏等．基于哈肯模型的中国能源—经济—环境系统演化机制［J］．生态经济（中文版），2015，31（1）：14 – 17.

［272］张子龙，薛冰，陈兴鹏等．中国工业环境效率及其空间差异的收敛性［J］．中国人口·资源与环境，2015，25（2）：30 – 38.

［273］朱钟棣，李小平．中国工业行业资本形成、全要素生产率变动及其趋异化：基于分行业面板数据研究［J］．世界经济，2005（9）：51 – 62.

［274］朱承亮，岳宏志，李婷．中国经济增长效率及其影响因素的实证研究：1985 ~ 2007 年［J］．数量经济技术经济研究，2009（9）：52 – 63.

［275］朱承亮，岳宏志，师萍．环境约束下的中国经济增长效率研究［J］．数量经济技术经济研究，2011（5）：3 – 20.

［276］朱承亮，安立仁，师萍，岳宏志．节能减排约束下我国经济增长效率及其影响因素——基于西部地区和非期望产出模型的分析［J］．中国软科学，2012（4）：106 – 116.

［277］朱承亮．中国地区经济差距的演变轨迹与来源分解［J］．数量经济技术经济研究，2014（6）：36 – 54.

［278］周天勇．劳动与经济增长［M］．上海：上海人民出版社，1994.

［279］周民良．论民族地区经济发展方式的转变［J］．民族研究，2008（4）：19 – 28.

［280］郑玉歆，张晓，张思奇．技术效率、技术进步及其对生产率的贡献——沿海工业企业调查的初步分析［J］．数量经济技术经济研究，1995（12）：20 – 27.

［281］郑玉歆．全要素生产率的测度及经济增长方式的阶段性规律［J］．经济研究，1999（5）：55 – 60.

［282］郑玉歆．全要素生产率的再认识——用 TFP 分析经济增长质量存在的若干局限［J］．数量经济技术经济研究，2007（9）：3 – 11.

［283］郑京海，胡鞍钢．中国改革时期省际生产率增长变化的实证分析（1979 – 2001 年）［J］．经济学（季刊），2005，4（2）：263 – 296.

［284］郑京海，胡鞍钢．中国的经济增长能否持续——一个生产率视角［J］．经济学（季刊），2008，7（3）：777 – 808.

［285］郑长德．中国少数民族地区经济发展质量研究［J］．民族学刊，2011（1）：1－11.

［286］郑长德．中国少数民族地区经济发展方式转变研究［J］．西南民族大学学报（人文社会科学版），2009（10）：43－49.

［287］郑丽琳，朱启贵．能源环境约束下垂直技术进步、产业结构变迁与经济可持续增长［J］．财经研究，2013（7）：49－60.

［288］赵志耘，刘晓路，吕冰洋．中国要素产出弹性估计［J］．经济理论与经济管理，2006（6）：5－11.

［289］赵芳．中国能源—经济—环境（3E）协调发展状态的实证研究［J］．经济学家，2009，12（12）：35－41.

［290］赵湘莲，李岩岩，陆敏．我国能源消费与经济增长的空间计量分析［J］．软科学，2012，26（3）：33－38.

［291］赵昌文，许召元，朱鸿鸣．工业化后期的中国经济增长新动力［J］．中国工业经济，2015（6）：44－54.

［292］周华林，李雪松．Tobit 模型估计方法与应用［J］．经济学动态，2012（5）：105－119.

附录1　附表

附表1　1986～2016年各省份固定资本存量（1978年价格）　单位：亿元

年份	北京	天津	河北	山西	内蒙古	辽宁	吉林	黑龙江
1986	649.49	392.39	1097.95	714.22	561.97	1348.36	685.79	996.83
1987	731.34	432.69	1154.99	758.48	581.60	1427.29	711.89	1046.26
1988	812.15	471.80	1226.56	791.21	611.54	1516.82	742.38	1094.96
1989	884.72	503.15	1290.86	815.90	632.76	1593.58	756.70	1127.87
1990	963.45	526.64	1341.16	832.51	647.52	1652.53	767.17	1147.45
1991	1037.79	567.46	1408.57	856.75	677.25	1728.36	782.93	1172.07
1992	1129.62	607.04	1487.51	876.04	723.05	1793.01	798.53	1195.58
1993	1249.48	650.27	1576.38	901.79	781.73	1908.28	831.14	1223.66
1994	1429.62	711.16	1697.01	934.39	843.93	2024.19	876.34	1269.35
1995	1628.35	777.98	1861.21	962.24	904.54	2113.53	917.21	1331.55
1996	1803.43	857.17	2083.12	994.06	956.65	2201.09	967.10	1408.58
1997	1975.94	942.34	2340.80	1038.76	1017.66	2279.12	997.25	1485.78
1998	2193.57	1045.22	2631.18	1115.66	1085.83	2374.27	1038.51	1590.02
1999	2400.76	1140.12	2955.98	1199.20	1160.77	2473.77	1094.76	1686.15
2000	2616.70	1239.90	3277.45	1281.99	1240.85	2593.37	1163.96	1779.44
2001	2870.69	1362.16	3610.12	1372.58	1340.17	2737.95	1243.43	1895.03
2002	3201.55	1508.87	3957.08	1489.42	1511.76	2911.98	1344.23	2026.60
2003	3628.69	1704.61	4382.27	1655.42	1844.52	3171.25	1475.75	2167.31
2004	4102.97	1929.48	4930.93	1875.96	2334.78	3567.16	1653.81	2338.37
2005	4630.42	2203.83	5618.13	2171.78	3054.93	4200.96	1924.47	2549.57
2006	5205.02	2537.83	6445.66	2540.46	3908.45	4973.29	2380.59	2830.61

续表

年份	北京	天津	河北	山西	内蒙古	辽宁	吉林	黑龙江
2007	5870.84	2976.65	7480.23	3003.44	5001.15	5884.14	3045.10	3222.69
2008	6411.59	3543.38	8787.26	3491.59	6254.53	6956.26	3917.21	3684.78
2009	7051.74	4414.48	10294.91	4208.29	8003.36	8153.69	4866.90	4290.26
2010	7882.02	5524.12	11995.64	5081.68	9996.84	9653.07	6007.86	5008.27
2011	8731.11	6814.99	14063.43	6073.33	12219.66	11353.08	7136.42	5815.03
2012	9844.83	8354.56	16438.19	7128.95	14941.84	13318.17	8426.60	6832.32
2013	11029.12	10055.75	18918.04	8307.87	18145.19	15426.03	9745.79	8018.88
2014	12235.13	11843.96	21451.84	9457.38	20725.88	17515.26	11106.81	9170.13
2015	13469.55	13377.25	23980.58	10579.65	23353.70	18734.17	12560.51	10343.72
2016	15001.02	14770.79	26677.01	11565.64	25512.70	19403.51	13819.24	11382.99

年份	上海	江苏	浙江	安徽	福建	江西	山东	河南
1986	720.92	2212.60	986.50	709.18	372.55	487.64	1707.07	894.45
1987	823.48	2382.05	1061.06	752.99	400.53	526.63	1830.50	962.78
1988	940.32	2587.24	1137.86	791.66	423.85	552.29	1952.05	1066.18
1989	1035.16	2754.79	1200.42	826.38	443.20	598.13	2054.13	1152.15
1990	1117.19	2909.21	1252.18	856.82	455.84	633.15	2137.46	1221.08
1991	1199.77	3109.85	1323.88	882.05	475.75	665.95	2254.35	1303.21
1992	1300.88	3433.18	1427.71	906.93	500.07	720.87	2380.90	1376.67
1993	1438.10	3817.82	1592.01	955.09	539.23	796.38	2527.36	1461.85
1994	1667.64	4204.31	1823.78	1022.42	608.57	880.35	2674.98	1592.64
1995	1985.39	4636.97	2119.01	1109.83	694.55	965.47	2841.39	1760.57
1996	2350.49	5138.34	2467.80	1208.47	793.39	1066.26	3051.78	1967.39
1997	2700.98	5677.02	2806.32	1308.15	898.61	1185.48	3288.42	2192.01
1998	3038.08	6325.90	3181.17	1411.16	1026.32	1309.70	3578.32	2452.07
1999	3360.96	7028.22	3578.92	1512.30	1153.85	1441.04	3919.25	2719.24
2000	3684.22	7786.39	4022.86	1616.77	1278.10	1574.24	4319.02	2992.09
2001	4028.64	8603.21	4548.93	1734.34	1403.37	1736.79	4757.03	3285.80
2002	4423.71	9516.78	5222.01	1869.83	1539.75	1981.59	5298.11	3631.00
2003	4852.53	10852.55	6171.04	2036.57	1712.27	2319.12	5978.69	4045.20
2004	5362.01	12424.00	7289.24	2282.39	1933.52	2727.42	6865.83	4566.50
2005	5969.69	14505.09	8518.92	2576.43	2227.25	3204.55	8039.55	5362.63
2006	6693.02	16790.18	9852.76	2930.98	2596.40	3796.48	9438.09	6452.39

续表

年份	上海	江苏	浙江	安徽	福建	江西	山东	河南
2007	7583.72	19408.48	11385.30	3388.45	3086.35	4513.50	11025.82	7929.39
2008	8417.87	22180.65	12914.18	3916.99	3687.66	5295.58	12766.04	9642.58
2009	9442.20	25781.65	14634.91	4551.77	4388.41	6193.85	14928.26	11933.40
2010	10386.61	30070.85	16675.43	5347.17	5169.25	7207.84	17440.28	14641.92
2011	11276.43	34736.06	18776.44	6264.48	6072.83	8336.11	20117.15	17585.53
2012	12292.56	40099.72	21159.43	7359.21	7146.91	9610.91	23208.03	21080.93
2013	13391.42	45513.92	23773.18	8568.81	8355.39	10942.06	26501.31	24954.56
2014	14518.60	50869.09	26431.48	9872.55	9679.84	12233.11	29983.48	29099.96
2015	15869.68	56574.90	29341.49	11231.03	11118.50	13748.87	33652.23	33394.34
2016	17538.23	62741.96	32701.93	12744.91	12680.91	15553.64	37237.69	37913.94

年份	湖北	湖南	广东	广西	海南	重庆	四川	贵州
1986	834.78	657.10	1483.99	309.15			1496.50	212.48
1987	883.20	696.96	1548.52	333.27			1524.78	235.88
1988	930.78	741.65	1634.76	348.41			1544.68	260.40
1989	965.69	761.64	1726.15	362.11	92.05		1538.65	278.18
1990	992.69	767.12	1817.82	367.84	110.01		1519.27	295.34
1991	1026.56	781.81	1932.93	381.85	131.27		1508.74	312.98
1992	1063.17	802.07	2112.89	401.61	168.89		1496.42	328.47
1993	1123.02	829.04	2403.38	437.77	213.38		1496.09	344.50
1994	1228.97	863.90	2761.97	485.33	273.45		1512.26	362.87
1995	1375.04	906.25	3180.02	533.28	319.25	350.19	1549.82	383.69
1996	1560.52	966.46	3585.58	586.26	352.22	381.70	1602.17	411.45
1997	1751.77	1023.53	3961.92	633.03	376.90	421.56	1661.67	445.57
1998	1965.24	1093.47	4427.82	692.99	403.06	480.70	1748.94	491.03
1999	2187.65	1176.05	4993.29	763.58	432.63	542.57	1836.57	547.12
2000	2413.33	1264.10	5543.51	831.69	459.65	607.59	1938.46	608.12
2001	2664.35	1367.54	6156.13	904.15	487.53	687.87	2057.79	690.82
2002	2921.36	1486.28	6898.05	990.31	520.33	789.36	2205.34	786.73
2003	3190.34	1626.24	7839.83	1093.82	559.75	928.89	2391.61	895.05
2004	3521.85	1796.49	8890.41	1234.11	604.77	1095.12	2609.31	1008.89
2005	3930.86	2020.95	10231.20	1437.32	663.17	1289.55	2883.19	1135.63
2006	4474.11	2305.96	11745.52	1687.19	735.24	1505.05	3246.49	1282.23

续表

年份	湖北	湖南	广东	广西	海南	重庆	四川	贵州
2007	5163.44	2698.63	13572.38	2029.35	828.11	1762.07	3721.47	1460.66
2008	5928.37	3179.34	15434.25	2462.16	947.94	2097.56	4244.77	1664.14
2009	6915.35	3760.16	17904.52	3151.60	1087.15	2423.45	4883.50	1915.25
2010	8136.98	4514.11	20829.70	4127.55	1281.89	2827.44	5663.41	2232.24
2011	9619.68	5361.21	24039.34	5252.87	1507.49	3310.62	6547.72	2612.03
2012	11352.82	6355.47	27842.02	6472.68	1829.02	3851.69	7597.72	3138.21
2013	13288.20	7448.30	32051.96	7516.95	2196.20	4425.13	8702.35	3803.72
2014	15418.92	8625.82	36620.65	8590.64	2606.88	5060.39	9846.97	4552.13
2015	17700.25	9733.95	41320.47	9741.05	2954.71	5757.91	11017.93	5436.90
2016	20185.12	10922.41	46662.46	10962.06	3324.65	6559.25	12294.02	6466.57
年份	云南	西藏	陕西	甘肃	青海	宁夏	新疆	
1986	200.71	27.74	474.27	375.89	80.91	97.03	172.12	
1987	222.19	30.04	529.04	405.63	91.66	108.50	196.89	
1988	247.37	32.25	586.71	431.76	102.82	117.74	227.42	
1989	270.23	34.67	635.15	458.33	110.75	124.60	256.82	
1990	295.56	37.61	671.06	479.02	120.17	130.43	292.61	
1991	339.44	41.30	707.17	497.59	128.83	137.55	335.78	
1992	389.08	44.98	735.15	509.48	136.89	143.69	388.34	
1993	437.37	47.02	772.46	516.88	146.41	151.14	449.07	
1994	484.70	50.10	814.58	525.81	156.66	158.86	528.61	
1995	537.61	56.18	860.41	538.00	168.39	166.06	595.30	
1996	598.34	61.04	908.42	559.91	186.59	173.28	663.71	
1997	663.71	64.59	957.09	587.72	209.67	181.13	730.20	
1998	749.44	68.86	1026.08	621.69	237.05	192.56	809.58	
1999	834.83	74.77	1105.67	667.72	267.79	208.15	886.67	
2000	905.18	79.98	1202.97	721.99	303.52	226.82	972.00	
2001	977.70	85.67	1306.60	794.50	352.41	250.91	1063.69	
2002	1061.25	98.05	1426.40	880.84	409.77	280.20	1179.27	
2003	1172.13	117.58	1578.76	980.48	474.05	323.97	1328.75	
2004	1307.46	151.93	1756.73	1099.19	541.66	373.38	1490.61	
2005	1456.19	189.59	2000.95	1234.32	617.86	434.64	1662.97	
2006	1625.28	232.18	2310.67	1387.38	700.53	509.84	1858.81	

续表

年份	云南	西藏	陕西	甘肃	青海	宁夏	新疆	
2007	1822.99	280.28	2753.53	1578.26	797.98	594.13	2096.72	
2008	2019.54	327.62	3299.09	1797.72	903.15	704.00	2351.47	
2009	2378.06	386.55	3958.70	2061.04	1056.00	853.86	2630.35	
2010	2949.34	477.89	4824.10	2387.84	1266.61	1039.85	3016.67	
2011	3646.44	553.77	5779.14	2775.15	1523.73	1222.29	3456.42	
2012	4494.06	660.43	6932.53	3244.82	1900.02	1449.36	4143.31	
2013	5463.45	796.05	8157.79	3789.69	2373.45	1703.28	5020.55	
2014	6577.61	952.48	9450.54	4397.03	2942.64	2053.15	6062.42	
2015	7798.02	1100.19	10682.92	5051.55	3579.25	2475.70	7147.21	
2016	9115.43	1264.77	11990.78	5781.70	4246.72	2915.53	8164.33	

附表2　2003～2016年各省份劳动投入　　单位：亿元

年份	北京	天津	河北	山西	内蒙古	辽宁	吉林	黑龙江
2003	1549.20	968.93	5777.05	2455.49	1591.10	3538.09	2009.13	2639.01
2004	2080.11	1153.48	6245.74	2640.67	1830.38	3871.93	2216.01	2971.55
2005	2768.05	1420.85	7010.02	3170.77	2107.61	4524.87	2544.75	3522.56
2006	3359.74	1619.58	7497.86	3656.22	2310.91	5044.12	2780.58	4008.81
2007	3866.17	2020.73	8622.74	4195.08	2713.83	5840.41	3249.70	4732.25
2008	4470.40	2399.93	9979.54	4670.96	3086.11	6820.56	3745.41	5260.85
2009	5141.05	2793.93	11345.03	5253.97	3565.20	7866.78	4186.01	5923.35
2010	5361.56	3116.45	13178.55	6111.76	4299.98	8684.20	4693.91	6877.53
2011	5814.62	3541.93	15947.49	7231.16	5213.29	9634.61	5391.90	7665.52
2012	6722.53	4091.44	18095.36	8252.27	5969.20	10744.92	5915.67	8564.87
2013	7091.29	4706.55	19896.23	9256.46	6940.86	12477.06	6830.41	9621.77
2014	7775.71	5244.70	21616.31	9952.22	7815.71	13558.49	7452.14	10433.10
2015	8450.11	5746.37	23849.50	10957.65	8286.86	14030.41	8273.40	11540.97
2016	9272.55	6109.36	25097.97	11757.17	8856.86	14101.91	8817.76	12389.49
年份	上海	江苏	浙江	安徽	福建	江西	山东	河南
2003	1745.60	7137.73	4678.30	5316.09	2724.06	3619.94	9051.63	8598.44
2004	1991.19	7774.99	5451.17	5945.32	3072.90	3773.35	10049.58	9753.87
2005	2557.78	9152.96	6343.52	6605.58	3584.88	4279.33	11502.36	11012.04

续表

年份	上海	江苏	浙江	安徽	福建	江西	山东	河南
2006	3008.84	10391.32	6982.99	7049.68	3998.96	4640.59	12589.41	11922.37
2007	3486.80	11637.97	8344.10	8049.73	4795.75	5963.88	14550.09	13619.06
2008	4605.52	13087.58	9705.25	9457.55	5546.61	6566.53	16824.24	15626.44
2009	5265.80	14698.92	11452.56	10685.74	7155.90	7647.92	18895.97	17712.23
2010	5053.82	17441.37	12954.24	13163.06	7811.99	8317.64	22162.58	20329.67
2011	5326.56	19533.19	15131.20	15520.56	10107.36	9836.51	26739.90	24218.64
2012	5955.55	21672.60	16767.34	17477.52	11614.15	10899.21	29338.66	26936.76
2013	6501.29	23731.60	18454.91	19543.21	12503.16	12335.84	32683.69	30425.36
2014	8646.81	25299.34	19864.80	21235.48	13896.47	13077.91	34800.43	33434.08
2015	9207.23	28281.68	22103.67	23369.08	15599.22	14300.76	37329.79	36812.36
2016	9815.62	30035.19	23530.74	24612.33	16541.48	14988.10	39182.72	38972.51

年份	湖北	湖南	广东	广西	海南	重庆	四川	贵州
2003	5367.16	5800.17	7230.93	3952.78	605.58	2176.21	6858.07	3105.24
2004	6016.92	6446.77	8411.58	4533.80	674.75	2259.48	7440.57	3405.28
2005	6974.61	7328.97	10293.08	5185.13	780.69	2537.61	8096.41	3688.46
2006	7773.42	7980.99	12015.15	5688.04	857.69	2784.13	8500.09	3841.82
2007	8812.36	9297.29	14361.31	6348.64	979.06	3189.99	9885.50	4544.69
2008	9984.38	10574.23	16715.39	7102.98	1152.84	3619.79	10905.23	4270.36
2009	11286.42	11799.22	18772.56	8043.72	1299.80	4146.08	12797.55	4527.68
2010	12663.21	13718.54	21749.29	9587.73	1553.41	5219.30	15117.22	5405.00
2011	15080.00	16815.33	24708.22	11278.99	1868.31	6090.81	18265.82	6515.64
2012	16406.77	18316.25	26825.17	11626.68	2171.77	6947.45	19876.54	7215.49
2013	18014.79	20065.33	30301.76	12895.44	2548.45	7831.46	22197.44	8269.37
2014	19384.79	21375.68	32967.96	13936.32	2880.59	8451.67	23736.71	8996.83
2015	20623.41	22160.75	36171.42	15511.15	3102.07	9564.76	25583.13	9853.54
2016	21486.89	23142.20	38731.85	16274.74	3272.58	10121.98	27104.44	10480.13

年份	云南	西藏	陕西	甘肃	青海	宁夏	新疆	
2003	2927.17	141.64	3131.73	2240.66	429.89	449.86	1225.43	
2004	3601.25	163.14	3544.93	2533.66	466.13	529.78	1390.87	
2005	4007.54	175.94	4040.94	2614.64	534.94	608.84	1657.35	
2006	4337.99	190.69	4357.67	2532.75	593.60	664.06	1858.28	
2007	4994.94	229.83	5074.67	2936.26	693.78	761.07	2142.39	

续表

年份	云南	西藏	陕西	甘肃	青海	宁夏	新疆	
2008	5668. 86	263. 88	5806. 38	3468. 47	774. 45	851. 30	2481. 75	
2009	6469. 27	306. 44	6376. 33	3919. 11	871. 75	1015. 38	2799. 76	
2010	8331. 89	487. 13	7347. 63	4833. 50	1025. 80	1158. 78	3256. 19	
2011	10269. 60	738. 96	8713. 99	5794. 36	1246. 15	1368. 04	3869. 24	
2012	11254. 34	719. 30	9579. 13	6286. 54	1363. 46	1494. 90	4521. 32	
2013	12734. 62	811. 09	10468. 99	7040. 42	1502. 25	1647. 05	5336. 90	
2014	13687. 54	892. 29	11324. 35	7549. 10	1590. 58	1780. 96	5858. 42	
2015	14975. 19	1098. 54	11843. 09	8217. 85	1750. 05	2043. 59	6999. 20	
2016	15882. 02	1271. 34	12552. 04	8709. 86	1872. 99	2215. 70	7750. 55	

附表3　2003～2016年各省份简单劳动增长率　　单位:%

年份	北京	天津	河北	山西	内蒙古	辽宁	吉林	黑龙江
2004	21. 44	3. 30	1. 34	0. 35	2. 08	3. 88	1. 62	4. 16
2005	3. 88	3. 39	1. 33	2. 91	1. 20	0. 69	1. 23	3. 06
2006	3. 66	3. 17	1. 31	2. 88	1. 23	0. 77	1. 09	2. 98
2007	2. 50	9. 06	1. 52	2. 21	2. 88	2. 47	1. 25	2. 44
2008	4. 05	5. 44	1. 66	1. 16	2. 02	0. 80	1. 21	1. 36
2009	1. 77	4. 61	1. 79	1. 02	3. 55	3. 59	1. 24	1. 33
2010	3. 34	7. 62	1. 92	3. 39	3. 69	1. 77	1. 10	2. 93
2011	3. 69	4. 73	2. 52	3. 14	5. 45	2. 05	2. 00	2. 37
2012	3. 52	5. 24	3. 11	2. 95	4. 45	2. 49	1. 35	2. 53
2013	3. 04	5. 52	2. 40	3. 02	7. 92	3. 92	4. 39	1. 61
2014	1. 38	3. 51	0. 45	0. 98	5. 48	1. 72	2. 24	0. 94
2015	2. 54	2. 23	0. 23	0. 56	－1. 46	－5. 94	2. 31	－3. 17
2016	2. 87	0. 63	0. 27	1. 89	0. 70	－4. 51	1. 43	3. 16
年份	上海	江苏	浙江	安徽	福建	江西	山东	河南
2004	2. 93	0. 82	2. 51	1. 70	3. 26	2. 11	1. 91	0. 92
2005	2. 89	1. 04	2. 97	1. 90	3. 74	2. 23	2. 04	1. 18
2006	2. 84	0. 98	2. 97	1. 83	3. 59	2. 55	1. 97	1. 17
2007	2. 66	1. 06	7. 33	2. 06	3. 37	2. 09	2. 04	0. 94
2008	15. 86	0. 49	2. 39	2. 57	3. 20	1. 47	1. 75	1. 07

续表

年份	上海	江苏	浙江	安徽	福建	江西	山东	河南
2009	1.06	0.54	3.03	1.84	4.28	1.69	1.72	1.95
2010	2.47	0.60	1.23	1.55	3.35	2.19	1.71	1.56
2011	1.24	0.07	1.05	1.75	9.74	1.35	1.31	2.58
2012	1.01	0.03	0.47	2.08	4.43	0.92	1.06	1.45
2013	1.96	0.01	0.47	1.64	-0.51	1.28	0.40	1.57
2014	20.07	0.02	0.15	0.82	3.63	0.56	0.40	2.08
2015	-0.30	-0.05	0.53	0.72	4.53	0.48	0.39	1.78
2016	0.27	-0.05	0.71	0.45	1.03	0.83	0.26	1.36

年份	湖北	湖南	广东	广西	海南	重庆	四川	贵州
2004	0.89	1.42	6.51	1.85	2.05	-1.91	0.16	1.91
2005	0.80	1.28	5.37	2.03	2.91	-0.55	0.24	1.15
2006	0.82	1.24	4.94	2.12	2.80	-0.58	0.27	1.08
2007	0.56	1.07	3.18	0.33	2.17	0.97	0.34	2.01
2008	0.64	0.69	2.44	1.08	2.74	1.60	0.19	-18.11
2009	0.42	0.64	3.96	1.77	3.97	1.38	0.35	-1.35
2010	0.64	1.21	3.20	1.91	3.55	1.78	0.33	-3.86
2011	0.74	0.56	1.54	1.14	4.45	2.94	0.27	1.24
2012	0.41	0.36	0.09	-5.72	5.37	3.03	0.27	1.84
2013	0.14	0.43	2.54	0.51	6.34	3.08	0.40	2.10
2014	-0.12	0.19	1.07	0.47	5.55	0.80	0.33	2.44
2015	-0.80	-1.58	0.58	0.89	2.33	0.61	0.29	1.94
2016	-0.68	-1.50	0.96	0.74	0.43	0.59	0.27	1.90

年份	云南	西藏	陕西	甘肃	青海	宁夏	新疆	
2004	2.04	3.40	1.52	0.64	0.21	2.54	3.22	
2005	2.32	3.91	1.17	-3.95	0.66	1.68	4.47	
2006	2.46	3.86	1.13	-4.04	0.63	1.41	4.37	
2007	2.23	6.71	1.36	0.96	1.49	0.45	2.30	
2008	2.51	3.38	1.29	2.23	0.82	-1.81	2.07	
2009	1.76	3.41	1.03	2.92	0.75	8.09	2.19	
2010	3.02	2.56	0.68	0.73	1.45	-0.76	3.29	
2011	3.30	7.01	-0.72	0.05	0.50	4.17	6.56	
2012	0.86	8.90	0.10	-0.58	0.55	1.44	5.99	

续表

年份	云南	西藏	陕西	甘肃	青海	宁夏	新疆	
2013	1.06	1.72	-0.15	0.90	1.07	1.97	8.53	
2014	1.71	3.96	0.44	0.99	0.98	1.68	3.52	
2015	-0.67	9.85	0.19	1.04	1.29	1.40	5.27	
2016	1.92	8.36	0.10	0.85	0.90	1.93	5.69	

附表4 2003~2016年各省份劳动投入增长率 单位:%

年份	北京	天津	河北	山西	内蒙古	辽宁	吉林	黑龙江
2004	34.27	19.05	8.11	7.54	15.04	9.44	10.30	12.60
2005	33.07	23.18	12.24	20.07	15.15	16.86	14.83	18.54
2006	21.38	13.99	6.96	15.31	9.65	11.48	9.27	13.80
2007	15.07	24.77	15.00	14.74	17.44	15.79	16.87	18.05
2008	15.63	18.77	15.74	11.34	13.72	16.78	15.25	11.17
2009	15.00	16.42	13.68	12.48	15.52	15.34	11.76	12.59
2010	4.29	11.54	16.16	16.33	20.61	10.39	12.13	16.11
2011	8.45	13.65	21.01	18.32	21.24	10.94	14.87	11.46
2012	15.61	15.51	13.47	14.12	14.50	11.52	9.71	11.73
2013	5.49	15.03	9.95	12.17	16.28	16.12	15.46	12.34
2014	9.65	11.43	8.65	7.52	12.60	8.67	9.10	8.43
2015	8.67	9.57	10.33	10.10	6.03	3.48	11.02	10.62
2016	9.73	6.32	5.23	7.30	6.88	0.51	6.58	7.35
年份	上海	江苏	浙江	安徽	福建	江西	山东	河南
2004	14.07	8.93	16.52	11.84	12.81	4.24	11.03	13.44
2005	28.46	17.72	16.37	11.11	16.66	13.41	14.46	12.90
2006	17.63	13.53	10.08	6.72	11.55	8.44	9.45	8.27
2007	15.89	12.00	19.49	14.19	19.93	28.52	15.57	14.23
2008	32.08	12.46	16.31	17.49	15.66	10.11	15.63	14.74
2009	14.34	12.31	18.00	12.99	29.01	16.47	12.31	13.35
2010	-4.03	18.66	13.11	23.18	9.17	8.76	17.29	14.78
2011	5.40	11.99	16.80	17.91	29.38	18.26	20.65	19.13
2012	11.81	10.95	10.81	12.61	14.91	10.80	9.72	11.22
2013	9.16	9.50	10.06	11.82	7.65	13.18	11.40	12.95

续表

年份	上海	江苏	浙江	安徽	福建	江西	山东	河南
2014	33.00	6.61	7.64	8.66	11.14	6.02	6.48	9.89
2015	6.48	11.79	11.27	10.05	12.25	9.35	7.27	10.10
2016	6.61	6.20	6.46	5.32	6.04	4.81	4.96	5.87
年份	湖北	湖南	广东	广西	海南	重庆	四川	贵州
2004	12.11	11.15	16.33	14.70	11.42	3.83	8.49	9.66
2005	15.92	13.68	22.37	14.37	15.70	12.31	8.81	8.32
2006	11.45	8.90	16.73	9.70	9.86	9.71	4.99	4.16
2007	13.37	16.49	19.53	11.61	14.15	14.58	16.30	18.30
2008	13.30	13.73	16.39	11.88	17.75	13.47	10.32	-6.04
2009	13.04	11.58	12.31	13.24	12.75	14.54	17.35	6.03
2010	12.20	16.27	15.86	19.20	19.51	25.88	18.13	19.38
2011	19.09	22.57	13.60	17.64	20.27	16.70	20.83	20.55
2012	8.80	8.93	8.57	3.08	16.24	14.06	8.82	10.74
2013	9.80	9.55	12.96	10.91	17.34	12.72	11.68	14.61
2014	7.60	6.53	8.80	8.07	13.03	7.92	6.93	8.80
2015	6.39	3.67	9.72	11.30	7.69	13.17	7.78	9.52
2016	4.19	4.43	7.08	4.92	5.50	5.83	5.95	6.36
年份	云南	西藏	陕西	甘肃	青海	宁夏	新疆	
2004	23.03	15.18	13.19	13.08	8.43	17.76	13.50	
2005	11.28	7.85	13.99	3.20	14.76	14.92	19.16	
2006	8.25	8.38	7.84	-3.13	10.96	9.07	12.12	
2007	15.14	20.52	16.45	15.93	16.88	14.61	15.29	
2008	13.49	14.82	14.42	18.13	11.63	11.86	15.84	
2009	14.12	16.13	9.82	12.99	12.56	19.27	12.81	
2010	28.79	58.97	15.23	23.33	17.67	14.12	16.30	
2011	23.26	51.70	18.60	19.88	21.48	18.06	18.83	
2012	9.59	-2.66	9.93	8.49	9.41	9.27	16.85	
2013	13.15	12.76	9.29	11.99	10.18	10.18	18.04	
2014	7.48	10.01	8.17	7.23	5.88	8.13	9.77	
2015	9.41	23.11	4.58	8.86	10.03	14.75	19.47	
2016	6.06	15.73	5.99	5.99	7.02	8.42	10.73	

附表5 2003～2016年各省份劳动质量改善贡献率 单位:%

年份	北京	天津	河北	山西	内蒙古	辽宁	吉林	黑龙江
2003	54.60	47.27	39.93	40.15	36.82	42.94	40.15	38.84
2004	58.94	54.24	43.69	44.16	43.94	45.83	44.86	43.43
2005	67.95	61.60	49.17	52.14	50.73	53.33	51.39	50.82
2006	72.63	65.24	51.85	57.30	54.51	57.81	55.03	55.50
2007	75.62	69.62	57.50	61.96	60.15	62.66	61.04	61.38
2008	78.06	73.03	62.67	65.44	64.25	67.77	65.79	64.79
2009	80.58	75.76	66.57	68.96	67.95	71.05	69.01	68.31
2010	80.76	76.62	70.67	72.42	72.45	73.31	72.06	71.91
2011	81.60	78.45	75.15	75.95	76.04	75.45	75.19	74.20
2012	83.53	80.37	77.42	78.31	78.14	77.44	77.08	76.32
2013	83.91	81.99	78.97	80.08	79.71	79.81	79.28	78.59
2014	85.12	83.27	80.56	81.29	80.99	81.10	80.58	80.07
2015	85.96	84.39	82.34	82.91	82.34	82.82	82.10	82.55
2016	86.84	85.23	83.17	83.77	83.36	83.68	82.97	83.23

年份	上海	江苏	浙江	安徽	福建	江西	山东	河南
2003	53.42	36.96	37.61	33.32	35.51	40.10	37.91	35.62
2004	57.97	41.65	45.11	39.36	40.97	41.33	43.00	42.72
2005	66.33	49.92	51.43	44.39	47.50	47.11	49.19	48.67
2006	70.57	55.45	54.57	46.93	51.25	49.98	52.66	52.03
2007	73.93	59.81	59.19	52.57	57.98	60.27	58.20	57.61
2008	77.13	64.08	64.08	58.59	62.50	63.38	63.22	62.66
2009	79.79	67.84	68.64	62.68	69.69	68.03	66.69	66.41
2010	78.42	72.74	71.93	69.23	71.31	69.96	71.11	70.28
2011	79.27	75.64	75.72	73.45	75.66	74.25	75.75	74.41
2012	81.27	78.04	77.99	75.93	77.88	76.55	77.66	76.66
2013	82.51	79.94	79.90	78.12	79.56	79.01	79.87	79.01
2014	84.21	81.18	81.30	79.70	80.94	80.09	81.02	80.50
2015	85.21	83.17	83.11	81.42	82.25	81.71	82.23	81.97
2016	86.09	84.16	84.02	82.28	83.09	82.40	83.03	82.74

年份	湖北	湖南	广东	广西	海南	重庆	四川	贵州
2003	35.24	36.30	39.21	34.20	40.50	31.07	31.71	30.92
2004	41.71	41.88	44.34	41.57	45.50	34.88	36.95	35.81

续表

年份	湖北	湖南	广东	广西	海南	重庆	四川	贵州
2005	49.31	48.22	52.07	47.88	51.53	42.34	41.92	40.05
2006	54.15	51.86	56.91	51.48	54.64	47.75	44.53	41.82
2007	59.33	58.23	62.81	56.38	59.40	53.95	52.14	49.83
2008	63.87	63.02	67.27	60.59	64.58	58.77	56.53	56.28
2009	67.91	66.65	69.70	64.59	67.34	63.51	62.83	59.32
2010	71.22	70.97	73.01	69.72	71.70	70.50	68.43	67.24
2011	75.65	76.18	75.88	73.97	75.42	73.97	73.80	72.48
2012	77.53	78.06	77.76	76.19	77.72	76.49	75.86	74.70
2013	79.51	79.88	79.81	78.43	79.81	78.50	78.30	77.46
2014	80.98	81.08	81.24	79.94	81.15	79.92	79.64	78.77
2015	82.26	82.04	82.81	81.82	82.08	82.15	81.05	80.24
2016	83.09	83.06	83.79	82.54	82.94	83.03	82.07	81.07
年份	云南	西藏	陕西	甘肃	青海	宁夏	新疆	
2003	19.60	6.23	38.95	32.57	32.59	35.22	41.14	
2004	33.32	15.83	45.25	39.99	37.69	43.60	46.47	
2005	38.69	18.90	51.40	44.15	45.35	50.10	53.07	
2006	41.96	22.28	54.43	44.67	50.44	53.60	56.32	
2007	48.47	31.19	60.33	51.82	56.97	59.33	61.24	
2008	53.46	38.04	64.88	58.30	61.13	64.30	65.85	
2009	58.50	44.83	67.69	62.02	65.21	67.65	69.06	
2010	66.80	64.41	71.77	68.98	70.01	71.87	72.52	
2011	72.18	74.89	76.37	74.11	75.19	75.18	75.36	
2012	74.39	71.91	78.48	76.27	77.20	76.95	77.65	
2013	77.13	74.66	80.34	78.62	79.08	78.67	79.45	
2014	78.36	76.05	81.75	79.87	80.05	79.94	80.62	
2015	80.35	78.63	82.51	81.31	81.63	82.28	82.93	
2016	81.12	79.99	83.48	82.22	82.69	83.34	83.70	

附表 6　1978 ~ 2016 年各省份投资价格指数

年份	北京	天津	河北	山西	内蒙古	辽宁	吉林	黑龙江
1978	1.00	1.00	1.00	1.00	1.00	1.00	1.00	1.00

续表

年份	北京	天津	河北	山西	内蒙古	辽宁	吉林	黑龙江
1979	0.97	1.01	0.99	1.03	1.00	1.05	1.00	1.01
1980	1.02	1.07	1.04	1.06	1.00	1.05	1.01	1.02
1981	1.05	1.08	1.07	1.09	1.00	1.08	1.08	1.03
1982	1.06	1.09	1.09	1.11	1.00	1.17	1.10	1.05
1983	1.05	1.09	1.08	1.14	1.00	1.18	1.11	1.30
1984	1.06	1.11	1.26	1.22	1.09	1.20	1.22	1.20
1985	1.20	1.27	1.38	1.22	1.14	1.31	1.31	1.28
1986	1.24	1.36	1.40	1.29	1.21	1.42	1.39	1.42
1987	1.37	1.45	1.36	1.41	1.26	1.57	1.42	1.54
1988	1.61	1.71	1.65	1.65	1.35	1.77	1.57	1.75
1989	1.44	1.89	1.59	1.85	1.54	1.75	1.84	2.03
1990	1.56	1.96	1.73	1.97	1.47	1.84	1.87	2.15
1991	1.67	2.11	1.85	2.13	1.58	1.99	2.10	2.31
1992	1.88	2.51	2.39	2.48	1.73	2.41	2.44	2.62
1993	2.37	3.09	2.98	3.10	2.15	3.28	3.14	3.36
1994	2.76	3.46	3.28	3.36	2.29	3.85	3.37	3.66
1995	3.14	3.72	3.50	3.58	2.38	4.04	3.69	3.90
1996	3.40	3.81	3.64	3.76	2.51	4.13	3.80	4.03
1997	3.49	3.84	3.69	3.82	2.50	4.23	3.97	4.14
1998	3.52	3.80	3.61	3.77	2.54	4.22	4.00	4.17
1999	3.52	3.77	3.59	3.76	2.59	4.22	4.09	4.16
2000	3.55	3.77	3.63	3.83	2.64	4.26	4.17	4.22
2001	3.57	3.76	3.63	3.89	2.66	4.28	4.22	4.22
2002	3.59	3.74	3.61	3.91	2.69	4.31	4.27	4.23
2003	3.67	3.83	3.69	4.02	2.76	4.42	4.31	4.33
2004	3.82	4.11	3.95	4.23	2.90	4.63	4.49	4.55
2005	3.85	4.16	4.02	4.36	3.00	4.76	4.58	4.65
2006	3.87	4.19	4.09	4.43	3.10	4.86	4.68	4.74
2007	3.98	4.30	4.25	4.60	3.22	5.07	4.87	4.96
2008	4.28	4.70	4.65	5.22	3.48	5.53	5.22	5.40
2009	4.16	4.59	4.49	5.12	3.43	5.37	5.19	5.27
2010	4.26	4.71	4.65	5.31	3.61	5.54	5.32	5.55

续表

年份	北京	天津	河北	山西	内蒙古	辽宁	吉林	黑龙江
2011	4.50	4.97	4.91	5.60	3.84	5.91	5.61	5.96
2012	4.56	4.97	4.92	5.66	3.90	5.97	5.63	6.01
2013	4.56	4.95	4.92	5.69	3.88	5.97	5.63	6.02
2014	4.56	4.97	4.93	5.67	3.88	5.95	5.64	6.01
2015	4.45	4.97	4.83	5.56	3.80	5.82	5.51	5.95
2016	4.43	4.94	4.80	5.56	3.78	5.78	5.43	5.92

年份	上海	江苏	浙江	安徽	福建	江西	山东	河南
1978	1.00	1.00	1.00	1.00	1.00	1.00	1.00	1.00
1979	1.03	0.95	1.09	1.06	1.02	1.04	1.03	1.10
1980	1.08	1.05	1.03	1.13	1.05	0.97	1.07	1.10
1981	1.06	0.99	1.06	1.12	1.09	1.11	1.17	1.11
1982	1.06	0.96	1.09	1.12	1.11	0.95	1.18	1.11
1983	1.05	0.94	1.10	1.25	1.14	0.94	1.27	1.13
1984	1.09	0.99	1.16	1.28	1.19	0.99	1.27	1.25
1985	1.20	1.10	1.19	1.32	1.38	1.00	1.33	1.41
1986	1.29	1.06	1.24	1.50	1.56	0.90	1.44	1.46
1987	1.39	1.17	1.36	1.58	1.71	1.12	1.52	1.67
1988	1.58	1.29	1.58	1.84	2.13	1.52	1.71	1.56
1989	1.75	1.23	1.65	1.85	2.48	1.16	1.84	1.62
1990	1.82	1.25	1.63	1.87	3.01	1.19	2.16	1.74
1991	1.95	1.31	1.74	2.15	3.27	1.31	2.43	1.91
1992	2.21	1.47	1.97	2.57	3.75	1.44	2.90	2.29
1993	2.90	2.03	2.74	3.17	5.03	1.87	3.54	2.90
1994	3.16	2.33	3.07	3.80	5.40	2.15	4.10	3.07
1995	3.25	2.50	3.30	4.05	5.66	2.30	4.37	3.25
1996	3.48	2.58	3.34	4.19	5.93	2.43	4.50	3.38
1997	3.49	2.56	3.32	4.24	5.99	2.47	4.52	3.47
1998	3.44	2.53	3.24	4.24	5.87	2.52	4.48	3.43
1999	3.37	2.49	3.18	4.21	5.78	2.49	4.46	3.36
2000	3.37	2.52	3.19	4.28	5.80	2.52	4.57	3.46
2001	3.40	2.54	3.21	4.26	5.77	2.49	4.64	3.47
2002	3.41	2.57	3.22	4.31	5.75	2.49	4.69	3.43

续表

年份	上海	江苏	浙江	安徽	福建	江西	山东	河南
2003	3. 49	2. 68	3. 33	4. 46	5. 83	2. 62	4. 82	3. 56
2004	3. 72	2. 93	3. 53	4. 73	6. 03	2. 81	5. 18	3. 91
2005	3. 75	2. 96	3. 54	4. 78	6. 07	2. 83	5. 33	3. 97
2006	3. 76	2. 99	3. 59	4. 87	6. 19	2. 92	5. 43	4. 03
2007	3. 89	3. 14	3. 75	5. 13	6. 56	3. 08	5. 65	4. 22
2008	4. 19	3. 46	4. 10	5. 61	6. 94	3. 40	6. 08	4. 60
2009	4. 07	3. 38	3. 96	5. 38	6. 81	3. 26	5. 89	4. 43
2010	4. 22	3. 55	4. 15	5. 67	7. 03	3. 42	6. 10	4. 59
2011	4. 50	3. 79	4. 46	6. 13	7. 47	3. 71	6. 52	4. 92
2012	4. 47	3. 74	4. 42	6. 19	7. 49	3. 74	6. 58	4. 97
2013	4. 48	3. 76	4. 42	6. 20	7. 49	3. 76	6. 60	4. 97
2014	4. 50	3. 80	4. 45	6. 22	7. 52	3. 76	6. 62	4. 97
2015	4. 36	3. 65	4. 33	6. 03	7. 39	3. 64	6. 47	4. 85
2016	4. 35	3. 61	4. 31	5. 98	7. 39	3. 64	6. 41	4. 81

年份	湖北	湖南	广东	广西	海南	重庆	四川	贵州
1978	1. 00	1. 00	1. 00	1. 00	1. 00	1. 00	1. 00	1. 00
1979	1. 03	1. 01	1. 06	1. 07	1. 06	1. 19	1. 19	1. 02
1980	1. 16	1. 05	1. 20	1. 14	1. 20	1. 37	1. 37	1. 07
1981	1. 20	1. 07	1. 26	1. 29	1. 26	1. 26	1. 26	1. 06
1982	1. 18	1. 06	1. 23	1. 35	1. 23	1. 28	1. 28	1. 08
1983	1. 18	1. 09	1. 26	1. 27	1. 26	1. 27	1. 27	0. 98
1984	1. 26	1. 12	1. 43	1. 39	1. 43	1. 38	1. 38	1. 11
1985	1. 36	1. 23	1. 54	1. 48	1. 54	1. 40	1. 40	1. 15
1986	1. 50	1. 29	1. 55	1. 58	1. 55	1. 49	1. 49	1. 48
1987	1. 59	1. 38	1. 58	1. 71	1. 58	1. 44	1. 44	1. 57
1988	1. 80	1. 57	1. 92	2. 64	1. 92	1. 81	1. 81	1. 67
1989	1. 59	1. 66	1. 69	2. 55	1. 69	2. 67	2. 67	1. 91
1990	1. 89	2. 70	1. 85	2. 93	1. 85	3. 12	3. 12	2. 03
1991	2. 05	2. 92	1. 88	2. 98	1. 88	3. 37	3. 37	2. 24
1992	2. 40	3. 40	2. 31	3. 52	2. 31	3. 84	3. 84	2. 69
1993	3. 06	4. 40	2. 66	4. 61	2. 66	5. 11	5. 11	3. 42
1994	3. 30	5. 00	2. 73	5. 18	2. 73	5. 48	5. 48	3. 86

续表

年份	湖北	湖南	广东	广西	海南	重庆	四川	贵州
1995	3.46	5.47	3.06	5.36	3.06	5.55	5.55	4.16
1996	3.60	5.74	3.15	5.55	3.15	5.82	5.82	4.38
1997	3.68	5.84	3.32	5.57	3.32	5.91	5.94	4.44
1998	3.70	6.00	3.34	5.51	3.34	5.84	5.80	4.44
1999	3.68	6.03	3.29	5.30	3.29	5.87	5.82	4.42
2000	3.74	6.17	3.36	5.37	3.35	6.01	5.88	4.51
2001	3.74	6.25	3.37	5.48	3.36	6.06	5.96	4.53
2002	3.74	6.27	3.35	5.50	3.30	6.10	5.99	4.54
2003	3.86	6.44	3.43	5.59	3.40	6.28	6.13	4.65
2004	4.09	6.80	3.65	5.85	3.59	6.60	6.54	4.87
2005	4.18	7.04	3.71	5.93	3.64	6.75	6.80	4.94
2006	4.26	7.26	3.73	6.00	3.67	6.87	7.00	5.00
2007	4.43	7.68	3.82	6.14	3.90	7.25	7.32	5.17
2008	4.84	8.44	4.15	6.63	4.41	7.99	8.24	5.63
2009	4.79	8.42	4.01	6.49	4.31	7.81	8.10	5.66
2010	5.01	8.75	4.13	6.68	4.54	7.97	8.31	5.81
2011	5.38	9.38	4.36	7.10	4.83	8.44	8.73	6.13
2012	5.47	9.54	4.42	7.14	4.93	8.59	8.82	6.22
2013	5.50	9.67	4.48	7.14	4.89	8.63	8.86	6.28
2014	5.55	9.82	4.55	7.26	4.92	8.66	8.91	6.34
2015	5.52	9.85	4.50	7.17	4.89	8.51	8.72	6.24
2016	5.52	9.89	4.52	7.13	4.89	8.41	8.70	6.15
年份	云南	西藏	陕西	甘肃	青海	宁夏	新疆	
1978	1.00	1.00	1.00	1.00	1.00	1.00	1.00	
1979	1.04	0.97	1.00	1.03	1.00	1.01	0.94	
1980	1.11	1.08	0.98	1.21	1.01	1.07	1.15	
1981	1.18	1.09	0.99	1.35	1.03	1.09	1.15	
1982	1.32	1.11	1.18	1.36	1.03	1.12	1.19	
1983	1.46	1.24	1.45	1.41	1.26	1.13	1.22	
1984	1.69	1.27	1.10	1.18	1.26	1.17	1.28	
1985	1.92	1.36	1.05	1.11	1.29	1.26	1.44	
1986	2.02	1.43	0.89	1.11	1.33	1.32	1.54	

续表

年份	云南	西藏	陕西	甘肃	青海	宁夏	新疆	
1987	2.02	1.55	1.21	1.16	1.34	1.43	1.76	
1988	2.27	1.70	1.30	1.26	1.43	1.68	1.97	
1989	2.43	1.79	1.48	1.36	1.34	1.98	2.25	
1990	2.26	1.60	1.75	1.50	1.34	2.06	1.86	
1991	2.53	1.86	1.97	1.75	1.60	2.27	2.13	
1992	2.98	2.17	2.35	2.05	1.84	2.67	2.49	
1993	4.03	2.73	3.04	2.59	2.31	3.28	3.15	
1994	4.58	3.02	3.39	2.92	2.51	3.69	3.54	
1995	4.77	3.20	3.66	3.19	2.64	4.04	3.76	
1996	4.97	3.35	3.95	3.35	2.73	4.33	3.97	
1997	5.24	3.46	4.16	3.44	2.82	4.43	4.10	
1998	5.33	3.48	4.23	3.45	2.77	4.52	4.18	
1999	5.37	3.46	4.28	3.48	2.78	4.51	4.14	
2000	5.46	3.55	4.44	3.60	2.82	4.71	4.29	
2001	5.51	3.61	4.60	3.67	2.83	4.78	4.39	
2002	5.51	3.66	4.69	3.68	2.92	4.82	4.40	
2003	5.63	3.77	4.77	3.74	2.98	4.93	4.55	
2004	6.08	3.91	4.98	3.95	3.06	5.17	4.76	
2005	6.36	4.01	5.17	4.03	3.13	5.28	4.89	
2006	6.48	4.10	5.30	4.20	3.20	5.35	5.00	
2007	6.75	4.28	5.51	4.32	3.34	5.52	5.21	
2008	7.24	4.74	6.04	4.60	3.69	6.01	5.80	
2009	7.11	4.70	6.00	4.67	3.72	6.03	5.68	
2010	7.30	4.90	6.21	4.83	3.86	6.28	5.94	
2011	7.64	5.24	6.58	5.06	4.11	6.75	6.36	
2012	7.75	5.30	6.75	5.17	4.20	6.86	6.40	
2013	7.83	5.35	6.89	5.18	4.27	6.84	6.43	
2014	7.90	5.38	6.96	5.19	4.31	6.89	6.45	
2015	7.83	5.28	6.88	5.07	4.23	6.72	6.34	
2016	7.84	5.27	6.87	5.01	4.21	6.70	6.33	

附表 7　各省份基期固定资本存量（1978 年价格）①　　单位：亿元

省份	资本存量	省份	资本存量	省份	资本存量	省份	资本存量
北京	649.49	上海	720.92	湖北	834.78	云南	200.71
天津	392.39	江苏	2212.60	湖南	657.10	西藏	27.74
河北	1097.95	浙江	986.50	广东	1483.99	陕西	474.27
山西	714.22	安徽	709.18	广西	309.15	甘肃	375.89
内蒙古	561.97	福建	372.55	海南	92.05	青海	80.91
辽宁	1348.36	江西	487.64	重庆	350.19	宁夏	97.03
吉林	685.79	山东	1707.07	四川	1496.50	新疆	172.12
黑龙江	996.83	河南	894.45	贵州	212.48		

附表 8　不同教育程度劳动者报酬　　单位：亿元

年份	小学及以下	初中	高中	大专及以上	合计
2003	1170.89	4771.33	4800.56	4588.86	15331.65
2004	1271.12	5556.46	5140.85	5647.08	17615.51
2005	1936.51	6762.92	5338.54	6588.74	20626.71
2006	2031.40	7754.23	6301.53	8176.95	24264.11
2007	2333.24	9638.36	7630.41	9866.00	29468.01
2008	2764.73	11554.98	8915.91	12038.77	35274.39
2009	2932.32	13105.12	9818.57	14417.23	40273.25
2010	3347.68	15001.63	10904.26	18001.51	47255.08
2011	3852.43	18815.18	14937.28	22367.13	59972.03
2012	4273.61	22283.41	17637.12	26710.22	70904.35
2013	5882.24	30356.84	22388.31	34395.60	93022.99
2014	6107.179	32348.86	24285.89	40037.28	102779.21
2015	6624.057	31427.06	24884.81	49117.28	112053.22
2016	6725.136	32613.05	25874.48	54816.11	120028.78

附表 9　不同教育程度劳动者报酬比重　　单位：%

年份	小学及以下	初中	高中	大专及以上	合计
2003	7.64	31.12	31.31	29.93	100.00
2004	7.22	31.54	29.18	32.06	100.00
2005	9.39	32.79	25.88	31.94	100.00

① 由于数据缺失，海南省的基期为 1989 年，重庆市的基期为 1995 年，其他省份基期均为 1986 年。

续表

年份	小学及以下	初中	高中	大专及以上	合计
2006	8.37	31.96	25.97	33.70	100.00
2007	7.92	32.71	25.89	33.48	100.00
2008	7.84	32.76	25.28	34.13	100.00
2009	7.28	32.54	24.38	35.80	100.00
2010	7.08	31.75	23.08	38.09	100.00
2011	6.42	31.37	24.91	37.30	100.00
2012	6.03	31.43	24.87	37.67	100.00
2013	6.32	32.63	24.07	36.98	100.00
2014	6.32	32.63	24.07	36.98	100.00
2015	5.94	31.47	23.63	38.95	100.00
2016	5.91	28.05	22.21	43.83	100.00

附表10 各省份不同教育程度就业人数（2003~2016年） 单位：万人

省份	小学及以下	初中	高中	大专及以上
2003年				
全国	24673.60	30118.33	9373.21	4686.61
北京	46.42	271.47	201.85	184.26
天津	86.85	220.71	134.37	68.97
河北	933.49	1752.47	485.83	298.44
山西	339.45	811.16	208.67	111.68
内蒙古	376.95	419.17	137.71	73.38
辽宁	428.01	1047.81	323.02	220.06
吉林	324.68	578.40	206.83	92.59
黑龙江	414.80	865.10	234.03	101.68
上海	54.47	300.02	293.51	165.05
江苏	1574.99	1966.49	684.00	279.00
浙江	1097.45	1170.41	417.38	239.34
安徽	1417.96	1602.29	336.77	187.88
福建	709.71	674.58	261.75	108.92
江西	702.50	897.63	368.59	201.64
山东	1781.73	2664.16	770.02	404.68
河南	1633.12	3006.05	680.93	215.90

续表

省份	小学及以下	初中	高中	大专及以上
2003 年				
湖北	1338.26	1480.78	472.74	191.18
湖南	1359.68	1551.81	565.30	217.99
广东	1305.59	2048.50	712.14	329.69
广西	1024.79	1134.04	293.91	145.66
海南	103.78	160.71	66.66	29.55
重庆	667.50	633.00	147.00	55.50
四川	2116.94	1864.03	487.08	215.44
贵州	1158.30	652.08	180.18	154.44
云南	1612.01	583.62	108.25	47.07
西藏	121.79	8.10	1.99	0.80
陕西	648.17	783.92	325.04	154.87
甘肃	740.32	494.05	188.86	89.14
青海	148.96	87.52	33.04	20.58
宁夏	131.13	100.24	38.17	22.44
新疆	256.05	274.08	93.04	98.09
2004 年				
全国	23637.22	32219.78	9426.75	5086.22
北京	63.20	327.97	219.50	244.02
天津	71.78	217.97	142.50	95.90
河北	903.79	1895.51	460.69	255.31
山西	309.67	878.86	182.85	102.93
内蒙古	333.48	450.46	152.89	89.17
辽宁	434.14	1189.17	281.04	191.69
吉林	320.16	604.89	200.41	96.78
黑龙江	386.65	949.82	247.12	95.65
上海	74.48	295.42	263.61	203.86
江苏	1510.84	2123.35	644.26	263.60
浙江	972.38	1247.64	454.78	312.66
安徽	1398.82	1636.76	360.52	208.38
福建	769.15	647.61	266.66	129.70
江西	790.40	967.52	316.60	136.16

续表

省份	小学及以下	初中	高中	大专及以上
2004 年				
山东	1701.25	2858.32	767.57	405.55
河南	1447.03	3084.02	731.90	326.84
湖北	1223.94	1536.07	543.59	206.21
湖南	1266.52	1727.41	502.11	249.18
广东	1268.79	2303.49	767.83	344.12
广西	895.36	1245.03	333.77	172.98
海南	84.21	187.18	70.24	26.22
重庆	770.98	509.08	128.01	64.30
四川	2064.04	1960.84	464.41	199.37
贵州	1141.09	756.36	157.39	130.07
云南	1366.40	761.24	160.89	111.42
西藏	123.86	10.99	1.37	0.96
陕西	605.59	838.51	302.80	194.88
甘肃	700.93	509.35	197.66	112.21
青海	146.08	93.22	33.40	17.74
宁夏	119.22	107.87	41.53	30.69
新疆	263.55	273.23	106.46	100.88
2005 年				
全国	25150.05	32464.58	9047.91	4958.07
北京	69.77	308.84	222.42	286.22
天津	82.61	225.79	140.77	96.47
河北	991.59	1947.72	418.06	205.99
山西	321.10	880.46	201.49	114.46
内蒙古	348.07	457.54	149.50	83.27
辽宁	475.63	1151.08	287.36	197.78
吉林	350.16	601.31	196.49	89.03
黑龙江	457.37	912.02	249.34	113.75
上海	79.30	300.90	253.56	227.32
江苏	1526.14	2082.36	655.42	320.20
浙江	1088.94	1275.75	420.90	295.28
安徽	1535.52	1648.88	314.94	174.33

续表

省份	小学及以下	初中	高中	大专及以上
2005 年				
福建	808.61	702.02	244.46	126.85
江西	915.13	934.05	279.00	135.28
山东	1831.04	2898.30	756.28	359.22
河南	1532.76	3177.65	654.76	287.52
湖北	1276.66	1498.65	523.05	236.76
湖南	1344.06	1745.48	475.82	229.67
广东	1278.94	2474.47	818.78	361.28
广西	940.34	1291.82	311.79	158.80
海南	96.18	195.32	62.16	24.78
重庆	744.82	521.49	128.01	68.95
四川	2312.14	1796.11	406.66	187.38
贵州	1233.22	739.13	135.69	103.14
云南	1437.22	767.07	152.20	100.65
西藏	128.70	11.64	1.50	0.85
陕西	647.37	861.14	283.47	171.81
甘肃	734.44	485.20	159.79	80.91
青海	150.41	89.71	31.56	20.65
宁夏	125.24	111.24	38.33	29.01
新疆	278.70	305.86	97.47	95.73
2006 年				
全国	26662.87	32709.37	8669.08	4829.91
北京	76.34	289.71	225.33	328.42
天津	93.44	233.61	139.04	97.05
河北	1079.39	1999.93	375.44	156.67
山西	332.53	882.06	220.12	125.99
内蒙古	362.66	464.63	146.12	77.37
辽宁	517.13	1113.00	293.68	203.87
吉林	380.15	597.74	192.58	81.28
黑龙江	528.09	874.21	251.56	131.84
上海	84.12	306.39	243.52	250.78
江苏	1541.44	2041.37	666.57	376.80

续表

省份	小学及以下	初中	高中	大专及以上
2006 年				
浙江	1205.50	1303.85	387.03	277.90
安徽	1672.23	1661.00	269.35	140.29
福建	848.07	756.44	222.25	123.99
江西	1039.85	900.59	241.39	134.39
山东	1960.84	2938.28	745.00	312.90
河南	1618.48	3271.27	577.62	248.20
湖北	1329.37	1461.24	502.52	267.30
湖南	1421.60	1763.56	449.53	210.17
广东	1289.08	2645.46	869.74	378.44
广西	985.32	1338.60	289.80	144.62
海南	108.15	203.46	54.08	23.34
重庆	718.66	533.90	128.02	73.61
四川	2560.25	1631.39	348.91	175.40
贵州	1325.36	721.91	113.99	76.21
云南	1508.04	772.90	143.50	89.88
西藏	133.53	12.30	1.63	0.74
陕西	689.14	883.77	264.14	148.75
甘肃	767.95	461.05	121.92	49.61
青海	154.74	86.20	29.71	23.56
宁夏	131.25	114.61	35.12	27.33
新疆	293.85	338.50	88.48	90.59
2007 年				
全国	25476.66	34835.43	9061.67	4902.21
北京	77.30	311.09	230.96	323.44
天津	89.63	262.76	154.71	106.64
河北	1051.85	2070.71	384.82	161.26
山西	344.66	907.92	218.60	126.69
内蒙古	365.55	479.10	151.41	84.90
辽宁	521.19	1155.77	292.21	211.53
吉林	353.24	625.45	192.45	94.45
黑龙江	449.59	975.94	265.00	136.89

续表

省份	小学及以下	初中	高中	大专及以上
2007 年				
上海	88. 18	319. 09	250. 00	251. 63
江苏	1459. 50	2240. 70	668. 94	311. 55
浙江	1283. 69	1433. 51	412. 01	273. 42
安徽	1695. 19	1714. 28	278. 71	130. 58
福建	846. 44	777. 92	245. 87	146. 31
江西	876. 75	959. 69	322. 27	209. 47
山东	1806. 18	3235. 30	717. 61	314. 41
河南	1558. 71	3336. 79	640. 80	233. 81
湖北	1254. 40	1562. 62	519. 68	244. 43
湖南	1293. 18	1871. 80	500. 96	215. 53
广东	1153. 76	2798. 95	950. 79	428. 39
广西	911. 00	1464. 80	274. 13	117. 41
海南	107. 71	212. 64	56. 44	20. 95
重庆	655. 12	613. 99	139. 54	60. 52
四川	2360. 82	1802. 55	369. 03	192. 56
贵州	1285. 92	770. 64	125. 40	93. 94
云南	1552. 00	779. 86	151. 85	90. 86
西藏	138. 54	17. 87	1. 11	0. 47
陕西	668. 32	905. 85	273. 77	163. 66
甘肃	738. 50	496. 58	121. 67	56. 17
青海	157. 04	85. 09	28. 96	27. 38
宁夏	125. 04	122. 56	33. 12	28. 66
新疆	283. 17	370. 37	88. 85	88. 02
2008 年				
全国	24558. 46	35823. 81	9537. 99	5189. 57
北京	79. 45	333. 51	247. 19	321. 64
天津	89. 98	271. 23	176. 72	109. 85
河北	987. 30	2142. 25	413. 55	187. 03
山西	340. 58	934. 56	224. 36	115. 73
内蒙古	349. 75	521. 86	145. 64	85. 51
辽宁	503. 39	1143. 06	294. 56	257. 85

续表

省份	小学及以下	初中	高中	大专及以上
2008 年				
吉林	330.60	631.73	220.40	98.16
黑龙江	448.28	1005.85	277.86	119.67
上海	101.11	364.42	279.11	307.65
江苏	1363.28	2359.88	667.54	310.26
浙江	1276.06	1478.28	418.38	310.30
安徽	1625.14	1824.86	309.36	159.38
福建	848.55	825.67	251.65	154.32
江西	863.22	1033.94	343.84	165.91
山东	1769.65	3248.49	816.76	348.36
河南	1441.25	3448.49	688.53	259.66
湖北	1226.38	1601.51	526.62	256.82
湖南	1243.40	1880.74	566.96	217.40
广东	1154.53	2839.82	1001.32	482.06
广西	901.28	1505.86	288.30	105.24
海南	101.68	220.11	62.07	25.03
重庆	637.27	652.19	144.77	58.80
四川	2308.38	1877.04	393.42	155.95
贵州	963.48	709.54	108.30	83.09
云南	1538.17	857.47	160.94	79.68
西藏	143.06	18.31	1.64	0.49
陕西	670.83	915.51	273.23	180.45
甘肃	730.40	513.45	128.72	75.50
青海	161.04	84.88	27.09	27.81
宁夏	108.49	133.41	33.73	28.26
新疆	278.85	383.11	89.84	95.95
2009 年				
全国	23776.45	37231.93	9785.80	5680.35
北京	87.85	319.46	233.60	359.19
天津	84.64	290.49	180.79	121.82
河北	944.33	2214.81	417.17	216.17
山西	337.53	932.70	231.55	128.49

续表

省份	小学及以下	初中	高中	大专及以上
2009 年				
内蒙古	346.18	547.26	156.52	93.11
辽宁	471.36	1229.63	298.30	278.49
吉林	324.33	665.51	195.89	110.92
黑龙江	424.20	1049.24	268.41	133.45
上海	83.02	364.03	284.20	333.38
江苏	1328.16	2372.72	685.35	343.62
浙江	1224.87	1523.00	466.96	372.85
安徽	1539.37	1966.08	327.02	155.13
福建	746.09	856.70	303.64	260.91
江西	748.23	1102.79	410.79	181.68
山东	1718.32	3430.34	774.19	373.88
河南	1415.86	3539.66	701.98	295.07
湖北	1130.06	1669.74	539.68	285.05
湖南	1137.28	2010.89	558.80	223.52
广东	1194.61	2963.77	1092.22	439.16
广西	894.47	1543.96	282.02	126.76
海南	106.14	235.21	57.32	26.07
重庆	661.18	623.36	146.76	82.61
四川	2207.07	1869.35	418.58	259.71
贵州	957.80	716.51	99.46	66.68
云南	1495.43	939.68	163.77	86.99
西藏	146.08	19.61	3.04	0.51
陕西	650.96	982.62	253.38	173.45
甘肃	742.83	532.93	136.95	75.03
青海	162.24	84.91	25.17	30.93
宁夏	113.00	147.83	36.79	30.55
新疆	270.24	407.09	90.95	97.79
2010 年				
全国	21222.55	37936.28	10805.62	7843.79
北京	54.67	352.81	221.79	402.12
天津	94.73	327.19	150.84	157.11

续表

省份	小学及以下	初中	高中	大专及以上
2010 年				
河北	815.54	2268.84	483.14	296.46
山西	293.35	954.22	256.26	180.56
内蒙古	312.76	552.07	172.97	147.38
辽宁	421.79	1249.13	331.40	314.48
吉林	308.23	661.05	203.30	139.55
黑龙江	417.31	1031.69	285.94	196.48
上海	109.08	438.49	234.51	308.14
江苏	1074.56	2320.28	794.03	568.66
浙江	1047.17	1625.30	541.77	417.78
安徽	1413.45	1948.05	388.80	304.56
福建	641.09	1055.79	320.55	223.71
江西	717.16	1284.38	319.85	179.16
山东	1587.67	3348.19	902.67	567.21
河南	1383.62	3462.07	785.46	414.48
湖北	962.28	1796.99	550.40	333.88
湖南	971.79	2043.14	649.18	314.64
广东	974.50	3117.22	1150.61	634.60
广西	891.22	1468.92	330.94	214.24
海南	91.45	239.61	69.03	40.14
重庆	594.42	595.96	189.41	159.23
四川	1937.65	2037.87	462.94	329.78
贵州	896.08	633.98	115.11	126.09
云南	1476.99	909.98	199.14	181.44
西藏	130.39	23.58	7.11	12.29
陕西	514.35	1043.22	298.66	217.36
甘肃	656.81	556.34	163.45	122.96
青海	147.98	94.14	30.15	35.44
宁夏	108.56	135.62	40.42	41.50
新疆	254.98	412.43	103.78	124.00
2011 年				
全国	17106.83	38569.57	13226.12	10248.26

续表

省份	小学及以下	初中	高中	大专及以上
2011 年				
北京	40.65	235.33	255.66	537.74
天津	70.21	316.71	172.47	204.30
河北	618.14	2274.43	626.06	441.41
山西	186.06	998.12	330.39	224.84
内蒙古	239.87	583.42	218.63	205.88
辽宁	383.11	1350.36	312.17	320.21
吉林	254.18	718.39	199.33	166.55
黑龙江	454.89	1089.77	245.25	187.69
上海	85.03	407.50	256.20	354.82
江苏	918.34	2260.16	927.85	649.97
浙江	823.00	1686.42	580.51	586.39
安徽	1248.63	2085.18	428.57	358.52
福建	590.40	1057.80	425.58	386.71
江西	526.78	1408.13	395.09	204.38
山东	1225.78	3015.80	1336.03	900.20
河南	1214.81	3489.47	954.49	536.75
湖北	752.76	1685.45	716.04	516.28
湖南	624.78	1874.35	913.15	587.94
广东	882.19	2944.61	1388.85	743.90
广西	654.73	1661.78	384.62	234.59
海南	70.72	247.06	88.63	52.53
重庆	540.54	654.67	209.24	180.71
四川	1397.36	2311.38	655.61	425.91
贵州	733.26	772.70	136.25	150.60
云南	1351.47	1011.46	242.87	250.29
西藏	74.41	57.89	18.93	34.33
陕西	286.20	1039.80	403.56	330.06
甘肃	495.09	627.11	205.54	172.98
青海	102.34	110.38	44.83	51.66
宁夏	91.35	149.42	48.22	50.67
新疆	258.36	408.03	135.37	151.87

续表

省份	小学及以下	初中	高中	大专及以上
2012 年				
全国	16825.80	38699.34	13701.01	10960.81
北京	35.43	230.32	249.14	593.40
天津	75.50	326.88	178.30	223.03
河北	567.92	2345.21	686.40	485.79
山西	198.71	970.27	345.50	276.04
内蒙古	247.93	596.34	238.80	222.35
辽宁	382.96	1383.99	339.33	320.91
吉林	296.94	691.51	183.05	182.91
黑龙江	431.92	1141.65	263.61	190.41
上海	82.55	394.89	263.26	375.81
江苏	837.68	2227.46	961.43	735.35
浙江	837.91	1594.62	609.05	653.35
安徽	1135.84	2208.57	454.33	409.32
福建	557.46	1127.76	464.98	420.28
江西	529.09	1352.12	447.30	228.76
山东	1356.74	2975.65	1258.43	958.24
河南	1125.55	3546.43	1056.38	560.89
湖北	741.09	1747.64	693.16	505.49
湖南	643.09	1868.98	932.48	573.56
广东	912.79	2899.45	1425.86	724.86
广西	606.19	1539.01	373.68	245.80
海南	69.68	262.27	87.59	64.41
重庆	493.21	689.19	248.24	201.20
四川	1420.30	2274.39	638.17	459.68
贵州	702.94	819.79	153.37	149.17
云南	1253.63	1144.11	242.08	240.64
西藏	134.37	47.08	7.48	13.34
陕西	292.66	1003.71	416.32	350.99
甘肃	487.75	610.06	213.30	180.63
青海	95.75	120.00	43.84	51.27
宁夏	98.87	145.72	50.99	49.13

续表

省份	小学及以下	初中	高中	大专及以上
2012 年				
新疆	272.82	413.27	141.46	181.98
2013 年				
全国	16598.26	38973.37	13913.25	11805.92
北京	45.64	257.87	249.88	586.36
天津	67.80	333.05	176.27	268.73
河北	765.66	2322.08	631.77	462.74
山西	206.55	981.11	374.37	282.16
内蒙古	288.68	654.81	221.09	244.32
辽宁	347.61	1410.58	370.28	393.45
吉林	278.84	724.70	215.15	196.46
黑龙江	475.95	1096.13	261.67	225.20
上海	70.52	388.97	278.65	398.64
江苏	842.50	2194.31	918.66	808.71
浙江	808.50	1553.96	634.19	710.59
安徽	1218.63	2137.95	487.45	432.29
福建	603.18	1068.35	447.28	435.52
江西	515.15	1317.65	478.91	280.10
山东	1105.51	3125.69	1289.76	1058.13
河南	1117.73	3480.92	1130.50	655.31
湖北	668.25	1775.85	753.17	495.84
湖南	637.76	1836.58	960.68	596.18
广东	893.18	3016.02	1333.65	869.32
广西	561.96	1605.21	381.13	231.74
海南	67.41	271.69	101.88	73.02
重庆	523.57	678.45	272.73	209.26
四川	1372.93	2249.68	679.24	513.04
贵州	656.20	889.23	145.41	174.49
云南	1211.54	1167.86	238.81	291.24
西藏	133.60	47.07	12.74	12.13
陕西	255.19	1033.12	382.79	384.43
甘肃	462.03	611.02	222.74	207.23

续表

省份	小学及以下	初中	高中	大专及以上
2013 年				
青海	98.98	112.80	47.13	54.83
宁夏	108.20	145.79	48.13	49.57
新疆	281.82	468.24	148.04	198.59
2014 年				
北京	38.17	241.75	230.18	646.25
天津	60.53	344.74	172.81	299.57
河北	697.64	2324.07	621.99	564.42
山西	225.34	957.22	365.01	312.68
内蒙古	317.88	637.24	255.49	275.10
辽宁	330.52	1422.02	381.77	427.89
吉林	266.28	762.66	202.60	214.90
黑龙江	426.34	1133.44	278.68	241.87
上海	60.09	393.30	327.75	585.17
江苏	847.43	2151.90	890.28	870.76
浙江	817.11	1467.09	631.41	799.29
安徽	1103.62	2228.79	478.52	500.08
福建	572.08	1130.91	468.79	477.00
江西	544.09	1332.89	442.56	284.80
山东	1228.81	2986.14	1242.02	1142.26
河南	1075.80	3475.16	1193.16	780.44
湖北	671.13	1666.75	763.31	588.89
湖南	671.33	1791.55	946.33	632.10
广东	785.27	2955.58	1483.98	950.98
广西	536.64	1626.69	340.99	292.36
海南	71.69	272.64	116.22	82.77
重庆	531.14	649.93	274.90	240.46
四川	1377.41	2189.35	739.45	530.66
贵州	697.04	859.36	158.50	194.60
云南	1306.35	1069.37	281.41	302.74
西藏	141.46	44.02	15.60	12.61
陕西	272.84	938.42	421.67	434.28

续表

省份	小学及以下	初中	高中	大专及以上
2014 年				
甘肃	477.24	606.42	217.34	218.25
青海	102.81	118.04	44.10	52.04
宁夏	112.16	146.45	43.94	54.90
新疆	274.73	506.32	153.26	200.60
2015 年				
北京	37.96	255.01	247.89	647.61
天津	79.82	300.43	196.40	320.16
河北	627.66	2080.98	791.95	707.70
山西	241.59	889.56	335.22	406.39
内蒙古	294.20	661.59	232.73	276.64
辽宁	318.11	1212.18	366.30	515.72
吉林	327.21	638.14	260.59	254.66
黑龙江	300.04	1002.82	322.19	388.64
上海	77.61	398.92	265.49	619.49
江苏	718.53	1931.95	913.63	1189.63
浙江	716.86	1403.85	642.19	970.75
安徽	1215.79	1962.63	555.79	612.24
福建	645.04	1135.05	465.09	526.00
江西	609.48	1171.88	476.08	360.98
山东	1107.63	3176.97	1273.44	1074.47
河南	1128.12	3397.63	1181.21	935.68
湖北	760.86	1532.70	713.31	651.12
湖南	800.04	1779.19	760.24	632.87
广东	852.05	2655.65	1492.63	1218.98
广西	589.38	1410.00	406.08	417.36
海南	92.26	282.33	96.70	84.48
重庆	471.23	609.53	286.84	338.06
四川	1647.98	1890.33	664.04	639.81
贵州	796.18	784.50	167.41	198.56
云南	1188.77	1168.17	270.71	314.85
西藏	167.13	31.92	11.27	24.18

续表

省份	小学及以下	初中	高中	大专及以上
2015 年				
陕西	360.35	942.31	366.57	401.77
甘肃	511.38	566.67	238.03	221.14
青海	111.53	112.49	37.60	59.78
宁夏	93.81	140.53	55.05	73.53
新疆	228.26	489.97	187.62	290.40
2016 年				
北京	31.72	268.42	239.14	680.82
天津	81.22	304.12	191.31	325.77
河北	591.35	2128.87	764.53	730.74
山西	246.16	881.59	356.84	423.62
内蒙古	266.79	673.62	227.00	305.12
辽宁	301.46	1143.70	345.18	510.87
吉林	279.32	699.81	268.81	252.29
黑龙江	330.29	1040.73	315.75	390.53
上海	72.36	401.38	256.67	633.47
江苏	722.95	1826.39	927.46	1274.67
浙江	680.56	1436.32	642.96	1000.16
安徽	1195.08	1997.61	527.75	641.16
福建	679.68	1085.25	475.50	553.81
江西	601.37	1221.21	469.49	345.53
山东	1117.15	3198.51	1236.84	1097.20
河南	1197.23	3369.73	1183.78	975.27
湖北	752.03	1536.76	693.90	653.94
湖南	725.28	1732.82	799.76	662.55
广东	740.95	2693.79	1538.41	1306.08
广西	605.13	1417.66	411.95	409.10
海南	84.84	286.88	100.47	85.95
重庆	511.82	575.37	273.09	358.96
四川	1618.38	1900.26	646.38	699.84
贵州	837.13	749.85	182.50	212.26
云南	1184.56	1238.54	272.90	302.89

续表

省份	小学及以下	初中	高中	大专及以上
2016 年				
西藏	177.03	32.56	13.23	31.54
陕西	329.61	934.92	385.58	422.89
甘肃	495.60	590.07	230.76	232.31
青海	106.69	113.51	39.24	64.54
宁夏	86.39	149.16	52.43	81.59
新疆	247.57	524.19	189.47	304.41

附表 11　2003～2016 年各省份资本产出比

年份	北京	天津	河北	山西	内蒙古	辽宁	吉林	黑龙江
2003	3.004	1.962	2.032	2.052	2.738	1.646	1.821	1.894
2004	2.977	1.918	2.025	2.018	2.876	1.641	1.819	1.829
2005	2.997	1.907	2.035	2.059	3.040	1.715	1.889	1.787
2006	2.981	1.914	2.058	2.135	3.265	1.778	2.031	1.770
2007	2.937	1.944	2.118	2.178	3.505	1.829	2.238	1.799
2008	2.940	1.986	2.260	2.333	3.721	1.907	2.482	1.840
2009	2.934	2.124	2.407	2.668	4.073	1.976	2.715	1.923
2010	2.972	2.264	2.499	2.829	4.424	2.049	2.945	1.992
2011	3.046	2.400	2.633	2.992	4.730	2.148	3.074	2.060
2012	3.188	2.584	2.807	3.188	5.189	2.300	3.241	2.200
2013	3.316	2.765	2.986	3.412	5.781	2.451	3.461	2.390
2014	3.428	2.960	3.179	3.703	6.125	2.630	3.704	2.589
2015	3.530	3.059	3.327	4.018	6.409	2.731	3.940	2.764
2016	3.682	3.096	3.466	4.203	6.531	2.901	4.056	2.866
年份	上海	江苏	浙江	安徽	福建	江西	山东	河南
2003	1.703	2.384	2.287	1.489	1.310	2.300	1.697	2.011
2004	1.647	2.377	2.359	1.473	1.323	2.390	1.690	1.997
2005	1.646	2.424	2.444	1.498	1.366	2.489	1.721	2.053
2006	1.638	2.442	2.482	1.515	1.387	2.626	1.761	2.159
2007	1.611	2.457	2.500	1.534	1.431	2.758	1.802	2.316
2008	1.630	2.491	2.576	1.574	1.513	2.858	1.863	2.512

续表

年份	上海	江苏	浙江	安徽	福建	江西	山东	河南
2009	1.690	2.576	2.680	1.619	1.604	2.956	1.941	2.803
2010	1.685	2.666	2.729	1.660	1.659	3.018	2.020	3.057
2011	1.691	2.775	2.820	1.713	1.735	3.102	2.101	3.281
2012	1.716	2.908	2.943	1.796	1.832	3.224	2.208	3.571
2013	1.735	3.012	3.055	1.894	1.930	3.333	2.300	3.878
2014	1.758	3.097	3.157	1.998	2.034	3.397	2.394	4.153
2015	1.797	3.173	3.246	2.091	2.144	3.500	2.489	4.401
2016	1.858	3.265	3.364	2.183	2.256	3.632	2.560	4.620

年份	湖北	湖南	广东	广西	海南	重庆	四川	贵州
2003	1.803	1.287	1.770	1.584	2.412	1.205	1.443	2.229
2004	1.790	1.269	1.749	1.599	2.354	1.264	1.397	2.255
2005	1.782	1.272	1.763	1.646	2.336	1.332	1.371	2.252
2006	1.792	1.287	1.763	1.701	2.288	1.383	1.360	2.255
2007	1.804	1.309	1.774	1.778	2.225	1.397	1.361	2.237
2008	1.827	1.354	1.827	1.912	2.309	1.453	1.399	2.290
2009	1.877	1.409	1.932	2.149	2.371	1.461	1.406	2.366
2010	1.924	1.476	1.998	2.464	2.410	1.455	1.416	2.445
2011	1.999	1.554	2.096	2.793	2.531	1.464	1.424	2.487
2012	2.120	1.655	2.244	3.093	2.814	1.500	1.468	2.632
2013	2.254	1.762	2.381	3.259	3.074	1.534	1.528	2.835
2014	2.385	1.864	2.524	3.433	3.363	1.582	1.594	3.062
2015	2.515	1.938	2.637	3.601	3.536	1.622	1.653	3.304
2016	2.653	2.014	2.770	3.777	3.701	1.669	1.711	3.555

年份	云南	西藏	陕西	甘肃	青海	宁夏	新疆
2003	1.800	1.704	1.944	1.769	4.687	2.725	2.965
2004	1.804	1.964	1.916	1.779	4.770	2.824	2.986
2005	1.845	2.186	1.920	1.787	4.849	2.964	3.003
2006	1.845	2.363	1.946	1.801	4.854	3.085	3.024
2007	1.845	2.502	2.003	1.825	4.873	3.190	3.041
2008	1.848	2.656	2.062	1.888	4.858	3.357	3.072
2009	1.941	2.788	2.178	1.962	5.158	3.639	3.179
2010	2.144	3.070	2.316	2.033	5.364	3.904	3.296

续表

年份	云南	西藏	陕西	甘肃	青海	宁夏	新疆
2011	2.331	3.156	2.436	2.100	5.688	4.094	3.372
2012	2.543	3.367	2.589	2.181	6.318	4.354	3.611
2013	2.758	3.621	2.745	2.299	7.123	4.660	3.942
2014	3.072	3.910	2.898	2.450	8.087	5.201	4.327
2015	3.350	4.069	3.038	2.604	9.092	5.807	4.689
2016	3.603	4.248	3.169	2.770	9.988	6.326	4.977

附表12　2003~2016年少数民族地区贸易依存度①　　单位:%

年份	内蒙古	广西	贵州	云南	青海	宁夏	新疆
2003	11.18	9.45	9.01	8.81	7.27	13.84	21.30
2004	11.91	11.65	11.69	10.03	11.50	17.43	22.56
2005	11.13	11.85	8.33	11.82	7.39	15.79	26.12
2006	9.86	12.78	7.54	12.75	11.51	17.71	26.73
2007	10.76	13.67	8.44	14.01	6.48	16.23	33.33
2008	8.53	14.70	9.37	11.38	5.46	14.89	41.47
2009	6.64	11.94	4.76	8.26	4.53	9.90	25.75
2010	6.78	13.83	5.09	9.68	4.10	10.29	26.60
2011	6.67	17.81	5.57	8.90	2.95	8.63	29.23
2012	5.55	19.79	4.65	7.42	2.71	7.21	28.28
2013	5.27	16.59	3.64	8.28	2.50	6.27	27.55
2014	5.29	17.59	3.41	9.55	1.65	8.96	25.76
2015	4.86	17.13	4.64	8.68	1.52	7.25	18.08
2016	4.85	15.92	2.94	7.82	1.34	6.51	17.21

附表13　2003~2016年少数民族地区非国有单位职工比重　　单位:%

年份	内蒙古	广西	贵州	云南	青海	宁夏	新疆
2003	52.10	47.80	39.00	45.90	53.20	51.30	44.30
2004	51.50	50.40	44.70	52.10	56.50	56.40	46.10

① 西藏由于数据不完整，不包含在内，下同。

续表

年份	内蒙古	广西	贵州	云南	青海	宁夏	新疆
2005	53.75	53.49	47.91	57.29	60.71	56.05	48.12
2006	56.01	56.16	50.14	57.61	60.39	61.94	49.42
2007	57.80	59.00	51.00	63.90	61.50	61.70	50.30
2008	60.59	60.46	49.48	67.22	58.71	57.75	50.78
2009	62.10	62.20	51.30	68.30	59.20	67.30	52.20
2010	63.58	63.57	51.58	70.50	60.38	65.56	52.45
2011	66.50	66.30	52.40	73.50	60.30	71.10	55.10
2012	68.60	66.30	58.40	74.70	59.80	70.20	57.50
2013	73.50	69.90	64.40	77.60	69.50	71.50	58.40
2014	77.20	72.30	65.50	78.00	70.60	75.30	61.70
2015	76.48	74.25	66.24	69.71	71.36	78.80	64.40
2016	42.77	49.72	44.56	55.35	44.86	49.86	35.63

附表14　2003～2016年少数民族地区城镇化率　　单位:%

年份	内蒙古	广西	贵州	云南	青海	宁夏	新疆
2003	44.61	30.85	24.77	26.60	38.20	36.92	34.39
2004	45.87	31.94	26.28	28.10	38.59	40.60	35.16
2005	47.20	33.62	26.87	29.50	39.25	42.28	37.15
2006	48.64	34.64	27.46	30.50	39.26	43.00	37.94
2007	50.15	36.24	28.24	31.60	40.07	44.02	39.15
2008	51.71	38.16	29.11	33.00	40.95	45.01	39.64
2009	53.40	39.20	29.89	34.00	41.90	46.70	39.85
2010	55.50	40.00	33.81	34.70	44.72	47.90	43.01
2011	56.62	41.81	34.96	36.80	46.22	49.82	43.54
2012	57.74	43.53	36.41	39.31	47.44	50.67	43.98
2013	58.71	44.82	37.83	39.31	48.51	52.02	44.47
2014	59.51	46.01	40.01	41.73	49.78	53.61	46.07
2015	60.30	47.06	42.01	43.33	50.30	55.23	47.23
2016	61.19	48.08	44.15	45.03	51.63	56.29	48.35

附表 15　2003～2016 年少数民族地区能源结构　　单位：%

年份	内蒙古	广西	贵州	云南	青海	宁夏	新疆
2003	95. 58	51. 20	87. 69	60. 85	28. 72	87. 80	60. 30
2004	96. 71	49. 10	90. 90	63. 30	27. 56	87. 30	61. 00
2005	90. 44	56. 00	100. 00	62. 48	44. 20	87. 10	56. 10
2006	89. 67	53. 70	100. 00	67. 70	45. 18	87. 50	56. 70
2007	88. 79	59. 00	100. 00	66. 47	47. 56	87. 30	57. 80
2008	88. 09	56. 10	98. 13	60. 83	43. 72	86. 60	61. 70
2009	86. 36	58. 80	100. 00	62. 62	42. 99	86. 30	65. 90
2010	86. 60	53. 90	95. 31	56. 73	34. 14	87. 00	65. 70
2011	87. 08	53. 90	95. 20	55. 97	28. 58	88. 40	66. 90
2012	87. 59	53. 40	96. 38	53. 16	31. 43	86. 40	66. 80
2013	81. 44	57. 50	100. 00	50. 63	31. 67	86. 40	66. 00
2014	81. 73	52. 80	96. 51	43. 07	29. 77	87. 70	65. 10
2015	82. 92	46. 00	92. 15	40. 99	32. 53	87. 60	65. 80
2016	82. 36	47. 00	95. 29	40. 24	36. 28	86. 30	66. 50

附表 16　2003～2016 年少数民族地区能源效率

单位：万元（2000 年价格）

年份	内蒙古	广西	贵州	云南	青海	宁夏	新疆
2003	0. 39	0. 78	0. 24	0. 57	0. 35	0. 20	0. 43
2004	0. 36	0. 73	0. 24	0. 54	0. 30	0. 19	0. 40
2005	0. 35	0. 71	0. 30	0. 51	0. 28	0. 20	0. 40
2006	0. 36	0. 73	0. 31	0. 52	0. 28	0. 20	0. 40
2007	0. 38	0. 76	0. 32	0. 54	0. 29	0. 21	0. 42
2008	0. 40	0. 79	0. 34	0. 57	0. 30	0. 22	0. 43
2009	0. 43	0. 83	0. 36	0. 60	0. 32	0. 24	0. 44
2010	0. 45	0. 85	0. 37	0. 62	0. 34	0. 25	0. 44
2011	0. 47	0. 88	0. 39	0. 64	0. 31	0. 23	0. 41
2012	0. 49	0. 91	0. 41	0. 66	0. 31	0. 25	0. 39
2013	0. 60	1. 01	0. 48	0. 77	0. 32	0. 26	0. 37
2014	0. 62	1. 05	0. 51	0. 80	0. 33	0. 27	0. 37

续表

年份	内蒙古	广西	贵州	云南	青海	宁夏	新疆
2015	0.65	1.11	0.56	0.88	0.35	0.27	0.39
2016	0.68	1.15	0.60	0.93	0.38	0.28	0.40

附表17 2003～2016年少数民族地区第二产业比重

单位：%

年份	内蒙古	广西	贵州	云南	青海	宁夏	新疆
2003	45.3	36.9	42.7	43.4	47.2	49.8	42.4
2004	49.1	38.8	44.9	44.4	48.8	52.0	45.9
2005	45.5	37.1	41.8	41.2	48.7	46.4	44.7
2006	48.6	38.9	43.0	42.8	51.6	49.2	48.0
2007	51.8	40.7	41.9	43.3	53.3	50.8	46.8
2008	55.0	42.4	42.3	43.0	55.1	52.9	49.6
2009	52.5	43.6	37.7	41.9	53.2	48.9	45.1
2010	54.6	47.1	39.1	44.6	55.1	49.0	47.7
2011	56.0	48.4	38.5	42.5	58.4	50.2	48.8
2012	55.4	47.9	39.1	42.9	57.7	49.5	46.4
2013	54.0	47.7	40.5	42.0	57.3	49.3	45.0
2014	51.3	46.7	41.6	41.2	53.6	48.7	42.6
2015	50.5	45.9	39.5	39.8	49.9	47.4	38.6
2016	47.2	45.2	39.7	38.5	48.6	47.0	37.8

附录2　专题研究

资源环境约束下少数民族地区经济增长效率研究

研究目标：测算资源环境约束下少数民族地区的经济效率及其影响因素。研究方法：通过构建基于产出角度的 SBM - Undesirable 模型测算经济效率，并采用 Tobit 模型分析少数民族地区经济效率的影响因素。研究发现：资源环境约束确实导致了少数民族地区经济效率的损失，VRS 下平均效率损失超过 20%；资源环境约束并未导致东部地区效率损失，而是效率改善；少数民族地区特殊性对经济效率形成重要制约。研究创新：采用新的方法重新估计了资本和劳动投入，构建了基于产出角度的 SBM - Undesirable 模型，检验了少数民族地区特殊性对经济效率的制约效应。研究意义：正确认识少数民族地区经济发展中的资源环境代价，为政府制定相应政策提供理论依据。

关键词：经济效率；少数民族；资源环境约束；SBM - Undesirable 模型

引　言

我国少数民族大多分布在西部边疆地区，是我国经济和社会发展较为落后的地区，更是对自然资源有着高度依赖的生态脆弱地区。西部大开发以来，少数民族地区依靠资源禀赋优势快速发展，然而在经济高速增长的同时，少数民族地区资源环境却付出了巨大代价。污染排放量增长率明显高于东、中部地区，而环境污染治理强度和能力却显著落后于东、中部地区，与此同时，能源消费增长率远高于中部地区，与东部地区相当（胡鞍钢等，2008；王兵等，2010）。自然资源是不可再生的，资源的过度消耗一方面降低了资源的利用效率，另一方面导致环境污染日趋严峻，污染治理成本的上升削弱了经济效率，而少数民族地区的特殊性又进一步制约了经济效率的改善。由于历史和地理的原因，少数民族地区形成了较强的封闭惯性（周民良，2008），对外开放程度和市场化程度较低，截至2014年，少数民族地区平均外贸依存度仅有10.81%，而全国平均为26.90%；少数民族地区市场化指数平均为4.67，而全国平均为6.75，均大幅低于全国平均水平。较低的对外开放水平和市场化水平限制了国际分工和专业化程度提升，制约了产权制度改革，降低了资源配置效率。此外，少数民族分散程度高，城镇集聚能力差。截至2014年，少数民族地区平均城镇化率为48.10%，其中部分省份仅为40%左右，如贵州40.01%、云南41.73%，低于全国十几个百分点。人口的过度分散，既影响了少数民族地区产业结构的优化，又制约了资源的优化配置（郑长德，2009）。已有研究既没有考虑资源环境约束，也没有考虑少数民族地区的特殊性，扭曲了对少数民族地区经济绩效的评价，从而误导政策建议。鉴于此，本文首先对资源环境约束下少数民族地区的经济增长率进行测算，在此基础上，考虑少数民族地区的特殊性，定量考察其对经济增长效率的制约效应，从而科学评价经济发展绩效，正确认识少数民族地区经济发展中的资源环境代价。这对地方政府减少对资源禀赋的过度依赖，制定科学合理的经济政策，促进经济发展和资源环境的和谐统一，实现民族地区可持续发展具有重要的实践意义。

一、文献综述

本文的经济增长效率是指经济增长的技术效率，即现有技术条件下资源的最优利用能力，从产出角度来看是指在一定投入下生产单元实际产出与理想的最大可能性产出的比率（Leibenstein，1966）。近年来，随着全球环境问题的日益突出，一些学者开始尝试在资源环境约束下对经济增长效率进行研究。Chung 等

(1997) 在引入方向性距离函数的基础上，重新构建了 Malmquist - Luenberger (ML) 指数，既满足了效率测算中期望产出（如 GDP 等“好产出”）不断增加的需求，又实现了非期望产出（如 SO_2 和 COD 等“坏产出”）尽可能减少的要求。此后运用该指数的相关研究逐渐增多（如 Jeon 和 Sickles，2004；Yoruk 和 Zaim，2005；Kumar，2006；等等）。将资源环境因素纳入效率测算框架的国内研究较少，从已有研究来看，研究者对环境约束的处理分歧较大：一种方法认为环境污染是一种投入（李胜文等，2010），该方法虽然能够尽量减少非期望“坏产出”，但是这不符合投入产出的现实逻辑；另一种方法是将环境污染变量作为非期望“坏产出”处理（胡鞍钢等，2008；涂正革，2008；吴军，2009；涂正革和肖耿，2009；王兵等，2010）。现有研究对非期望产出的处理方法可以分为以下三类：一是“逆产出模型”（Seiford 和 Zhu，2002），但该模型受规模报酬可变（VRS）的条件约束，从而限制了其适用性；二是“倒数法模型”（Scheel，2001；Zhu，2003），但该模型对非期望产出的处理不符合现实逻辑，模型构建缺乏合理性；三是“ML 生产率指数”模型（Chung 等，1997；胡鞍钢等，2008；涂正革，2008；王兵等，2008；陈诗一，2010；等等），该模型较好地解决了非期望产出的问题，从而得到广泛采用，然而，ML 生产率指数属于径向的 DEA 模型，该模型没能解决投入产出的松弛性问题，因而度量的效率也是有偏的（李静，2009）。鉴于此，本文在 Tone（2001，2003）考虑非期望产出的 SBM 模型基础上，构建基于产出角度的 SBM - Undesirable 模型，该模型不仅正确考虑了非期望产出问题，还解决了投入产出的松弛性问题，并充分考虑到规模报酬不变（CRS）和规模报酬可变（VRS）两种情形，从而有效避免了效率测度偏差。

除模型的选择和构建外，影响技术效率测算准确性的另一个关键因素是投入指标的度量，尤其是资本和劳动投入指标，不同学者估算结果差异很大。对于资本存量，既有研究一般假定建筑和设备的使用年限，并采用几何折旧法计算出折旧率（黄勇峰和任若恩，2002；张军等，2004；白重恩等，2006；单豪杰，2008等）。学者们对使用年限的不同假定使折旧率的计算结果差别较大①，而资本存

① 黄勇峰和任若恩（2002）根据工业协会和 1985 年政府税收规定，假定建筑和机器设备的寿命分别为 40 年和 16 年，张军（2004）假定建设和设备的寿命分别为 45 年和 20 年，白重恩等（2006）假定建筑和设备平均寿命期分别为 38 年和 12 年，单豪杰（2008）参考财政部《国有企业固定资产分类折旧年限表》确定相应资本品的使用寿命，最终将建筑和设备寿命确定分别为 38 年和 16 年。

量又对折旧率的变化很敏感①，由此导致资本存量估算结果的更大差异。既有研究对于劳动投入的处理主要是采用历年从业人数（张军等，2002；王兵等，2010；李小胜等，2014；等等）或是人力资本存量代替（朱承亮等，2012；王兵等，2015；等等），要么忽略了劳动质量改善，要么没能正确考虑劳动质量的改善，从而不能准确评价我国的劳动投入水平。为此，本文采用新的方法分别对资本和劳动投入进行估计，使估算结果更加客观和准确，一方面降低了技术效率测算过程中的数据偏差，另一方面也丰富了我国资本和劳动的基础数据，为后续相关研究提供参考。

对我国少数民族地区经济效率研究的文献较少，既有研究主要以民族八省区为研究对象考察少数民族地区的经济效率。杨徐佳和齐飞（2009）运用 CES 生产函数模型研究技术进步对贵州省经济增长的影响，结果表明：1978～2007 年，贵州省技术进步贡献率大多为负值，贵州主要是依靠要素投入的外延型经济增长；舒燕飞（2010）认为改革开放的前二十年，我国少数民族地区全要素生产率对经济增长的贡献最大，平均贡献率在 50% 左右，但是最近十年，全要素生产率的贡献率出现明显下降趋势，而资本对于经济增长的贡献却在逐年上升；郑长德（2011）发现全要素生产率对少数民族地区经济增长的贡献波动很大，认为技术进步并不是近 30 年来少数民族地区经济增长的主要动力；李星颐等（2013）运用随机前沿分析模型对我国少数民族地区自西部大开发以来十年间的技术效率进行测算，结果表明：我国少数民族地区平均效率水平呈现稳步上升趋势，但总体的技术效率水平不高，少数民族地区的技术效率存在收敛趋势。总体来看，既有研究均认为少数民族地区经济效率较低，且呈现下降趋势，民族地区的经济增长仍然属于粗放型的增长。然而，上述研究均没有考虑资源环境约束，模型选择和处理简单，资本和劳动度量粗糙，扭曲了对少数民族地区经济绩效的评价，从而误导政策建议。

目前，尽管缺少确定效率影响因素的相关理论，但随着规范和实证研究的不断深入，更多的效率影响因素被识别出来（王兵等，2010）。已有研究主要考察产权和产业结构、FDI、资源禀赋、人均收入水平、对外开放程度以及政府规制等因素对经济效率的影响（Yoruk 和 Zaim，2005；Kumar，2006；Loko 和 Diouf，2009；刘伟明和唐东波，2012；朱承亮等，2009，2011，2012；李小胜等，

① 黄宗远、宫汝凯（2008）和李宾（2009）通过对不同时期资本折旧率的假定，对折旧率进行敏感性分析，结果表明：折旧率对估计结果存在较强烈的敏感度，其变动会引起资本存量的估计结果更大差异。

2014；等等）。少数民族地区有其特殊性，由于历史和地理的原因，少数民族地区形成了较强的封闭惯性（周民良，2008），对外开放程度和市场化程度较低，而少数民族分散程度高，城镇集聚能力差，既影响了产业结构的优化，又制约了资源的优化配置（郑长德，2009）。此外，少数民族地区虽然资源丰富，却存在“资源诅咒”现象，而“资源诅咒”现象的来源主要是煤炭（陈祖海等，2015）。目前，少数民族地区经济效率的相关文献均忽略了影响因素的研究，鉴于此，本文考虑少数民族地区的特殊性，定量研究少数民族地区经济增长效率的影响因素。与既有研究文献相比，本文在三个方面进行了拓展：第一，鉴于已有研究中投入指标的处理过于粗糙，影响了经济增长效率测算的准确性，本文采用新的度量方法对资本和劳动投入进行了更加准确的估算；第二，本文构建了基于产出角度的SBM－Undesirable模型，有效地避免了经济效率测度偏差；第三，考虑了少数民族地区的特殊性，定量研究其对经济增长效率的制约效应。

二、研究方法

基于传统DEA模型的缺陷与不足，Tone（2001，2003）构建了一种非径向、非角度的SBM模型，该模型不仅正确解决了非期望产出的问题，同时也充分考虑了投入产出的松弛性问题，然而该模型仍受到规模报酬不变的条件限制，因此其对效率的测算也是有偏的。鉴于此，本文构建了基于产出角度SBM－Undesirable模型，并考虑到规模报酬不变（CRS）和规模报酬可变（VRS）两种情形，从而有效避免了效率测度偏差。本文将每个少数民族省区作为一个DMU来构造每个时期的最佳生产前沿面。假设有 n 个DMU，且每个DMU具有一个投入向量，记为 $x \in R^m$，每个DMU具有两个产出向量，一个为期望产出向量，记为 $y^g \in R^{S_1}$，另一个为非期望产出向量，记为 $y^b \in R^{S_2}$。则可以定义如下矩阵：$X = [x_1, \cdots, x_n] \in R^{m \times n}$、$Y^g = [y_1^g, \cdots, y_n^g] \in R^{s_1 \times n}$、$Y^b = [y_1^b, \cdots, y_n^b] \in R^{s_2 \times n}$，其中，$X > 0$，$Y_g > 0$，$Y_b > 0$。我们可将生产可能性集($P$)定义为：$P = \{(x, y^g, y^b \mid x \geqslant X\lambda, y^g \leqslant Y^g\lambda, y^b \geqslant Y^b\lambda, \lambda \geqslant 0 \text{ or } \sum \lambda = 1\}$，由此，本文从产出角度重新构建了SBM－Undesirable模型：

$$\min\rho = \frac{1}{1 + \frac{1}{s_1 + s_2}\left(\sum_{r=1}^{s_1}\frac{s_r^g}{y_{r0}^g} + \sum_{r=1}^{s_2}\frac{s_r^b}{y_{ro}^b}\right)}$$

$$\text{s. t.}\begin{cases} y_0^g - Y^g\lambda + s^g = 0 \\ y_0^b - Y^b\lambda - s^b = 0 \\ s^g \geqslant 0, s^b \geqslant 0, \lambda \geqslant 0 \text{ or } \sum\lambda = 1 \end{cases}$$

其中，s^g 和 s^b 分别表示期望产出和非期望产出的松弛量，λ 表示权重向量，当 $\lambda \geqslant 0$ 时表示规模报酬不变（CRS），当 $\sum\lambda = 1$ 时表示规模报酬可变（VRS）。目标函数 $\rho \in [0, 1]$，当且仅当 $\rho = 1$ 时，被评价的 DMU 是有效率的，否则就存在改进的空间。该模型可以对规模报酬不变（CRS）和规模报酬可变（VRS）两种情形下的经济效率进行测算，从而完善了 SBM 模型的测算方法，使效率测算结果更加准确。

基于研究目的需要，本文设定四个模型对少数民族地区的经济效率进行测算，分别为模型 1（忽略资源环境约束、CRS）、模型 2（忽略资源环境约束、VRS）、模型 3（考虑资源环境约束、CRS）、模型 4（考虑资源环境约束、VRS）。

三、指标选择与数据处理

基于研究目的，本文以 2003 ~ 2013 年我国少数民族地区为研究对象①。基础数据主要来源于《中国统计年鉴》《中国劳动统计年鉴》《中国能源统计年鉴》《中国环境统计年鉴》以及各省区统计年鉴。本文所指的少数民族地区包括内蒙古、广西、贵州、云南、青海、宁夏、新疆 7 个省区，西藏由于数据问题不在研究范围之内。

（一）投入产出变量

（1）资本投入。既有研究主要采用永续盘存法（PIM）对资本存量进行估

① 由于本文采用新的方法对劳动投入进行估算，需要用到各行业的受教育程度数据和工资总额数据，而 2003 年我国进行了行业调整，为保证数据的准确性和可比性，本文选择对 2003 年之后的时间段进行研究。

计，该方法将资本存量的模型简化为：

$$K_t = \frac{I_t}{P_t} + (1 - \delta_t) K_{t-1} \tag{1}$$

其中，K_t 为 t 年的资本存量，I_t 为 t 年的新增投资，P_t 为 t 年的投资价格指数，δ_t 为 t 年的资本折旧率。

由式（1）可知，在相对效率几何递减模式下，采用 PIM 对资本存量进行估计，主要涉及四个变量的选择：①投资指标 I 的确定；②投资价格指数 P 的确定；③经济折旧率 δ 的确定；④基期资本存量 K 的确定。本文将分别对四个变量的确定以及缺失数据的处理进行阐述，在此基础上，计算出历年的资本存量。

投资指标的确定。鉴于 OECD 资本度量手册（2001，2009）推荐使用固定资本形成额作为投资指标，而且国家统计局对国内生产总值核算进行两次历史数据的重大补充和一次重大调整，因此，考虑数据的可获得性和准确性，本文采用固定资本形成额度量当年的投资指标。

部分省份缺失数据的处理：西藏缺少 1992 年前的固定资本形成额数据，通过比较 1992 年之后西藏固定资本形成额与固定资产投资数据，发现二者差别不大，因此，利用西藏 1978 ~ 1992 年的固定资产投资数据代替固定资本形成额数据。海南与重庆由于建省（市）较晚，没有相关的数据可以替代，因此，本文将海南与重庆的基期分别设定为 1989 年和 1984 年，直接利用固定资本形成额估算后续年份的资本存量。

价格指数的确定。为充分利用官方最新公布的数据，本文利用《中国国内生产总值核算历史资料（1952—1995）》《中国国内生产总值核算历史资料（1995—2004）》提供的 1952 ~ 2004 年分省份的固定资本形成总额及其指数，计算出以 1978 年为基期的价格平减指数，对于 1991 年以后的数据，则采用各省份固定资产投资价格指数进行替代。

对于缺失数据的处理如下：由于利用《中国国内生产总值核算历史资料（1952 ~ 1995）》计算的北京市固定资本形成价格指数偏差较大，本文利用《北京 60 年》公布的固定资本形成额数据重新估算了固定资本形成价格指数，估算结果较为合理；天津由于没有 1978 ~ 1988 年的固定资本形成指数，无法计算固定资本形成价格指数，参考已有的研究文献，采用张军（2004）的方法，对 1978 ~ 1988 年的投资价格指数利用零售价格指数（RPI）代替；对于海南和重庆由于建省（市）较晚，均缺乏相应的固定资本形成价格指数，本文分别采用广东和四川的固定资本形成价格指数进行替代；对于西藏的缺失数据，从地理和经济发展水平考虑，采用青海和新疆的固定资本形成价格指数的平均数来代替。

折旧率的确定。鉴于既有研究固定资产折旧年限的确定过于主观，且不同学者分歧较大（徐杰等，2010），本文利用历年投入产出表提供的固定资产折旧数据，通过构建理论模型计算出各期的动态资本折旧率 δ，使折旧率的确定更加客观合理，也更加符合我国经济高速增长的现实。

首先假定资本效率采取几何递减模式，这时重置率与折旧率相等，且为常数①。假设 i 行业第 t 年的资本存量为 $K_{i,t}$，i 行业第 t 年新增固定资本形成额为 $I_{i,t}$，i 行业第 t 年固定资本形成价格指数为 $P_{i,t}$，i 行业的折旧率为 δ_i，为表述方便，设 $\varphi_i = 1 - \delta_i$，则有 $\delta_i = 1 - \varphi_i$，那么根据永续盘存法，i 行业第 t 年的折旧额为：

$$A_{i,t} = K_{i,t-1} \times \delta_i = K_{i,t-1} \times (1 - \varphi_i) \tag{2}$$

因此，i 行业第 t 年的资本存量公式可以表示为：

$$K_{i,t} = K_{i,t-1}(1 - \delta_i) + I_{i,t} = K_{i,t-1} \times \varphi_i + I_{i,t} \tag{3}$$

利用投入产出表 1987 ~ 2012 年的数据，根据式（3），对于任意一个行业，可以得出 1986 ~ 2011 年的资本存量关系为：

$$K_{2011} = \{[(K_{1986} \times \varphi + I_{1987}) \times \varphi + I_{1988}] \times \varphi + \cdots\} \times \varphi + I_{2011} \tag{4}$$

同样，对于任意一个行业，由折旧和资本存量的关系容易得到：

$$K_{1986} = \frac{A_{1987}}{P_{1987} \times \delta} = \frac{A_{1987}}{P_{1987} \times (1 - \varphi)} \tag{5}$$

$$K_{2011} = \frac{A_{2012}}{P_{2012} \times \delta} = \frac{A_{2012}}{P_{2012} \times (1 - \varphi)} \tag{6}$$

由于投入产出表的第三象限提供了固定资产折旧数据，由式（4）可知，未知量只有 φ，解此方程可以得到 φ，进而可以得到折旧率 $\delta = 1 - \varphi$。利用国家统计局公布的历年投入产出表②，类似地，根据式（4）~（6）进行推算，可以得到各个时期的动态资本折旧率，从而使本文的估算结果更加精确。

---

① 参见任若恩和刘晓生（1997）、黄勇峰等（2002）以及孙琳琳和任若恩（2005）的证明过程。他们认为重置是生产能力的维持或恢复，因此在资本存量估算中出现的是重置率的概念，而只有资产效率按照几何方式递减时，折旧率和重置率才是相等的。

② 目前我国已经公布 1987 ~ 2012 年的 11 张投入产出表。

表1　各时期折旧率计算结果

年份	折旧率（%）	年份	折旧率（%）
1986～1989	4.05	1997～1999	6.95
1990～1991	5.25	2000～2006	7.43
1992～1994	6.00	2007～2009	6.65
1995～1996	6.40	2010～2012①	6.00

由表1可知，我国资本折旧率呈现出随时间先升后降的趋势，表明随着技术水平的不断提升，设备更新改造的速度在加快（沈利生等，2015）。至于2007年以后出现的下降趋势，可能的原因是金融危机爆发后，企业面临“去产能”压力，开工率不足导致资本折旧率逐步回落。

基期资本存量的确定。依据式（5），只要确定了δ_i，利用各省份的折旧数据，就可以计算出基期各省区的资本存量，以各省区基期资本存量为基础，利用各年的投资数据进行迭代，可以计算出资本存量的序列数据。通过该方法确定的基期资本存量相对精确，减少了基期资本存量估计误差对后续年份资本存量估计的影响。对于数据缺失年份的处理：海南采用1990年折旧额估算出1989年的基期资本存量，重庆采用1996年折旧额估算出1995年的基期资本存量。

本文与张军等（2004）、单豪杰（2008）的估计结果进行比较，除北京市和上海市的差别较大，其他省份结果比较接近，可能的原因有两个：一是基期资本存量的确定不同，张军（2004）和单豪杰（2008）均采用经验研究法，即用1952年的固定资本形成额与投资增长的几何平均数和折旧率之和的比值，估算各省区的基期资本存量，本文利用《中国国内生产总值核算历史资料（1952～1995）》公布的各省区固定资产折旧数据除以折旧率计算出基期资本存量；二是折旧率计算方法不同，张军等（2004）和单豪杰（2008）假设建筑、设备以及其他类型投资的平均使用寿命，在此基础上，采用几何折旧法计算出折旧率分别为9.6%和10.96%。本文利用投入产出表，结合统计年鉴的数据，根据构建的理论模型计算得出1986～2012年的动态资本折旧率，因此，估算的资本存量结果更加客观和精确，也更加符合我国经济快速增长的现实。估算结果如表2所示。

① 由于我国2015年投入产出表还未公布，本文在计算2013年资本存量时利用了2012年的折旧率。

表2 少数民族各省区固定资本存量（1978年价格） 单位：亿元

年份	内蒙古	广西	贵州	云南	青海	宁夏	新疆
2003	1844.52	1093.82	895.05	1172.13	474.05	323.97	1328.75
2004	2334.78	1234.11	1008.89	1307.46	541.66	373.38	1490.61
2005	3054.93	1437.32	1135.63	1456.19	617.86	434.64	1662.97
2006	3908.45	1687.19	1282.23	1625.28	700.53	509.84	1858.81
2007	5001.15	2029.35	1460.66	1822.99	797.98	594.13	2096.72
2008	6254.53	2462.16	1664.14	2019.54	903.15	704.00	2351.47
2009	8003.36	3151.60	1915.25	2378.06	1056.00	853.86	2630.35
2010	9996.84	4127.55	2232.24	2949.34	1266.61	1039.85	3016.67
2011	12219.66	5252.87	2612.03	3646.44	1523.73	1222.29	3456.42
2012	14807.43	6414.90	3109.48	4453.95	1883.26	1435.92	4105.29
2013	17854.48	7391.43	3742.19	5376.31	2336.80	1674.70	4939.23

为检验资本存量估计的合理性，本文计算了各省区历年的资本产出比，发现2008年之前资本产出比缓慢提升，但区域间差异较大①，发达国家一般维持在2.5左右（张军和章元，2003），可能是以下两个原因共同作用的结果：一个原因是与西方发达国家相比，现阶段部分省区的劳动密集型产业较多，资本相对稀缺，资本的边际效率相对较高，导致资本产出比较低；另一个原因是目前我国的技术水平与发达国家还有一定差距，较低的技术水平导致资本的利用效率低下，从而导致部分省区的资本产出比较高。对于2008年之后出现的加速上升趋势，可能的原因是国家2008年“四万亿计划”基建投资和之后持续宽松的货币政策导致资本快速积累，从而加速了资本深化。

（2）劳动投入。鉴于已有研究在劳动投入估算方面的缺陷与不足，考虑到从业人员教育水平的提高是我国劳动质量改善的重要源泉（岳希明和任若恩，2008），本文采用如下方法重新估计我国各省区的劳动投入：首先，依据《中国劳动统计年鉴》，将就业人员按受教育程度分成四组，即小学及以下、初中、高中、大专及以上；其次，利用城镇分行业受教育程度数据和城镇分行业工资总额数据②，通过矩阵乘法运算，得到不同教育程度劳动者的报酬向量，并利用各组的城镇就业人数计算出不同教育程度劳动者的平均工资（见图1）；最后，根据

① 2003~2008年，部分省区资本产出比低于2.0，部分省区资本产出比高于3.0，但大部分省区位于2.0~3.0。

② 在各类统计年鉴中，只有城镇分行业工资总额数据，没有全国的分行业工资总额数据。

克拉克的工资理论，在劳动边际生产率等于工资的假定下，利用不同教育程度劳动者的平均工资之比①，对各省区不同教育程度的从业人员数量进行加权②，从而得到考虑劳动质量改善的劳动投入（见表3）。

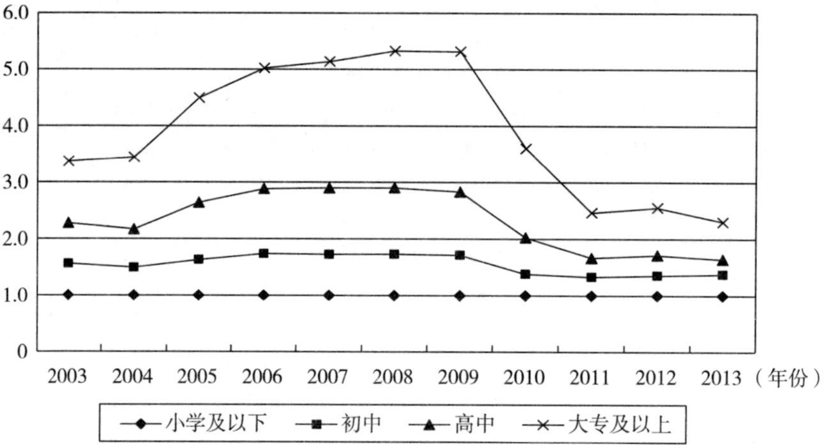

图1　不同教育程度劳动者平均工资比

表3　2003～2013年少数民族各省区劳动投入　　单位：亿元

年份	内蒙古	广西	贵州	云南	青海	宁夏	新疆
2003	1591.10	3952.78	3105.24	2927.17	429.89	449.86	1225.43
2004	1830.38	4533.80	3405.28	3601.25	466.13	529.78	1390.87
2005	2107.61	5185.13	3688.46	4007.54	534.94	608.84	1657.35
2006	2310.91	5688.04	3841.82	4337.99	593.60	664.06	1858.28
2007	2713.83	6348.64	4544.69	4994.94	693.78	761.07	2142.39
2008	3086.11	7102.98	4270.36	5668.86	774.45	851.30	2481.75
2009	3565.20	8043.72	4527.68	6469.27	871.75	1015.38	2799.76
2010	4299.98	9587.73	5405.00	8331.89	1025.80	1158.78	3256.19
2011	5213.29	11278.99	6515.64	10269.60	1246.15	1368.04	3869.24
2012	5969.20	11626.68	7215.49	11254.34	1363.46	1494.90	4521.32
2013	6940.86	12895.44	8269.37	12734.62	1502.25	1647.05	5336.90

① 即将小学及以下作为1，初中、高中、大专及以上与小学及以下的平均工资比率作为权重，同时考虑了不同年份小学及以下工资水平的可比问题，利用国家统计局公布的城镇单位就业人员工资总额及指数构造的工资总额价格指数对不同年份的工资水平进行了平减。

② 这里假设城镇不同教育程度的平均工资比率与全国不同教育程度的平均工资比率一致。

基于以上估算方法，本文发现不同教育程度劳动者平均工资比出现先升后降趋势，拐点出现在2009年，同时，小学及以下平均工资水平呈现逐年上升趋势。表明除教育程度影响工资水平外，由“干中学”等因素引起的劳动质量改善也在发挥重要作用。鉴于工资水平变化反映了劳动边际生产率的变化，因此，本文采用历年小学及以下平均工资水平对不同教育程度劳动者的平均工资比进行加权，从而能够更加全面合理地反映劳动投入的质量改善。

为了计算劳动质量改善对劳动投入的贡献，本文采用如下方法分解出劳动投入中劳动质量改善的部分，劳动投入中质量变化定义如下：

$$L_{i,t}^{Q} = L_{i,t}^{T} - L_{i,t}^{H} \tag{7}$$

其中，$L_{i,t}^{Q}$表示劳动投入中的质量改善部分，$L_{i,t}^{T}$表示考虑劳动质量改善后的全部劳动投入，$L_{i,t}^{H}$表示只考虑从业人数的劳动投入。因此，劳动质量的改善等于全部劳动投入与从业人数之差。

计算结果表明：2003～2013年，质量改善对劳动投入的贡献由2003年的36.66%快速上升到2013年的79.35%①，部分省份贡献率超过80%，如北京、上海和天津。这些数字所传达的重要信息是，劳动质量改善是我国劳动投入增长的重要源泉，忽视劳动质量改善，不可避免地低估我国经济的劳动投入，在增长核算研究中，会导致高估我国经济增长效率。从时间变化来看，2003～2013年，简单劳动投入增长率总体上呈下降趋势，仅实现了年均2.10%的增长，而考虑劳动质量改善的劳动投入实现了年均14.27%的增长，劳动质量改善对劳动力投入的贡献呈现明显的上升趋势。可见，我国劳动投入的增长正逐步由劳动者数量的增长向劳动质量的改善转变，虽然我国劳动人口在2012年之后开始下降，人口红利逐渐消失，但考虑劳动质量改善的“人口质量红利”正在不断释放。

（3）资源投入。本文采用能源消费量（万吨标准煤）表示，由于能源消费是环境污染等非期望产出的主要来源，因此，在忽略资源环境约束的模型1和模型2中，投入指标中不包含资源投入。

（4）期望产出。本文期望产出采用各省区的生产总值（GRP）指标表示，并将其按照1978年的可比价格进行平减。

（5）非期望产出。既有研究文献对非期望产出指标的选取不尽相同，鉴于我国“十一五”和“十二五”规划中将主要污染排放物聚焦于SO_2、COD、氨氮

① 数据均为我国31个省份的平均增速，下同。

和氮氧化物，因此，考虑到省际数据的可获得性和准确性，本文选择 SO_2 排放量（万吨）和 COD 排放量（万吨）作为非期望产出指标。

（二）影响因素变量

为定量研究少数民族地区经济效率的制约效应，本文借鉴国内外相关理论和文献（Yoruk 和 Zaim，2005；Kumar，2006；Loko 和 Diouf，2009；王兵等，2010；朱承亮等，2011，2012；等等），主要从少数民族特征角度选择相关影响因素，具体设定和说明如下：

一是对外开放程度和市场化程度。由于历史和地理的原因，少数民族地区形成了较强的封闭惯性（周民良，2008），对外开放程度和市场化程度较低。较低的对外开放水平限制了国际分工和专业化程度的提升，而较低的市场化水平则制约了产权制度改革，降低了资源配置效率。为此，本文将考察对外开放程度和市场化程度对经济效率的影响。二是城镇化水平。考虑到少数民族分散程度高，城镇集聚能力差的特点，既影响了产业结构的优化，又制约了资源的优化配置（郑长德，2009），本文采用城镇化率度量城镇化水平对经济效率的影响。三是产业结构。考虑到第二产业是资源消耗和导致污染的主要产业，而且各地政府把“退二进三”为主导的产业结构调整作为节能减排的主要措施，本文采用第二产业比重度量产业结构的制约效应。四是能源结构和能源效率。西部地区虽然资源丰富，但其能源效率相对于其他区域而言是最低的，属于能源低效区（魏楚和沈满洪，2007；朱承亮等，2012），同时，少数民族地区存在“资源诅咒”现象，而“资源诅咒”现象的来源主要是煤炭（陈祖海等，2015），因此，本文将考察能源效率和能源结构对少数民族地区经济效率的影响（见表4）。

表4　变量说明

解释变量	变量定义
对外开放度	贸易依存度：进出口贸易总额/GRP
市场化程度	中国市场化指数
城镇化水平	城镇化率：城镇常住人口与各省区年末总人口比重
产业结构	第二产业产值与 GRP 比重
能源结构	折合为标准煤的煤炭消费量占能源消费总量的比重
能源效率	单位能耗 GDP

四、实证结果分析

利用构建的 SBM - Undesirable 模型和上述面板数据，本文对我国少数民族 7 省区 2003 ~2013 年的经济增长效率进行测算，在此基础上，针对少数民族独特的文化和地域特征，定量研究其对经济效率的制约效应。

1. *经济增长效率分析*

通过对四种模型下经济增长效率的测算，我们发现，在忽略资源环境约束时，CRS 和 VRS 假设下的少数民族地区平均效率分别为 0.851 和 0.930；在考虑资源环境约束时，CRS 和 VRS 假设下的平均效率为 0.558 和 0.727。可见，VRS 下的效率水平要高于 CRS 下的效率水平，且差异明显。一般而言，当两种技术假设下得到不同的结果时，应当选择 VRS 假设下的结果（Zheng 等，1998），因此，本文的结论主要是基于 VRS 下的分析结果。

测算结果表明：2003 ~2013 年，宁夏、青海历年均达到了最大值 1，表明这些省份每年均处在生产前沿，贵州经济增长效率呈现缓慢上升趋势，而广西、云南和新疆呈现不断下降趋势，内蒙古则经历了先降后升再降的转变。总体来看，考虑资源环境约束（VRS）下的少数民族地区平均经济效率水平为 0.727，表明在现有技术水平下，少数民族地区经济效率还有 27.3% 的提升空间。

表 5　2003 ~2013 年少数民族各地区经济增长效率均值

地区	忽略资源环境因素		考虑资源环境约束	
	模型 1	模型 2	模型 3	模型 4
内蒙古	1.000	1.000	0.555	0.570
广西	0.962	0.962	0.597	0.615
贵州	1.000	1.000	0.585	0.651
云南	0.633	0.644	0.625	0.668
青海	0.531	1.000	0.481	1.000
宁夏	1.000	1.000	0.516	1.000
新疆	0.830	0.901	0.549	0.587
民族地区	0.851	0.930	0.558	0.727

续表

地区	忽略资源环境因素		考虑资源环境约束	
	模型1	模型2	模型3	模型4
东部地区	0.719	0.868	0.810	0.902
中部地区	0.799	0.928	0.690	0.715
东北地区	0.784	0.848	0.652	0.666
全国均值	0.789	0.893	0.709	0.791

2003~2013年，忽略资源环境约束，少数民族地区经济增长效率是上升的，VRS下的平均效率水平为0.930；而考虑资源环境约束，经济增长效率是下降的，VRS下的平均效率水平为0.727（见图2），资源环境约束确实导致了少数民族地区经济增长效率的损失，VRS下平均效率损失超过20%。这与王兵等（2010）的结论一致，其在考虑资源环境约束后，无论是西部地区，还是东、中部地区，经济增长效率均低于忽略资源环境约束的增长效率。

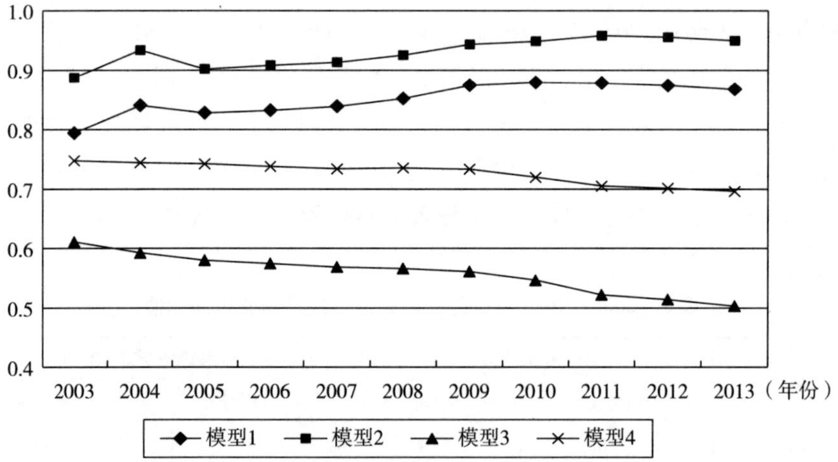

图2　少数民族地区平均效率水平比较

分区域来看，2003~2013年我国经济增长效率区域差异明显。在忽略资源环境约束时，少数民族地区和中部地区经济效率均高于全国平均水平，而东部地区低于全国平均水平（见表5）；在考虑资源环境约束后，平均效率水平的区域分布为：东部地区>全国平均>中部地区>少数民族地区>东北地区（见图3）。

在考虑资源环境约束后，全国平均效率损失超过 10%，中部地区效率损失最高，平均损失 21.3%，其次是少数民族地区和东北地区，平均效率损失分别为 20.3% 和 18.2%，而东部地区平均效率则提升了 3.4%。

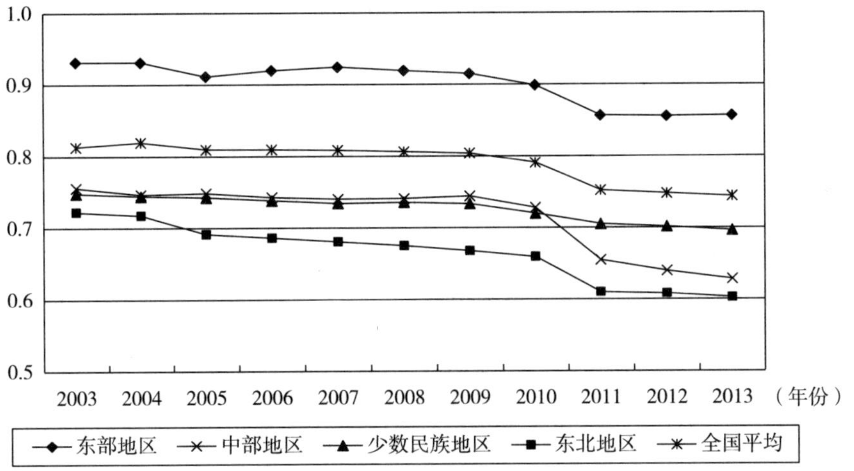

图 3 经济增长效率区域差异（考虑资源环境约束；VRS）

资源环境约束不但没有导致东部地区效率损失，而且还出现效率改善，初步印证了“波特假说”①。“十一五”以来，东部地区经济效率呈现稳中有升的趋势，可能是节能减排的强力约束激发企业进行技术创新，从而推动技术进步和促进效率改善（王兵等，2015）。但“十二五”以来，随着国家“节能减排”要求日趋严格，以及“低悬的果实”采摘殆尽②，经济效率出现大幅下跌，由图 3 可知，其他地区也经历了相应的调整过程，经济效率损失较大。

2003 年以来，资源环境约束下，少数民族地区经济效率略低于中部地区，但二者均低于全国平均水平，这与近年来高能耗、高污染产业逐渐向中西部地区转移有关，导致了该地区产业结构的“污染化”趋势，从而降低了经济增长效

① Porter 和 Van der Linder（1995）认为，节能减排能够实现环境和经济的双赢：严格且适宜的环境管制将引致技术创新，这可以部分或完全补偿企业遵守该环境标准的成本，进而提升企业的生产率和市场竞争力，这一观点被后续研究称为“波特假说”。

② 王兵等（2010）认为，在节能减排初期，边际节能减排成本较低，采取一些成本较小的措施就可以取得一定的节能减排成果，但随着“低悬的果实”逐渐被采摘殆尽，边际节能减排成本逐渐升高，要继续节能减排必然要付出更大的代价。

率。在考虑资源环境约束后，东北地区经济增长效率是不断下降的，东北经济发展早已显露出其不可持续性，粗放型发展方式已经透支了资源环境的承载能力，在国家“节能减排”要求日趋严格时，东北经济效率开始出现大幅调整。

表6提供了不同模型测算的最佳实践省份。可见，不同模型测算的结果差异较大，在考虑资源环境约束（VRS）时，北京、上海、江苏、广东、海南、重庆、宁夏、青海的经济效率每年均达到了最大值1，表明这些省份每年均处于生产前沿。从最佳实践省份构成来看，除了东部发达地区的北京、上海、江苏等省份以外，还包括少数民族地区的宁夏和青海，这与朱承亮等（2012）的研究结果较为接近，与胡鞍钢等（2008）的研究结论差别较大，结果的差异除了考察的样本时间和数据的处理不同外，一个主要的原因是本文构建了基于产出导向的SBM－Undesirable模型，增强了模型的识别能力，从而更加准确地甄别每一年的最佳实践省份。

表6　2003～2013年最佳实践省份

模型1（忽略约束、CRS）	上海、湖南、重庆、内蒙古、宁夏、贵州
模型2（忽略约束、VRS）	上海、江苏、广东、海南、山东、山西、湖南、四川、重庆 内蒙古、宁夏、青海、贵州
模型3（考虑约束、CRS）	北京、上海、重庆
模型4（考虑约束、VRS）	北京、上海、江苏、广东、海南、重庆、宁夏、青海

2. 效率影响因素分析

考虑到经济增长效率介于0～1，为受限值因变量，故本文选择Tobit模型对少数民族地区经济增长效率的影响因素进行估计。通过对回归模型进行Hausman检验，结果表明，在忽略资源环境约束（VRS）和考虑资源环境约束（VRS）下均应选择固定效应模型，回归结果如表7所示。

表7　少数民族地区经济效率影响因素估计结果

变量	忽略资源环境约束（VRS）		考虑资源环境约束（VRS）	
	系数	Z统计量	系数	Z统计量
常数项	1.2334***	17.9301	0.9776**	2.2709
贸易依存度	0.0077	0.8933	－0.2049**	－2.4763
市场化水平	－0.0132***	－2.8567	0.0033***	8.9498

续表

变量	忽略资源环境约束（VRS）		考虑资源环境约束（VRS）	
	系数	Z统计量	系数	Z统计量
城镇化水平	-0.4302***	-3.5259	0.0555**	2.2853
产业结构	0.0861*	1.8926	-0.0269*	-1.8781
能源结构	-0.0246	-0.6714	-0.0108*	-1.6644
能源效率	0.0081	0.6130	0.0771*	1.7769

注：***、**、*分别表示显著性水平为1%、5%、10%。

忽略资源环境约束下贸易依存度在回归方程中的系数为正，表明对外开放水平的确促进了经济效率的提升，这与朱承亮等（2009）的结论一致，但考虑资源环境约束下贸易依存度的系数显著为负，这与李小胜等（2015）的结论一致，即本文的研究支持“污染天堂假说”。我国长期处于国际分工中价值链的低端，资源消耗型的初级产品出口结构降低了经济效率（李小胜等，2015），而少数民族地区的贸易结构相对全国更加不合理，主要出口钢铁、有色金属、煤炭等依赖资源开发、加工的采掘和原材料产品，“高污染、高能耗、高排放”的出口产品结构显著降低了少数民族地区的经济效率。忽略资源环境约束下，市场化水平抑制了少数民族地区的经济效率，而考虑资源环境约束下，则促进了经济效率的提升。少数民族地区虽然资源丰富，但资源的开发与利用只有在产权明晰的市场机制下才能更有效率地实施，少数民族地区资源的掠夺性开发不但降低了资源的利用效率，而且导致环境污染加剧（郑长德，2009）。因此，少数民族地区应不断提升市场化水平，进一步完善资源和环境产权制度，进而促进少数民族地区经济效率的改善。

忽略资源环境约束下城镇化水平对经济效率具有显著的抑制效应，考虑资源环境约束下城镇化水平具有显著的促进作用。少数民族地区分散程度高，城镇聚集能力差，既影响了产业结构优化，又制约了资源的优化配置。在资源环境约束下，通过推进经济活动在适宜空间上的有效集聚，可以促进要素市场的共享和产品市场的扩大，实现分工的不断细化和专业化水平的不断提升，为少数民族地区的产业结构调整、资源的优化配置和技术进步提供条件，从而在根本上减少经济增长中的资源依赖，解决环境保护与经济增长的尖锐矛盾（郑长德，2009）。忽略资源环境约束时，产业结构对经济增长效率具有显著的促进作用，这与朱承亮等（2011）的结论一致，而考虑资源环境约束时具有显著的抑制作用，这与王兵等（2010）的结论一致。工业化发展过程是以一定的资源消耗和环境污染为代价的，截至2013年，第二产业在少数民族地区GDP中仍占有绝对比重，平均占比超过48.0%，部分省区甚至在50%以上，如青海57.3%、内蒙古54.0%。因此，一方面，需要少数民族地区加快以“退二进三”为主导的产业结构调整，优先发展第三产业；另一方面，要坚持走新型工业化的发展模式，降低工业化程度提高对经济效率的影响。

在忽略资源环境约束时，能源结构对少数民族地区经济效率影响不显著，而考虑资源环境约束后具有显著抑制作用。少数民族地区虽然煤炭资源丰富，但煤炭消耗是导致我国环境污染的重要原因之一，截至2013年，少数民族地区能源消费结构中煤炭消费量占到70%，部分省份超过80%，如内蒙古88%，宁夏86%。因此，在节能减排约束下，少数民族地区应不断改善以煤炭为主的能源结构，减少因环境污染引起的经济效率损失。能源效率在忽略资源环境约束时对经济效率具有促进作用，但不显著，而考虑资源环境约束时具有显著促进作用。我国少数民族地区能源效率远低于全国平均水平，2003～2013年，全国能源效率平均水平为0.74万元/吨标准煤，而少数民族地区仅为0.48万元/吨标准煤（2000年价格）。由此可见，在节能减排约束下，少数民族地区应不断提升能源效率水平，以进一步强化其对经济效率的促进作用。

五、结论及启示

基于既有研究在指标度量和模型选择上的缺陷与不足，本文对资本和劳动投入指标进行了更加客观准确的测算，并构建了基于产出角度的SBM－Undesirable模型，对资源环境约束下少数民族地区的经济增长效率进行测算，在此基础上，考虑少数民族地区的特殊性，定量考察经济效率的影响因素。结果表明：2003～2013年，忽略资源环境约束下，少数民族地区经济效率呈上升趋势，而考虑资源环境约束下，经济效率是不断下降的，资源环境约束确实导致了少数民族地区经济效率的损失，VRS下平均效率损失超过20%，除宁夏和青海处于生产前沿外，其余省区经济效率均有待进一步改善；分区域来看，忽略资源环境约束下，平均效率水平为：民族地区>中部地区>东部地区>东北地区，而考虑资源环境约束下，东部地区>中部地区>民族地区>东北地区，考虑资源环境约束下，东部地区不但没有效率损失，而且还出现效率改善，其余地区经济效率均大幅下降；资源环境约束下，市场化水平、城镇化水平和能源效率提升了少数民族地区的经济效率，而产业结构、能源结构和贸易依存度则降低了经济效率。

面对日趋强化的资源环境约束，少数民族地区在经济发展中既要考虑资源环境的承载能力，加快以“退二进三”为主导的产业结构调整，提高能源效率，改善能源结构，更要注重少数民族地区特殊性对经济效率的制约效应，在优化贸易结构的基础上，进一步扩大对外开放，完善产权制度改革，不断提升市场化水平，实施空间集中化战略，加快城镇化进程，从而释放少数民族地区经济发展潜力，促进经济发展和资源环境的和谐统一，实现少数民族地区经济的可持续发展。

参考文献

[1] Chung Y. H. , Fare R. , Grosskopf S. Productivity and Undesirable Outputs: A Directional Distance Function Approach [J] . Journal of Environmental Management, 1997, 51 (3): 229 -240.

[2] Hailu A. , Veeman T. S. Environmentally Sensitive Productivity Analysis of the Canadian Pulp and Paper Industry, 1959 - 1994: An Input Distance Function Approach [J] . Journal of Environmental Economics and Management, 2000, 40 (3): 251 -274.

[3] Jeon B. M. , Sickles R. C. The Role of Environmental Factors in Growth Accounting [J] . Journal of Applied Econometrics, 2004, 19 (5): 567 -591.

[4] Kumar S. Environmentally Sensitive Productivity Growth: A Global Analysis Using Malmquist - Luenberger Index [J] . Ecological Economics, 2006, 56 (2): 280 -293.

[5] Leibenstein H. Allovative Efficiency vs “X - efficiency” [J] . American Economic Review, 1966, 56 (3): 392 -415.

[6] Loko B. , Diouf M. A. , Revisiting the Determinants of Productivity Growth: What's news? [M] . Washington: International Monetary Fund, 2009.

[7] Scheel H. Undesirable Outputs in Efficiency Evaluations [J] . European

Journal of Operation Research, 2001, 132 (2): 400 -410.

[8] Seiford L. M., Zhu J. Modeling Undesirable Factors in Efficiency Evaluation [J]. European Journal of Operation Research, 2002, 142 (1): 16 -20.

[9] Tone K. A Slacks - based Measure of Efficiency in Data Envelopment Analysis [J]. European Journal of Operational Research, 2001, 130 (3): 498 -509.

[10] Tone K. Dealing with Undesirable Outputs in DEA: A Slack - based Measure (SBM) Approach [R]. GR IPS Research Report Series, I -2003 -0005.

[11] Yoruk B., Zaim O. Productivity Growth in OECD Countries: A Comparison with Malmquist Index [J]. Journal of Comparative Economics, 2005, 33 (2): 401 -420.

[12] Zheng J., Liu X., Bigsten A. Ownership Structure and Determinants of Technical Efficiency: An Application of Data Envelopment Analysis to Chinese Enterprises (1986 -1990) [J]. Journal of Comparative Economics, 1998, 26 (3): 465 -484.

[13] Zhu J. Quantitative Models for Performance Evaluation and Benchmarking: Data Envelopment Analysis with Spreadsheets and DEA Excel Solver [M]. Boston: Kluwer Academic Publishers, 2003.

[14] 陈诗一. 中国的绿色工业革命：基于环境全要素生产率视角的解释 (1980 -2008) [J]. 经济研究，2010 (11).

[15] 陈祖海，雷朱家华，刘驰. 民族地区能源开发与经济增长效率研究——基于"资源诅咒"假说 [J]. 中国人口·资源与环境，2015 (6).

[16] 胡鞍钢，郑京海，高宇宁，张宁，许海萍. 考虑环境因素的省级技术效率排名 (1999—2005) [J]. 经济学 (季刊)，2008 (3).

[17] 黄永峰，任若恩. 中国制造业永续盘存法估计 [J]. 经济学 (季刊)，2002 (2).

[18] 李小胜，余芝雅，安庆贤. 中国省际环境全要素生产率及其影响因素分析 [J]. 中国人口·资源与环境，2014 (10).

[19] 李胜文，李新春，杨学儒. 中国的环境效率与环境管制——基于1986—2007 年省级水平的估算 [J]. 财经研究，2010 (2).

[20] 李静. 中国区域环境效率的差异与影响因素研究 [J]. 南方经济，2009 (12).

[21] 李宾. 我国资本存量估算的比较分析 [J]. 数量经济技术经济研究，

2011（12）.

［22］李星颐，魏传华，葛霓亚．基于随机前沿模型我国少数民族地区区域技术效率的测定［J］，中央民族大学学报（自然科学版），2013（22）.

［23］单豪杰．中国资本存量K的再估算：1952—2006年［J］．数量经济技术经济研究，2008（10）.

［24］沈利生，乔红芳．重估中国的资本存量：1952—2012［J］．吉林大学社会科学学报，2015（4）.

［25］孙琳琳，任若恩．资本投入测量综述［J］．经济学（季刊），2005（4）.

［26］舒燕飞．TFP对少数民族八省区经济增长贡献研究［J］．湖北社会科学，2010（6）.

［27］涂正革．环境、资源与工业增长的协调性［J］．经济研究，2008（2）.

［28］涂正革，肖耿．环境约束下的中国工业增长模式研究［J］．世界经济，2009（11）.

［29］王兵，吴延瑞，颜鹏飞．环境管制与全要素生产率增长：APEC的实证研究［J］．经济研究，2008（11）.

［30］王兵，吴延瑞，颜鹏飞．中国区域环境效率与环境全要素生产率增长［J］．经济研究，2010（5）.

［31］王兵，刘光天．节能减排与中国绿色经济增长——基于全要素生产率的视角［J］．中国工业经济，2015（5）.

［32］魏楚，沈满洪．能源效率及其影响因素：基于DEA的实证分析［J］．管理世界，2007（8）.

［33］吴军．环境约束下中国地区工业全要素生产率增长及收敛分析［J］．数量经济技术经济研究，2009（11）.

［34］徐杰，段万春，杨建龙．中国资本存量的重估［J］．统计研究，2010（12）.

［35］岳希明，任若恩．测量中国经济的劳动投入：1982—2000年［J］．经济研究，2008（3）.

［36］周民良．论民族地区经济发展方式的转变［J］．民族研究，2008（4）.

［37］郑长德．中国少数民族地区经济发展方式转变研究［J］．西南民族大

学学报（人文社会科学版），2009（10）.

[38] 郑长德. 中国少数民族地区经济发展质量研究 [J]. 民族学刊，2011（1）.

[39] 张军，章元：对中国资本存量 K 的再估计 [J]. 经济研究，2003（7）.

[40] 张军，吴桂英，张吉鹏. 中国省际物质资本存量估算：1952 - 2000 [J]. 经济研究，2004（10）.

[41] 朱承亮，岳宏志，李婷. 中国经济增长效率及其影响因素的实证研究：1985 ~ 2007 年 [J]. 数量经济技术经济研究，2009（9）.

[42] 朱承亮，岳宏志，师萍. 环境约束下的中国经济增长效率研究 [J]. 数量经济技术经济研究，2011（5）.

[43] 朱承亮，安立仁，师萍，岳宏志. 节能减排约束下我国经济增长效率及其影响因素——基于西部地区和非期望产出模型的分析 [J]. 中国软科学，2012（4）.

[44] 朱承亮，岳宏志，安立仁. 节能减排约束下中国绿色经济绩效研究 [J]. 经济科学，2012（10）.

中国资本存量测量述评

摘要： 资本存量测量是经济学的一个难题，对其准确度量是分析许多宏观经济问题的基础，既有研究对我国资本存量的估算结果差异很大，从而影响了后续研究的可靠性和准确性，因此有必要对我国资本存量的测量进行进一步探讨。论文在OECD资本测算框架下，通过对永续盘存法下四个主要指标的比较和选择，甄别出哪些指标选择是合理的，哪些是明显不妥而应扬弃的，为今后的相关研究提供一些有价值的参考。

关键词： 资本存量；OECD；永续盘存法

一、引言

作为宏观经济最重要的变量之一，资本存量在很多实证研究中不可或缺。目前中国还不具备开展大规模资产普查的条件，缺少直接的国家公布的资本存量数据，在此背景下，一些学者尝试在永续盘存法（PIM）的框架下对资本存量进行估计。然而，一方面我国相关统计数据缺乏，另一方面学者对指标的选择和处理不同，导致资本存量的估计结果差距很大，而资本存量测量的不准确必然会影响到后续研究的可靠性和准确性。因此，对我国资本存量的准确估算至今仍是一个悬而未决的难题。鉴于此，有必要对我国资本存量的相关研究文献进行系统的述评，汲取相关研究的有益内容，同时抛弃不合理的估算假定和前后不一致的推算方法，为后续的相关研究提供借鉴。

既有研究主要采用永续盘存法对资本存量进行估计，该方法将资本存量的模型简化为：

$$K_t = I_t/P_t + (1-\delta_t)K_{t-1} \tag{1}$$

其中，K_t 为 t 年的资本存量，I_t 为 t 年的新增投资，P_t 为 t 年的投资价格指数，δ_t 为 t 年的资本折旧率。

由式（1）可知，在相对效率几何递减模式下，采用 PIM 对资本存量进行估计，主要涉及四个变量的选择：①每年投资额 I 的确定；②投资价格指数 P 的确定；③经济折旧率 δ 的确定；④基期资本存量 K 的确定。本文其余部分将分别对以上四个变量进行讨论，并对相关研究文献的估算结果进行比较，在此基础上给出我们的结论。

二、投资指标的选择

为选择合理的投资指标，我们分别对既有研究中采用的投资指标进行评述，并归纳和总结出各指标的优缺点。

（一）积累额

根据定义可以发现，一些学者采用积累额的主要原因是该指标无须考虑折旧问题，贺菊煌（1992）、Chow（1993）使用积累总额数据。然而，1993 年以来，我国采用新的 SNA 统计体系，此后取消了积累额指标和对应的价格指数，因此无法继续使用该指标。张军和章元（2003）认为生产性积累与固定资产投资的增长率存在可比性，在此基础上，模拟出 1993 年后的生产性积累数据。通过对固定资产投资的分析表明，1993 年之后我国固定资产投资高速增长，因此，模拟出来的生产性积累结果偏高，当然资本存量估计结果也偏高。此外，该指标中还包括存货投资，Holz（2006）认为只有形成生产能力的投资才应计入资本存量，而存货增加是未在当年形成生产能力的产品，不能被计入资本存量。

（二）固定资产投资

固定资产投资作为官方统计指标，具有时间序列长且按资产和行业分类的特点，很多学者都采用该指标作为当年的投资流量。黄勇峰和任若恩（2002）、王益煊和吴优（2003）、孙琳琳和任若恩（2008）使用了按资产类型和按行业分类的固定资产投资数据。单豪杰（2008）认为，固定资产投资中包括了一些不可再生资本的支出，如旧房屋、机器和土地的支出，因此，虽然固定资产投资指标具有诸多优势，但在测量资本存量时还会存在误差。此外，1997 年以来，国家统计局对固定资产的统计范围由 5 万元以上提高到 50 万元以上，使该指标低估了总投资。孙琳琳和任若恩（2005）认为，从 PIM 方法论上，固定资本存量应选择不考虑退役和资本品效率下降或折旧的固定资产投资数据，且中国统计年鉴又按资产和行业分类的固定资产投资数据，可以满足 PIM 对投资数据的分类要求，也符合 OECD 资本度量手册（2001，2009）对投资数据的要求。然而，张军（2004）认为全社会固定资产投资是具有中国特色的统计指标，与目前 SNA 统计体系还存在一定差异。

还有学者对固定资产投资进行了适当的调整和剔除。由于认为我国投资中存在大量浪费，王小鲁和樊纲（2000）将固定资产投资与投资交付使用率的乘积作为 1980 年前的投资指标，1980 年以后则直接采用固定资本形成指标。李宾（2011）将全社会固定资产投资分解为新增固定资产和当年未形成生产能力的资产两部分，从而构建了一个新的投资指标，某年的投资额为当年新增固定资产与上年未形成生产能力的资产之和。陈宽等（Chen 等，1988a，1988b）和大琢启二郎等（2000）都从固定资产投资中剔除了住宅投资，然而，胡永泰等（Woo 等，1994）通过回归分析发现，剔除对资本估计是十分敏感的，即使要做剔除，也只能小心翼翼地做部分剔除。

（三）固定资本形成额

由于固定资产投资包括旧房屋、机器和土地等不可再生资本的支出，为解决这一问题，国家统计局从固定资产投资中剔除旧机器和房屋的支出费用、土地使用权费，同时增加了 50 万以下零星固定资产投资完成额和土地改良支出等投资项目，从而调整为固定资本形成额指标。因此，固定资本形成总额是在全社会固定资产投资基础上，通过适当的剔除和调整得到的。从概念上分析可以得出，固定资本形成数据中含土地投资数据，但不包括存货投资数据。何枫等（2003）使用了固定资本形成数据，张军（2004）认为“固定资本形成总额”扣除折旧后的净额与“固定资产积累”是等价概念，鉴于 PIM 对投资指标的要求，认为固定资本形成总额是度量当年投资流量的合理指标。单豪杰（2008）认为，考虑到研究目的不同，可以对投资进行合理的调整。然而总量生产函数中的资本投入应为直接或间接为生产服务的资本存量，它既包括生产所需各类资本，也包括生活需要的资本，那么就可以不扣除非生产性投资，认为固定资本形成总额是当年投资流量的较好选择。孙琳琳和任若恩（2014）认为在 PIM 框架下，SNA 的“固定资本形成”概念是更恰当的投资数据，并采用国家统计局的方法，将行业层面的“固定资产投资”调整为“固定资本形成”数据。

通过对国际上同类研究的比较，《OECD 资本度量手册（2001，2009）》也建议使用固定资本形成总额作为当年的投资指标。近年来，特别是国家统计局对国内生产总值核算的历史数据进行了两次重大补充和一次重大调整之后，固定资本形成总额作为投资流量被更多学者认为是合理的选择。然而，固定资本形成额也存在一个问题，即从 PIM 方法论上，估计固定资本存量时应选择不考虑退役和资本品效率下降或折旧的固定资产投资数据，而固定资本形成额中剔除了退役资本品的价值，低估了当年的投资流量。

（四）新增固定资产

新增固定资产是指报告期内已经完成建造和购置的过程，并已交付生产或使用单位的固定资产价值。谢千里等（1995）使用新增固定资产作为投资指标，并剔除了其中的住宅和非生产性投资；陈诗一（2011）在估计工业分行业资本存量时，利用基本建设、更新改造投资的新增固定资产之和构造当年投资额；Wang 和 Szirmai（2012）认为新增固定资产是估计中国资本存量更恰当的指标，并利用统计年鉴中行业固定资产原值数据，推导出 1953～2007 年的新增固定资产投资序列；Holz（2006）认为，只有当年形成生产能力的投资才能计入资本存量，那么国家统计局公布的投资指标中，只有新增固定资产满足此条件。然而，该指标国家统计局只公布了 1995 以前的数据，一些学者采用不同的方法延长了该投资序列，其准确性还有待商榷。而且新增固定资产的投资过程可能是跨年度完成的，因而使用该指标还存在核算和价格指数等很多问题（见表 1）。

表 1　投资指标比较

投资指标	优点	缺点
积累额	不需要考虑折旧问题	包含存货投资；目前只有 1993 年之前的数据
固定资产投资	时间序列长，有按资产分类和按行业分类的数据；不考虑退役、不考虑资本品效率下降或折旧等问题，满足 PIM 对投资数据的要求	包括不可再生资本支出；存在大量浪费；与目前 SNA 统计体系存在差异；该指标低估了总投资

续表

投资指标	优点	缺点
固定资本形成额	通过对固定资产投资数据调整得到，弥补了其缺陷；在对历史数据进行两次补充和一次调整后，数据比较完善；OECD 资本度量手册推荐使用，便于国际比较	没有分类统计的数据；剔除了退役的资本品价值，与 PIM 方法论要求的投资指标不符
新增固定资产	不考虑退役、不考虑资本品效率下降或折旧等问题的投资数据，与 PIM 方法论对投资指标的要求一致；与总量生产函数中所隐含的假设相一致	该指标存在核算和价格指数平减的问题；只有 1995 年之前的数据

三、投资价格指数的构造

目前，国家统计局只公布了 1991 之后的固定资产投资价格指数，此前的数据从《中国统计年鉴》《中国固定资产投资年鉴》和《中国物价年鉴》上均无法获得。因此，对于早期的投资价格指数，学者主要采用以下两种方式构造相应的价格指数。

（一）根据实际需要进行替代和推算

Jefferson（1995）选择工业品出厂价格指数对集体企业的现价总投资进行平减；Hu 和 Khan（1997）以及宋海岩等（2003）利用邹至庄的积累隐含平减指数，1978 年之后则采用全国建筑材料价格指数替代；乔根森（2001）认为批发价格指数是对固定资产投资价格指数更为合适的替代变量。

吴方卫（1999）、李治国和唐国兴（2003）利用 1991 年后的全国固定资产投资价格指数分别对全国生产资料出厂价格指数和上海市固定资产投资价格指数进行模拟，在此基础上，估算出 1991 年前的固定资产投资价格指数。然而，随着 1992 年之后我国社会主义市场经济体制的建立，利用 1991 年后的价格指数数据对之前的投资价格指数进行模拟，其合理性与准确性还有待商榷；张军和章元（2003）认为全国和上海市的固定资产投资价格指数之间不存在解释和被解释的关系，并通过分析发现全国和上海市的固定资产投资价格指数波动是一致的，因此，他们认为直接采用上海市的数据来代替全国固定资产投资价格指数是可行的。然而，波动一致并不能代表价格指数的数值相一致，实证研究表明“三大直辖市的价格指数是全国各省区市中最低的”①，因此，采用上海市的固定资产投资价格指数会高估当年的投资额。孙琳琳、任若恩（2005）认为采用回归方法估计投资价格指数的主要缺陷是样本量太少，导致估算的结果稳定性和准确性不高，因此建议利用合适的价格指数进行替代。黄勇峰和任若恩（2002）以及孙琳琳和任若恩（2003）将资产按建筑和设备分类，分别使用建筑价格指数、零售价格指数和工业价格指数进行替代，1992 年之后则使用国家统计局按资产分类的固定资产投资价格指数。

（二）测算和合成投资价格指数

Chow（1993）利用 1993 年之前公布的积累指数推算出积累隐含平减指数，此后大部分研究都借用了 Chow（1993）的研究结果。王益煊和吴优（2003）使用国家统计局城调队提供的 1985～1998 年分行业、分资产类型的价格指数，并假定价格匀速增长，从而推算出 1981～1984 年各类资产的价格指数。Young（2003）利用产出价格指数扣除消费和出口价格指数的残差构造了固定资本形成价格指数，研究结果表明，1978 年之前中国大部分省份的固定资本形成价格指数变化不大，因此，建议忽略 1978 年之前的投资品价格变动。此后张军等（2004）利用国家统计局提供的重大补充和调整数据，计算出 1995 年之前的固定资本形成价格指数，也验证了 Young（2003）的观点。Jefferson 等（1992，1995）和白重恩等（2006）采用建筑安装指数和机器设备指数加权平均的方法合成固定资产投资价格指数，1990 年后的价格指数采用官方公布的数据，1990 年之前则分别使用建筑业增加值的价格指数和机械制造业的出厂价格指数替代。

在缺乏官方的统计数据下，学者们根据投资指标的不同选择不同的价格指数进行平减，具有一定的合理性。随着我国统计数据不断的补充和完善，《中国国内生产总值核算历史资料（1952—1995）》《中国国内生产总值核算历史资料（1995—2004）》都提供了 1952～2004 年全国和分省的固定资本形成总额及其指

① 张军等（2004）利用《中国国内生产总值核算历史资料（1952—1995）》提供的固定资本形成额及其指数计算出了投资隐含平减指数，并与“林毅夫发展论坛”提供的《1952—1999 年中国经济增长数据》中的投资平减指数进行了对比，发现不同省份固定资产投资价格上涨的幅度和趋势有较大差异，特别突出的是三大直辖市尤其是北京市的价格上涨幅度在改革前后都比较小。

数，何枫等（2003）、龚六堂和谢丹阳（2004）、Wang 和 Yao（2001）、张军等（2004）、单豪杰（2008）以及李宾（2011）均利用上述数据计算了投资隐含的平减指数。张军等（2004）采用该方法计算了 1991～1995 年的隐含平减指数，发现与官方公布的同期固定资产价格指数基本一致，李宾（2011）采用同样的计算方法发现，这两个价格指数重叠的 1991～2004 年，两者基本相同。

四、重置率或折旧率的处理

早期折旧率的设定基本是根据会计方法进行的，没有与资本品的相对效率相联系，这种设定在折旧模式上是不符合 PIM 要求的，在永续盘存法下估计资本存量应当选择重置率而非折旧率。一般来说，利用 PIM 估计资本存量需要确定资本品的相对效率，既有研究一般假设相对效率服从单驾马车模式、直线下降模式和几何下降模式。孙琳琳、任若恩（2005）认为只有在相对效率采取几何下降模式时，估算出的折旧率才等于重置率。

由于资本存量估计结果对折旧率的变化很敏感①，因此，折旧率的精确估计就显得特别重要，已有研究对折旧率的处理可以归纳为以下几类：

（一）不考虑折旧，利用 MPS 体系下的“积累”作为投资指标

由于 1993 年之后不再公布积累数据，采用该方法的研究较少。已有的代表性研究中贺菊煌（1992）和 Chow（1993）运用了剔除“折旧”的积累指数，因而回避了折旧问题。然而，“积累”对折旧的扣除是以历史价格为基础的，而不是基于资本品效率的递减模式，因而积累数据对折旧的剔除不符合 PIM 下估计资本存量的要求。

（二）利用官方公布的折旧或推算数据

邹至庄（1993）利用国民收入恒等式推算出折旧额；徐现祥等（2007）利用收入法 GDP 数据倒推出固定资产折旧额；李治国和唐国兴（2003）沿用邹至

① 黄宗远、宫汝凯（2008），李宾（2011）通过对不同时期资本折旧率的假定，对折旧率进行敏感性分析，结果表明：折旧率对估计结果存在较强烈的敏感度，其变动会引起资本存量的估计结果存在较大差异。

庄（1993）的方式，测算出1978～1993年的折旧额，对于1994年之后的折旧额，则通过加总各省的折旧额得到；而宋海岩等（2003）认为折旧率应与经济增长速度成正比，经济增长快的省份折旧率会更高，因此，采用官方名义折旧率加上经济增长率作为资本的实际折旧率；李宾（2011）在1994年之前采用Holz（2006）推算出的国有企业折旧率，1994年以后用官方公布的分省的固定资产折旧额；薛俊波和王铮（2007）、徐杰等（2010）、沈利生和乔红芳（2015）利用投入产出表提供的固定资产折旧数据推算出折旧率。

以上研究的优势是充分利用了官方的统计数据，而且薛俊波和王铮（2007）、徐杰等（2010）、沈利生和乔红芳（2015）还利用投入产出表估计了各行业的折旧率，然而，由前文对折旧的定义可知，我国的折旧额是基于会计核算进行的"扣除"，没有与资本品的相对效率相联系，这种"扣除"在折旧模式上不符合PIM的要求。

（三）自行设定折旧率或忽略折旧

胡永泰（1998）、王小鲁和樊纲（2000）、Wang和Yao（2001）假定折旧率为5%；Young（2003）、Hall和Jones（1999）则假定折旧率为6%；Hu和Khan（1997）假定折旧率为3.6%；刘明兴（2002）、龚六堂和谢丹阳（2004）则假定折旧率为10%；何枫等（2003）没有考虑折旧，实际上估计的是总资本存量。

以上折旧率的设定差别很大，而资本存量对折旧率的取值又相当敏感，李宾（2011）通过稳健性检验得出，如果分别假定5%和10%的折旧率，在其他条件不变的情况下，资本存量的估计结果将相差50%左右。因此，折旧率的取值对资本存量的估计至关重要，自行设定折旧率过于主观，估计结果当然也不具有说服力。

（四）按照PIM的要求，采用效率几何递减模式推算折旧率

王益煊和吴优（2003）依据财政部1994年制定的财务制度对住宅、机器设备等固定资产使用年限的规定，参考美国经济分析局（BEA）的数据，采用几何折旧法测算了我国16个行业和7个资产分类的折旧率；黄勇峰和任若恩（2002）、孙琳琳和任若恩（2005）假定建筑和机器设备的寿命分别为40年和16年，采用几何效率递减模式推算出折旧率分别为8%和17%；张军等（2004）假定建筑、设备和其他类型投资的平均寿命期分别为45年、20年和25年，并依据三类投资在固定资产投资中的比重，加权平均计算出全部资产折旧率为9.6%；

白重恩等（2006）假定建筑和设备平均寿命期分别为38年和12年，并根据1978～2005年建筑和设备的比重变化，估计出动态折旧率在10.47%～12.06%；单豪杰（2008）参考财政部《国有企业固定资产分类折旧年限表》，最终将建筑和机器设备寿命确定分别为38年和16年，并根据年鉴提供的二者结构比重，采用相对效率几何递减模式计算出总资产折旧率为10.96%。

上述研究依据相应的规定和财务制度设定建筑和设备等资本品的使用寿命，在此基础上，根据财政部建议的3%～5%残值率计算得出折旧率。例如，黄勇峰和任若恩（2002）根据工业协会和1985年政府税收规定，王益煊和吴优（2003）依据财政部1994年制定的财务制度，单豪杰（2008）参考财政部《国有企业固定资产分类折旧年限表》等确定相应资本品的使用寿命，由于参考和依据的标准不一致，使折旧率的估计结果偏差较大，究竟哪个标准是合适的，是否还有其他更合理的参考标准？无疑，这是我们今后需要进一步研究的问题。

五、基期资本存量的确定

既有研究文献一般将基期确定为1952年或1978年，由于学者对估算的理解和方法不同，得出的基期资本存量也存在较大差异。鉴于此，我们对基期资本存量的研究方法进行了梳理和总结，并指出已有研究文献存在的一些问题，为后续相关研究提供参考。

（一）资本产出比法

张军扩（1991）参考帕金斯的方法，认为中国1953年资本国民收入比为3的假定是合理的，由此推算出1952年的资本存量为2000亿元（1952年价格）。何枫等（2003）沿用张军扩（1991）的观点，即假设中国1953年资本国民收入比为3，并由此套算出1953年资本－GDP的比例为3.487∶1，由此得出1953年我国年均资本存量为5611.29亿元（1990年价格），采用单豪杰（2008）推断的隐含投资平减指数进行平减，发现何枫等（2003）估计的1952年的资本存量为3017亿元。

李宾（2011）首先利用资本产出比对基期资本存量做敏感性分析，然后排除掉那些在直觉上不合理的 K_0 选择，认为1952年的资本产出比应在1.4~2.0，并采用常数折旧率进行测算，最终将其资本产出比确定为1.6，从而估算出1952年的资本存量为4429.28亿元（2000年价格），采用单豪杰（2008）推断的隐含投资平减指数进行平减，那么李宾（2011）估计的1952年的资本存量为1244亿元（1952年价格）。

（二）利用固定资产原值（净值）或PIM方法推算

Chow（1993）利用固定资产净值数据估计出1952年非农业部门的资本存量为582.67亿元，同时将农业和土地的资本存量估计为540亿元和720亿元，从而总资本存量为1750亿元（1952年价格），后续许多相关研究都采用了Chow（1993）的估算结果，如Wang和Yao（2001）、李治国和唐国兴（2004）。张军和章元（2003）通过对上海固定资产原值、工业固定资产净值和农业资本存量的数据进行推算，估计出我国1952年的资本存量分别为673亿元、572亿元和800亿元（1952年价格），并最终确定1952年资本存量为800亿元。

黄勇峰和任若恩（2002）、孙琳琳和任若恩（2005）从Albert Feuerwerker（1977）、Maddison（1995）等的研究中推算出中国的早期投资数据，并采用永续盘存法估算出基期资本存量。黄勇峰和任若恩（2002）估算的1978年建筑存量为4714.05亿元，设备存量为1107.61亿元（1978年价格）；孙琳琳和任若恩（2003）估计的1980年建筑存量为5132.1亿元，设备存量为1827.251亿元（1980年价格）。从理论上讲，黄勇峰和任若恩（2002）、孙琳琳和任若恩（2005）的估计结果应该比较准确。

（三）经验研究法

在经济稳态模式下，该方法认为资本存量增长率与投资增长率一致，这样基期资本存量就可以表示为基期的投资额与投资的平均增长率和折旧率之和的比值。Hall和Jones（1999）采用此方法，利用1960~1970年各国投资的平均增长率和折旧率，从而估计出各国1960年的资本存量；Young（2003）采用同样的方法估算了1952年中国固定资本存量约为815亿元（1952年价格），然而单豪杰（2008）通过对Young（2003）使用的折旧率和投资增长率的推算，发现Young的数据是值得怀疑的；张军（2004）也采用了Young（2003）的方法，利用10%的比例作为分母去除初始年份的投资数据，然而张军（2004）采用的折旧率是9.6%，由此可见，张军（2004）在估计基期资本存量时的数据处理同样也存在问题；单豪杰（2008）运用同样的方法，利用1953～1957年固定资本形成平均增长率与折旧率（10.96%）之和（23.1%），估计出1952年资本存量为342亿元。单豪杰（2008）强调在这个估算中不包括土地和存货投资。然而，利用资本形成总额作为分子，其中是包括土地和存货投资的，而且该研究后续的投资指标也选择了固定资本形成额，其中也包括土地改良投资，因此，单豪杰（2008）的研究也存在着前后不一致的问题。

（四）其他推算方法

贺菊煌（1992）认为我国经济体制和政策在1964～1971年与1971～1978年两段时期相对稳定，因此假设生产性资本在这两段时期的平均增长率相同，从而推算出1952年的资本存量为946亿元（1990年价格）；王小鲁和樊纲（2000）将1952年的资本存量确定为1600亿元（1952年价格），但未给出明确的推算方法；王益煊和吴优（2003）对永续盘存法下基期资本存量的含义存在误解，文章估计1981～1998年的资本存量，却将1997年设定为基年，1997年资本存量为70377.7亿元（1990年价格），文中介绍该数据是根据国家财政部提供的近几年国有单位分行业、分资产种类的固定资本存量调查、汇总数据，经过比较选择和加工整理得到；郝枫（2006）基于Albala的最优一致方法估算1952年资本存量为1607.21亿元，这与王小鲁和樊纲（2000）的估算结果十分接近，但该方法采用产出与投资增长率的一致性假定，与1952年前后的现实情况差距很大，由此估算结果也有待商榷。

由此可见，学者采用的方法不同导致结果差别很大，即使同一种方法，由于使用的数据不同，也很难判断哪个估算结果更准确。此外，估算的范围也存在不一致，如李治国和唐国兴（2003）在引用Chow（1993）的基期资本存量时没有说明是否包括土地；王小鲁和樊纲（2000）将测算的基年资本存量与Chow（1993）进行对比时也没有交代是否包括土地投资；张军和章元（2003）在基期资本存量中没有包括土地，但是他们应用的生产性积累额中包含土地投资，因此，出现前后不一致的情况。

既有研究表明，基年选择越早，基期资本存量对后续年份资本存量的影响就越小①。李宾（2011）通过选择不同的资本产出比来确定1952年末的资本存量，

① Young（2000）认为，如果我们重点关注的是1978年以后的各省资本存量，而基年是1952年，那么26年的时间跨度使得初始年份的资本存量的数据都显得不太重要了，任何一种假设的方法都是可取的。

在此基础上，利用永续盘存法估计我国的资本存量序列。结果表明，虽然1952年末资本存量相差5倍多，但1978年已收敛至百分之十几，1993年之后更是收敛至2%左右。这不仅验证了Young（2000）的研究结论，而且也证明K_0的取值对资本存量的估计结果的确影响不大，尤其对1993年后的宏观经济分析而言更是如此。

六、估算结果的比较

为方便进行比较，我们将相关研究的估计结果均调整为1952年价格。由图1可知，贺菊煌（1991）与张军扩（1991）同样运用积累总额作为投资指标，但张军扩的估计结果较高，主要是张军扩（1991）估计的基期资本存量（2000亿元，1952年价格）高于贺菊煌（1991）估计的基期资本存量（516亿元，1952年价格）。张军和章元（2003）采用生产性积累作为投资指标，他们的估计结果高于贺菊煌（1991）的估计结果。主要原因有两点：一是张军和章元（2003）估计的基期资本存量（800亿元，1952年价格）高于贺菊煌（1991）估计的基期资本存量（516亿元，1952年价格）；二是张军和章元（2003）利用上海市的固定资产投资价格指数代替全国的价格指数对生产性积累进行平减，高估了投资流量。

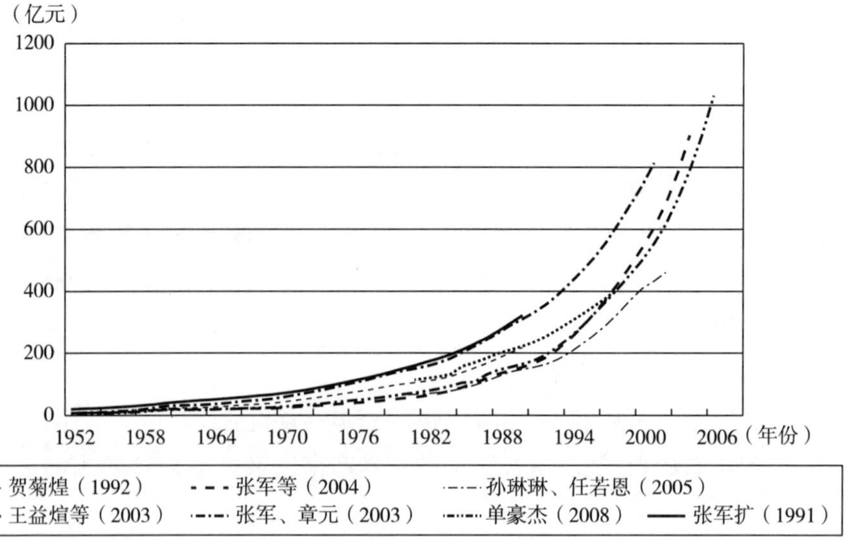

图1　相关研究文献估算结果比较

张军等（2004）与单豪杰（2008）选择的指标和估算方法基本一致，只是单豪杰（2008）估计的折旧率（10.96%）高于张军等（2004）的折旧率（9.6%），因此，张军等（2004）估计的结果略高；王益煊和吴优（2003）、孙琳琳和任若恩（2005）首先对资产进行了分类，分别计算了每种资产的折旧率，之后估计了每种资产的资本存量。由于对资产进行了分类，他们的估算方法更适合 PIM 方法论的要求，估计结果相对来说也更加精确。

七、结论

运用永续盘存法估算资本存量，主要涉及四个变量的确定。对于投资流量指标，《OECD 资本度量手册（2001，2009）》建议使用固定资本形成额，特别是我国两次历史数据的重大补充和一次重大调整之后，更多学者倾向使用固定资本形成数据；对于 1991 年前的投资价格指数，目前认为隐含的固定资本形成价格平减指数是最佳的替代指标，通过对比 1991 年后官方公布的固定资产投资价格指数，发现二者基本一致；由于数据缺乏，研究方法各异，基期资本存量的估计结果差别很大，然而实证研究表明，1952 年资本存量的选择对于 1978 年及之后的估算结果影响甚微；折旧率的选择对资本存量的估计结果至关重要，折旧率相差 1 个百分点，可导致 1978 年的资本存量相差大约 10%，若折旧率相差 5 个百分点，那么资本存量的差异之大势必无法忽略（李宾，2011），因此，如何更加准确地测算资本折旧率，是需要我们进一步研究的重要课题。

总之，由于数据的原因，我们的研究还需要进一步改进，对资本的分类还很粗糙，对资本品寿命的确定还缺乏更加权威和客观的依据。因此，对资本存量的估算，仍将是一个长期探索和不断发展的过程。

参考文献

[1] Goldsmith, Raymond W. A Perpetual Inventory of National Wealth [R]. NBER Studies in Income and Wealth, New York: National Bureau of Economic, 1951.

[2] 贺菊煌．我国资产的估算［J］．数量经济技术经济研究，1992（8）：24－27.

[3] Chow，Gregory C. Capital Formation and Economic Growth in China［J］. Quarterly Journal of Economics，1993，108（3）：809－842.

[4] 张军，章元．对中国资本存量 K 的再估计［J］．经济研究，2003（7）：35－43.

[5] Holz，Carsten A. New Capital Estimates for China［J］．China Economic Review，2006，17（2）：142－185.

[6] 黄永峰，任若恩．中国制造业永续盘存法估计［J］．经济学（季刊），2002（2）：377－396.

[7] 王益煊，吴优．中国国有经济固定资本存量的初步测算［J］．统计研究，2003（5）：40－45.

[8] 孙琳琳，任若恩．我国行业层次资本服务量的测算（1981－2000）［J］．山西财经大学学报，2008（4）：96－101.

[9] 单豪杰．中国资本存量 K 的再估算：1952－2006 年［J］．数量经济技术经济研究，2008（10）：17－31.

[10] 孙琳琳，任若恩．中国资本投入和全要素生产率的估算［J］．世界经济，2005（12）：3－13.

[11] 张军，吴桂英，张吉鹏．中国省际物质资本存量估算：1952－2000［J］．经济研究，2004（10）：35－44.

[12] 王小鲁，樊纲．我国经济增长的可持续性——跨世纪的回顾与展望［M］．北京：经济科学出版社，2000.

[13] 李宾．我国资本存量估算的比较分析［J］．数量经济技术经济研究，2011（12）：21－36.

[14] 何枫，陈荣，何林．我国资本存量的估算及其相关分析［J］．经济学家，2003（5）：29－35.

[15] 孙琳琳，任若恩．转轨时期我国行业层面资本积累的研究——资本存量和资本流量的测算［J］．经济学（季刊），2014，13（3）：837－862.

[16] OECD. Productivity Manual. Guide to the Measurement of Industry－Level and Aggregate Productivity Growth［R］. Paris，2001.

[17] OECD. Measuring Capital－OECD Manual（second edition）［R］. Paris，2009.

[18] 谢千里，罗斯基，郑玉歆. 改革以来中国工业生产率变动趋势估计及可靠性分析［J］. 经济研究，1995（12）：10－22.

[19] 陈诗一. 中国工业分行业统计数据估算：1980－2008［J］. 经济学（季刊），2011，10（3）：735－776.

[20] Wang Lili, Adam Szirmai. Capital Inputs in the Chinese Economy: Estimates for the Total Economy, Industry and Manufacturing [J]. China Economic Review, 2012 (23): 81－104.

[21] Hu, Zuliu and Mohsin S. Khan, Why is China Growing So Fast? [R]. IMF Staff Papers, The International Monetary Fund. Washington, DC, 1997.

[22] 宋海岩，刘淄楠. 改革时期中国总投资决定因素的分析［J］. 世界经济文汇，2003（1）：44－56.

[23] Jorgenson, Dale W. Information Technology and the U. S. Economy [J]. American Economic Review, 2001 (91): 1－32.

[24] 李治国，唐国兴. 资本形成路径与资本存量调整模型［J］. 经济研究，2003（2）：34－42.

[25] 孙琳琳，任若恩. 资本投入测量综述［J］. 经济学（季刊），2005，4（4）：823－842.

[26] Young, Alwyn. Gold into Base Metals: Productivity Growth in the People's Republic of China during the Reform Period [J]. Journal of Political Economy, 2003 (111): 1220－1260.

[27] G. Jefferson, T. Rawski and Y. Zheng. Growth, Efficiency, and Convergence in China's State and Collective Industry [J]. Economic Development and Cultural Change, 1992 (40): 239－266.

[28] Chong－En Bai, Chang－Tai Hsieh and Yingyi Qian. The Return to Capital in China [D], NBER Working Paper, 2006.

[29] Hsueh Tien－tung, Qiang Li, eds. China's National Income: 1952－1995 [M]. Boulder: Westview Press, 1999.

[30] Wang, Yan and Yudong Yao. Sources of China's Economic Growth, 1952－1999: Incorporating Human Capital Accumulation [R]. World Bank Working Paper, 2001.

[31] 徐现祥，周吉梅，舒元. 中国省区三次产业资本存量估计［J］. 统计研究，2007（5）：6－13.

［32］薛俊波，王铮．中国 17 部门资本存量的核算研究［J］．统计研究，2007（7）：49－54.

［33］徐杰，段万春，杨建龙．中国资本存量的重估［J］．统计研究，2010（12）：72－77.

［34］沈利生，乔红芳．重估中国的资本存量：1952—2012［J］．吉林大学社会科学学报，2015，55（4）：122－133.

［35］Hall R.，C. Jones. Why do Some Countries Produce so Much More Output per Worker than Others［J］. The Quarterly Journal of Economics，1999（114）：83－116.

我国创新型国家建设面临的挑战

——基于东中西部地区科技进步的差异研究

摘要：创新型国家建设要求科技进步贡献率达到60%以上，目前，我国科技进步水平还存在一定的差距，而且我国区域间科技进步水平差异较大，对我国创新型国家建设提出了挑战。鉴于此，本文采用新的方法分别对资本存量和劳动投入进行了估计，在此基础上，运用数据包络分析下的 Malmquist 指数测算并分解了 2003 年以来的全要素生产率变化。结果表明：2003～2013 年我国全要素生产率以年均 3.3%的速度下降。通过对全要素生产率的分解发现，其主要原因是技术进步以年均 2.1%的速率下滑，而技术效率年均 1.2%的下降速率进一步降低了全要素生产率的增长速度。因此，我国在提升科技进步水平的同时，需要注重区域间的科技进步差异，以实现区域间的长期、均衡可持续增长。

关键词：创新型国家；数据包络分析；全要素生产率

一、引言

创新型国家是一种国家形态，是在特定时期的国家发展方式。其核心是把科技创新作为基本战略，其目标是提高科技创新能力，形成日益强大的竞争优势，提高国家在全球竞争中的可持续的发展能力。《国家中长期科学和技术发展规划纲要（2006—2020 年）》中指出，到 2020 年我国建设成为创新型国家。创新型国家有四个主要指标：一是全社会研究开发投入占国内生产总值的比重提高到 2.5%以上，2013 年我国研发投入占国内生产总值的比重已经达到 2.09%；二是对外技术依存度降低到 30%以下，目前该目标已经实现；三是本国人发明专利年度授权量和国际科学论文被引用数均进入世界前 5 位，目前该目标也已经实现；四是力争科技进步贡献率达到60%以上。目前，我国科技进步水平距此还存在一定的差距，而且区域间科技进步水平差异较大，这对我国创新型国家建设提出了挑战。鉴于此，本文采用新的研究方法分别对资本和劳动投入进行了重估，并利用数据包络分析（Date Envelopment Analysis，DEA）法的 Malmquist 指数法对我国东、中、西部地区 2003 年以来的全要素生产率（TFP）进行估计，在此基础上，提出了缩小区域科技进步差距的对策建议，这些问题的研究对于更有针对性的政策讨论都具有重要意义。

二、文献综述

既有研究对我国 TFP 增长率的估计存在较大分歧。如对我国 1979—1998 年全要素生产率的估计，沈坤荣（1999）为 3.9%、Wang 和 Yao（2001）为 2.32%、Chow（2002）为 2.68%、孟令杰和李静（2004）为 0.84%，叶裕民（2001）为 4.59%、Young（2003）为 1.4%、张军和施少华（2003）为 2.8%，结论之间差异相当大。主要是两方面的原因：一是由于数据不同造成的。对全要素生产率的估算首先要估计资本和劳动投入，这是宏观经济研究最重要的两个指标。在对资本存量估计时需要计算四个指标，即基期资本存量、投资价格指数、当年投资指标和折旧率的确定，每个指标的估计都可以采用不同的方法，由此导致资本存量的确定比较困难，而劳动投入估算由于使用方法不同，估算结果差异也相当大，因此，资本和劳动投入估算的差异导致了全要素生产率估计结果分歧较大。二是由不同的研究方法造成的。目前，全要素生产率研究方法主要有四种：增长核算法、生产函数法、随机前沿分析法和数据包络分析法（Hulten，2000；Coelli，2005），由于选择的研究方法不同，导致全要素生产率的估计结果差异较大。

随着能源与环境问题的约束日趋严峻，对中国经济增长效率的争论也更加激烈。主要有两种观点：一种认为东部效率最高，西部最低。如胡鞍钢（2008）运用 DEA 的方向性距离函数测算了 1999 ~ 2005 年的技术效率，结果表明：东部地区技术效率最高，中部地区次之，西部地区最低，中部地区与东部地区技术效率水平差距逐渐缩小，而西部地区技术效率水平和东部地区的差距不断拉大；王兵等（2010）运用 SBM 方向性距离函数和卢恩伯格生产率指标测度了 1998 ~ 2007

年的环境效率、环境全要素生产率及其成分，结果表明：环境效率较高的省份均集中在东部地区，中西部地区环境全要素生产率增长率低于东部地区，资源环境因素对各省份全要素生产率的排名有显著的影响；朱承亮等（2011）采用超越对数型随机前沿模型对1998~2008年的技术效率进行了分析，发现东部地区效率值最高，其次是东北老工业基地，再次是中部地区，西部地区效率值最低。而另一种观点认为中部地区环境效率最低，西部地区环境效率最高。如李胜文等（2010）将环境效率定义为生产过程中潜在可实现的最少污染排放量与实际污染排放量之比，在随机前沿生产函数基础上估算了中国1986~2007年省级水平的环境效率，结果表明：中国的环境效率较低且增长缓慢，其中中部地区环境效率最低，西部地区环境效率最高。

总体而言，近年来有关我国区域TFP的研究文献数量较多，质量较高。然而，既有研究对资本和劳动指标的估计比较粗糙，估算结果差异较大，导致TFP计算结果不够准确，分歧较大。因此，对TFP的估算仍需进一步的深入研究。

三、指标选择与度量

（一）资本存量估算

测算资本存量的基本方法是Goldsmith在1951年开创的永续盘存法。该方法对资本存量进行测算的基本公式为：

$$K_t = I_t/P_t + (1-\delta_t)K_{t-1} \tag{1}$$

其中，K_t表示第t年的实际资本存量，P_t表示固定资本投资价格指数，I_t表示第t年的名义资本投资，δ_t表示第t年的固定资产折旧率。

由式（1）可知，在相对效率几何递减模式下，采用PIM对资本存量进行估计，主要涉及四个变量的选择：①每年投资额I的确定；②投资价格指数P的确定；③经济折旧率δ的确定；④基期资本存量K的确定。

1. 当年投资序列的确定

从国际上同类研究来看，《OECD资本度量手册（2001，2009）》建议使用固定资本形成额作为投资流量。近年来，特别是在国家统计局的补充和调整数据发布之后，我国学者也更倾向于使用固定资本形成数据作为当年的投资指标。通过比较分析，考虑到与国际研究的可比性以及数据的可获得性，本文将选用固定资本形成额作为当年投资的指标。

部分省份缺失数据的处理：西藏缺少1992年前的固定资本形成额数据，通过比较1992年之后西藏固定资本形成额与固定资产投资数据，发现二者差别不大，因此，利用西藏1978~1992年的固定资产投资数据代替固定资本形成额数据。海南与重庆由于建省（市）较晚，没有相关的数据可以替代，本文将海南与重庆的基期分别设定为1989年和1984年，因此，直接利用固定资本形成额估算后续年份的资本存量。

2. 投资价格指数的构造

为了充分利用官方最新公布的数据，本文利用《中国国内生产总值核算历史资料（1952—1995）》《中国国内生产总值核算历史资料（1995—2004）》提供的1952~2004年全国和分省的固定资本形成总额及其指数，计算出以1978年为基期的价格平减指数，对于1991年以后的数据，则采用各省份固定资产投资价格指数进行替代。

对于缺失数据的处理如下：由于利用《中国国内生产总值核算历史资料（1952—1995）》计算的固定资本形成价格指数偏差较大，本文利用《北京60年》公布的固定资本形成额数据重新估算了固定资本形成价格指数，估算结果较为合理；天津由于没有1978~1988年的固定资本形成指数，因此，无法计算固定资本形成价格指数，参考已有的文献研究，采用张军（2004）的方法，1978~1988年的投资价格指数利用零售价格指数（RPI）代替；对于海南和重庆由于建省（市）较晚，均缺乏相应的固定资本形成价格指数，本文分别采用广东和四川的固定资本形成价格指数进行替代；对于西藏的缺失数据，从地理和经济发展水平考虑，采用青海和新疆的固定资本形成价格指数的平均数来代替。

3. 折旧额或折旧率的确定

由于资本存量估计对折旧率的变化很敏感①，因此，折旧率的准确估计就显得特别重要。本文采用徐杰（2010）的方法，通过假定1987~2002年折旧率不变，利用投入产出表的固定资产折旧数据，计算得到折旧率为7.73%。

4. 基期资本存量的确定

对于1978年的基期资本存量，本文利用各省份1979年的折旧额除以折旧率

① 黄宗远、宫汝凯（2008）通过对不同时期资本折旧率的假定，对折旧率进行敏感性分析，结果表明：折旧率对估计结果存在较强烈的敏感度，其变动会引起资本存量的估计结果较大差异。

估算，对于数据缺失年份的处理，海南采用 1990 年折旧额估算出 1989 年的基期资本存量，重庆采用 1996 年折旧额估算出 1995 年的基期资本存量，西藏采用 1985 年的折旧额估算 1984 年的基期资本存量。

依据上述指标的估算结果，采用式（1）估算的各省份固定资本存量见表 1。

表 1　各省份历年固定资本存量估算结果（1978 年价格）　单位：亿元

年份	北京	天津	河北	山西	内蒙古	辽宁	吉林	黑龙江
2003	3429.17	1598.28	4050.34	1465.46	1668.01	2775.80	1271.03	1898.45
2004	3907.98	1826.26	4611.51	1695.72	2166.38	3192.77	1460.50	2083.79
2005	4438.20	2102.79	5308.61	1999.84	2892.55	3844.81	1741.13	2307.65
2006	5013.76	2438.00	6143.21	2375.30	3749.45	4632.07	2205.65	2599.74
2007	5638.15	2857.13	7131.55	2823.61	4812.23	5515.58	2857.97	2979.09
2008	6133.49	3400.95	8384.74	3293.23	6026.21	6552.65	3711.66	3425.22
2009	6725.88	4244.79	9828.60	3987.55	7725.14	7706.15	4634.94	4010.96
2010	7459.36	5291.17	11387.28	4805.20	9601.66	9099.06	5709.63	4676.34
2011	8204.76	6504.48	13294.57	5730.31	11682.09	10674.90	6757.31	5422.12
2012	9112.08	7875.19	15330.77	6640.57	14100.00	12371.12	7874.83	6305.21
2013	10074.41	9377.00	17431.02	7655.49	16945.58	14175.28	8998.20	7339.16
年份	上海	江苏	浙江	安徽	福建	江西	山东	河南
2003	4615.72	10069.07	5815.00	1823.73	1597.83	2181.84	5460.47	3784.15
2004	5128.95	11668.53	6942.21	2079.89	1822.79	2593.79	6369.73	4313.49
2005	5738.56	13770.75	8176.85	2382.73	2119.28	3073.06	7561.20	5115.49
2006	6461.84	16069.08	9511.58	2744.53	2490.10	3665.54	8972.59	6208.26
2007	7298.13	18561.79	10964.08	3184.76	2960.22	4351.68	10494.38	7634.44
2008	8072.45	21189.79	12402.56	3692.45	3537.94	5097.52	12156.60	9284.79
2009	9032.57	24627.84	14023.36	4302.28	4210.44	5953.91	14228.05	11499.13
2010	9845.30	28560.20	15857.98	5038.22	4929.12	6879.30	16535.95	14034.77
2011	10597.27	32821.96	17733.69	5886.91	5761.83	7908.27	18981.00	16772.01
2012	11346.77	37350.55	19665.90	6833.54	6688.10	8980.23	21590.39	19832.63
2013	12170.87	41842.44	21796.29	7875.50	7729.78	10088.14	24351.92	23206.16
年份	湖北	湖南	广东	广西	海南	重庆	四川	贵州
2003	2936.46	1445.41	7325.15	1012.70	528.97	872.83	1969.46	845.71
2004	3278.02	1624.76	8391.99	1155.98	574.69	1040.60	2212.62	960.69

单位：亿元

年份	湖北	湖南	广东	广西	海南	重庆	四川	贵州
2005	3695.31	1857.10	9744.64	1361.53	633.59	1235.96	2509.34	1088.12
2006	4244.98	2148.72	11265.88	1612.94	705.96	1451.74	2892.88	1234.99
2007	4903.70	2528.63	13002.96	1942.62	793.15	1696.62	3360.13	1403.22
2008	5632.94	2993.35	14762.27	2360.21	906.74	2018.14	3871.18	1595.37
2009	6578.74	3554.20	17117.79	3030.95	1038.90	2327.52	4492.94	1833.82
2010	7706.75	4259.02	19794.04	3961.70	1218.56	2697.00	5218.56	2123.97
2011	9081.94	5047.75	22723.38	5028.44	1426.88	3141.35	6039.27	2473.51
2012	10584.40	5914.52	25947.47	6116.94	1711.98	3601.81	6943.28	2936.48
2013	12257.90	6861.58	29515.93	7005.53	2036.45	4085.56	7883.48	3528.77

年份	云南	西藏	陕西	甘肃	青海	宁夏	新疆
2003	1115.84	109.50	1454.36	875.83	453.37	300.75	1279.00
2004	1252.00	144.12	1637.20	999.68	521.17	350.98	1440.72
2005	1401.10	181.92	1885.40	1139.21	597.32	412.85	1612.46
2006	1570.08	224.54	2198.04	1295.92	679.73	488.44	1807.22
2007	1754.50	270.73	2624.66	1478.88	771.22	568.87	2029.04
2008	1936.66	315.78	3150.44	1688.98	869.84	674.28	2266.38
2009	2279.78	372.08	3785.91	1941.30	1015.51	818.83	2526.44
2010	2817.51	457.86	4596.18	2241.70	1210.99	992.76	2875.29
2011	3473.78	527.02	5485.38	2598.99	1450.49	1160.85	3273.78
2012	4231.56	620.07	6497.93	3003.74	1789.32	1358.08	3876.97
2013	5094.05	740.12	7560.59	3475.42	2217.54	1578.04	4657.54

（二）劳动投入估算

由岳希明、任若恩（2008）的分析可知，目前从业人员教育水平的提高是我国劳动投入质量改善的最重要源泉。鉴于此，本文在既有研究的基础上，依据就业人员受教育程度进行分组，利用城镇分行业受教育程度矩阵和城镇分行业工资总额矩阵①，计算了分组的劳动者报酬向量，并利用城镇各行业就业人数计算了不同受教育程度的劳动者的平均工资，在劳动的边际生产率等于工资的假定条件

① 在各类统计年鉴中，只有城镇工资总额的数据。

下，利用不同受教育程度的劳动者的平均工资水平①，对不同受教育程度的劳动者进行加权，从而得出考虑劳动质量改善的劳动投入，编制了我国各省份2003年之后②的劳动投入指标，详见表2。

表2 各省份历年劳动投入估算结果

年份	北京	天津	河北	山西	内蒙古	辽宁	吉林	黑龙江
2003	1549.20	968.93	5777.05	2455.49	1591.10	3538.09	2009.13	2639.01
2004	2080.11	1153.48	6245.74	2640.67	1830.38	3871.93	2216.01	2971.55
2005	2768.05	1420.85	7010.02	3170.77	2107.61	4524.87	2544.75	3522.56
2006	3359.74	1619.58	7497.86	3656.22	2310.91	5044.12	2780.58	4008.81
2007	3866.17	2020.73	8622.74	4195.08	2713.83	5840.41	3249.70	4732.25
2008	4470.40	2399.93	9979.54	4670.96	3086.11	6820.56	3745.41	5260.85
2009	5141.05	2793.93	11345.03	5253.97	3565.20	7866.78	4186.01	5923.35
2010	5361.56	3116.45	13178.55	6111.76	4299.98	8684.20	4693.91	6877.53
2011	5814.62	3541.93	15947.49	7231.16	5213.29	9634.61	5391.90	7665.52
2012	6722.53	4091.44	18095.36	8252.27	5969.20	10744.92	5915.67	8564.87
2013	7091.29	4706.55	19896.23	9256.46	6940.86	12477.06	6830.41	9621.77
年份	上海	江苏	浙江	安徽	福建	江西	山东	河南
2003	1745.60	7137.73	4678.30	5316.09	2724.06	3619.94	9051.63	8598.44
2004	1991.19	7774.99	5451.17	5945.32	3072.90	3773.35	10049.58	9753.87
2005	2557.78	9152.96	6343.52	6605.58	3584.88	4279.33	11502.36	11012.04
2006	3008.84	10391.32	6982.99	7049.68	3998.96	4640.59	12589.41	11922.37
2007	3486.80	11637.97	8344.10	8049.73	4795.75	5963.88	14550.09	13619.06
2008	4605.52	13087.58	9705.25	9457.55	5546.61	6566.53	16824.24	15626.44
2009	5265.80	14698.92	11452.56	10685.74	7155.90	7647.92	18895.97	17712.23
2010	5053.82	17441.37	12954.24	13163.06	7811.99	8317.64	22162.58	20329.67
2011	5326.56	19533.19	15131.20	15520.56	10107.36	9836.51	26739.90	24218.64
2012	5955.55	21672.60	16767.34	17477.52	11614.15	10899.21	29338.66	26936.76
2013	6501.29	23731.60	18454.91	19543.21	12503.16	12335.84	32683.69	30425.36

① 考虑了不同年份工资水平的可比问题，利用CPI对不同年份的工资水平进行了平减。

② 由于2003年我国行业进行了调整，我们不能对2003年之前的行业工资总额数据进行主观的分解，而且分行业受教育程度矩阵在2002年之前为受教育程度的行业矩阵，数据口径不匹配。

续表

年份	湖北	湖南	广东	广西	海南	重庆	四川	贵州
2003	5367.16	5800.17	7230.93	3952.78	605.58	2176.21	6858.07	3105.24
2004	6016.92	6446.77	8411.58	4533.80	674.75	2259.48	7440.57	3405.28
2005	6974.61	7328.97	10293.08	5185.13	780.69	2537.61	8096.41	3688.46
2006	7773.42	7980.99	12015.15	5688.04	857.69	2784.13	8500.09	3841.82
2007	8812.36	9297.29	14361.31	6348.64	979.06	3189.99	9885.50	4544.69
2008	9984.38	10574.23	16715.39	7102.98	1152.84	3619.79	10905.23	4270.36
2009	11286.42	11799.22	18772.56	8043.72	1299.80	4146.08	12797.55	4527.68
2010	12663.21	13718.54	21749.29	9587.73	1553.41	5219.30	15117.22	5405.00
2011	15080.00	16815.33	24708.22	11278.99	1868.31	6090.81	18265.82	6515.64
2012	16406.77	18316.25	26825.17	11626.68	2171.77	6947.45	19876.54	7215.49
2013	18014.79	20065.33	30301.76	12895.44	2548.45	7831.46	22197.44	8269.37

年份	云南	西藏	陕西	甘肃	青海	宁夏	新疆
2003	2927.17	141.64	3131.73	2240.66	429.89	449.86	1225.43
2004	3601.25	163.14	3544.93	2533.66	466.13	529.78	1390.87
2005	4007.54	175.94	4040.94	2614.64	534.94	608.84	1657.35
2006	4337.99	190.69	4357.67	2532.75	593.60	664.06	1858.28
2007	4994.94	229.83	5074.67	2936.26	693.78	761.07	2142.39
2008	5668.86	263.88	5806.38	3468.47	774.45	851.30	2481.75
2009	6469.27	306.44	6376.33	3919.11	871.75	1015.38	2799.76
2010	8331.89	487.13	7347.63	4833.50	1025.80	1158.78	3256.19
2011	10269.60	738.96	8713.99	5794.36	1246.15	1368.04	3869.24
2012	11254.34	719.30	9579.13	6286.54	1363.46	1494.90	4521.32
2013	12734.62	811.09	10468.99	7040.42	1502.25	1647.05	5336.90

从劳动投入估算结果可以看出，如果不考虑劳动质量的改善，单纯考虑全国就业人数的增长，2010 年以来，劳动投入已经开始接近零增长。在考虑劳动质量改善后，2010 年以来，各省份劳动投入水平不断提升，但 2010 年以后增速减缓。

四、实证分析结果

根据投入导向的 CRS（规模报酬不变）模型以及我国 31 个省（自治区、直辖市）的面板数据，使用 Coelli（1996）给出的数据包络分析 DEAP2.0 计量软件，我们计算了各省份 2003 年以来平均 Malmquist 指数逐年变化的情况。

（一）全要素生产率变化趋势

由表 3 可知，2003～2013 年，我国 TFP 以年均 3.3% 的速度下滑，且存在下降趋势。通过对 TFP 的分解发现，其主要原因是技术进步以年均 2.1% 的速率下滑，而技术效率年均 1.2% 的下降速率进一步降低了 TFP 的增长速度；对技术效率的进一步分解发现，相对而言，纯技术效率的下降是技术效率变化的主导因素，说明我国企业的组织和管理水平较低，在现有技术条件下不能在前沿面上组织生产。规模经济的变化率在大多数年份小于 1，且变化不大，表明 2003 年以来我国企业的规模效应没能得到较好改善。

表 3 历年平均 Malmquist 生产率指数及其分解

时间	Effch	Techch	Pech	Sech	Tfpch
2003～2004 年	0.998	0.988	1.006	0.992	0.987
2004～2005 年	1.003	0.966	1.004	0.999	0.969
2005～2006 年	0.989	0.991	0.997	0.992	0.979
2006～2007 年	0.993	0.986	0.993	1.000	0.979
2007～2008 年	0.995	0.969	0.999	0.996	0.965
2008～2009 年	0.975	0.980	0.981	0.994	0.956
2009～2010 年	0.954	1.010	0.978	0.976	0.964
2010～2011 年	0.959	1.002	0.980	0.979	0.961
2011～2012 年	0.966	0.992	0.971	0.995	0.959
2012～2013 年	0.963	0.992	0.975	0.987	0.955
mean	0.979	0.988	0.988	0.991	0.967

注：Effch 表示技术效率变化指数；Techch 表示技术进步指数；Pech 表示纯技术效率变化指数；Sech 表示规模效率变化指数；Tfpch 表示全要素生产率指数；下同。

（二）东中西部地区 TFP 增长分析

由于篇幅所限，在空间上，我们按照东部、中部和西部划分①，以研究各区域在不同时期全要素生产率的变化。

1. 东部地区全要素生产率增长分析

从表 4 可以看出，2003～2013 年，东部地区技术效率年均下降 1.7%，实现了上升—下降—再上升的过程，拐点分别出现在 2004～2005 年和 2010～2011 年，总体来看处于下降通道中，表明东部地区的技术效率较低，且存在下降趋势；2003～2013 年，技术进步年均下降 0.9%，技术进步总体水平不高，除个别年份外，增长率基本小于 1，但 2009～2010 年实现了 2% 的增长；TFP 受技术效率影响较大，2003～2013 年，TFP 增长率均小于 1，年均下降 2.6%，且呈下降趋势。

表 4　东部地区 Malmquist 生产率指数及其分解

时间	Effch	Techch	Pech	Sech	Tfpch
2003～2004 年	0.994	1.003	0.992	1.002	0.996
2004～2005 年	1.002	0.966	0.997	1.005	0.968
2005～2006 年	0.997	0.991	0.996	1.001	0.988
2006～2007 年	0.998	0.993	0.994	1.004	0.991
2007～2008 年	0.992	0.970	0.992	1.000	0.962
2008～2009 年	0.984	0.975	0.993	0.991	0.959
2009～2010 年	0.969	1.017	0.984	0.985	0.986
2010～2011 年	0.961	1.005	0.979	0.981	0.965
2011～2012 年	0.962	0.996	0.977	0.985	0.958
2012～2013 年	0.969	0.997	0.982	0.987	0.966

2. 中部地区全要素生产率增长分析

从表 5 可以看出，2003～2013 年，中部地区技术效率年均下降 2.2%，且呈不断下降的趋势；2003～2013 年，技术进步年均下降 1.5%，经历了先上升后下

① 东部地区包括北京、上海、天津、广东、福建、江苏、海南、辽宁、浙江、山东、河北；中部包括吉林、湖北、黑龙江、湖南、山西、河南、江西、安徽；西部地区包括内蒙古、广西、陕西、新疆、甘肃、宁夏、青海、四川、云南、贵州、西藏。

降的过程，技术进步总体水平不高，历年增长率均小于 1；TFP 受技术效率影响较大，2003～2013 年，TFP 增长率均小于 1，年均下降 3.7%，且呈不断下降趋势。

表 5　中部地区 Malmquist 生产率指数及其分解

时间	Effch	Techch	Pech	Sech	Tfpch
2003～2004 年	1.019	0.980	1.006	1.013	0.998
2004～2005 年	1.009	0.963	0.999	1.010	0.972
2005～2006 年	0.981	0.989	0.980	1.001	0.970
2006～2007 年	0.988	0.975	0.978	1.010	0.963
2007～2008 年	0.984	0.971	0.983	1.001	0.955
2008～2009 年	0.957	0.986	0.961	0.995	0.943
2009～2010 年	0.960	1.001	0.963	0.997	0.961
2010～2011 年	0.961	1.000	0.964	0.997	0.961
2011～2012 年	0.966	0.993	0.966	0.999	0.959
2012～2013 年	0.960	0.991	0.963	0.997	0.951

3. 西部地区全要素生产率增长分析

从表 6 可以看出，2003～2013 年，西部地区技术效率年均下降 2.2%，与中部地区持平，在 2007～2008 年达到最高点，实现了 0.6% 的增长，其他年份增长率均小于 1，且呈下降趋势，但纯技术效率水平较高，2008 年之前增长率均大于 1，但规模效率水平较低，年均下降 1.8%；2003～2013 年，技术进步年均下降 1.3%，总体经历了先升后降的过程，在 2009～2010 年达到拐点，并实现了 1% 的增长，其余年份增长率均小于 1；2003～2013 年，TFP 增长率也经历了先升后降的过程，拐点出现在 2005～2006 年，但总体水平较低，历年增长率均小于 1，且呈下降趋势。

表 6　西部地区 Malmquist 生产率指数及其分解

时间	Effch	Techch	Pech	Sech	Tfpch
2003～2004 年	0.989	0.981	1.019	0.971	0.971
2004～2005 年	1.000	0.969	1.015	0.986	0.969
2005～2006 年	0.987	0.991	1.009	0.978	0.979

续表

时间	Effch	Techch	Pech	Sech	Tfpch
2006~2007年	0.993	0.986	1.002	0.992	0.979
2007~2008年	1.006	0.968	1.017	0.990	0.974
2008~2009年	0.981	0.981	0.986	0.995	0.962
2009~2010年	0.939	1.012	0.984	0.957	0.949
2010~2011年	0.957	1.000	0.994	0.967	0.957
2011~2012年	0.971	0.989	0.969	1.002	0.960
2012~2013年	0.959	0.989	0.979	0.981	0.949

五、结论

本文运用DEA下的Malmquist指数方法测算并分解了2003年以来的技术效率、技术进步及TFP的变动。结果表明：2003~2013年我国TFP以年均3.3%的速度下降。通过对TFP的分解发现，其主要原因是技术进步以年均2.1%的速率下滑，而技术效率年均1.2%的下降速率进一步降低了TFP的增长速度。由估算结果可知，既有研究可能高估了我国的全要素生产率，可能的原因有两个：其一是劳动投入的估算，既有研究没有考虑劳动质量的改善，而仅仅采用历年的从业人数作为劳动投入，不对劳动者的受教育程度、熟练程度和工作年限等进行区分，只做简单的加总，显然是不合理的，严重低估了我国的劳动投入水平，从而高估了全要素生产率的水平；其二是固定资本存量的估算，本文利用1987年、1992年、1997年、2002年、2007年的投入产出表数据，推导了一个估算折旧率的模型，从而更加合理和客观地估算我国的固定资本存量。

从区域层次看，2003~2013年，东部地区的全要素生产率水平最高，西部次之，中部略低于西部；通过对全要素生产率的分解发现，东部地区无论是在技术效率还是技术进步方面均高于中部和西部地区。因此，从政策角度看，我国中西部地区应该在吸收先进技术、保持技术进步的同时，注重技术效率水平的提高，才能更加有效地促进TFP的增长，从而为我国创新型国家建设提供科技进步基础。

参考文献

[1] Wang, Yan, Yudong Yao. Sources of China's Economic Growth, 1952 – 1999: Incorporating Human Capital Accumulation [R]. World Bank Working Paper, 2001.

[2] Chow G., A. Lin. Accounting for Economic Growth in Taiwan and Mainland China: A Comparative Analysis [J]. Journal of Comparative Economics, 2002, 30 (3): 507 – 530.

[3] Young, Alwyn. Gold into Base Metals: Productivity Growth in the People's Republic of China during the Reform Period [J]. Journal of Political Economy, 2003 (111): 1220 – 1260.

[4] 胡鞍钢，郑京海，高宇宁等．考虑环境因素的省级技术效率排名（1999 – 2005）[J]．经济学（季刊），2008，7（3）：933 – 960.

[5] 王兵，吴延瑞，颜鹏飞．中国区域环境效率与环境全要素生产率增长 [J]．经济研究，2010（5）：95 – 109.

[6] 朱承亮，岳宏志，师萍．环境约束下的中国经济增长效率研究 [J]．数量经济技术经济研究，2011（5）：3 – 20.

[7] 李胜文，李新春，杨学儒．中国的环境效率与环境管制——基于1986 – 2007年省级水平的估算 [J]．财经研究，2010，36（2）：59 – 68.

[8] Goldsmith, Raymond W. A Perpetual Inventory of National Wealth [R]. NBER Studies in Income and Wealth, New York: National Bureau of Economic, 1951.

[9] OECD Productivity Manual. Guide to the Measurement of Industry – Level and Aggregate Productivity Growth [R]. Paris, 2001.

[10] OECD. Measuring Capital – OECD Manual (second edition) [R]. Paris, 2009.

[11] 张军，吴桂英，张吉鹏．中国省际物质资本存量估算：1952 – 2000 [J]．经济研究，2004（10）：35 – 44.

[12] 徐杰，段万春，杨建龙．中国资本存量的重估 [J]．统计研究，2010（12）：72 – 77.

[13] 岳希明，任若恩．测量中国经济的劳动投入：1982 – 2000 [J]．经济研究，2008（3）：16 – 28.

我国石化行业环境绩效及其影响因素研究

——基于企业环境责任信息披露的分析框架

摘要：本文以我国石化行业上市公司的年报和社会责任报告为样本，参照全球报告倡议组织发布的《可持续发展报告指南 4.0 版本》，采用指数法度量了我国石化行业的环境绩效，并构建多元线性回归模型，对环境绩效的影响因素进行实证研究。研究表明：总体来看，石化行业企业越来越重视环境信息的披露，设置独立社会责任报告的企业数不断增加；我国石化行业环境绩效平均得分为 0.37 分，整体绩效水平不高；将环境战略纳入企业的规制体制可以加强组织内部各层级的环保意识，从而促进环境绩效水平的显著提高，而研发强度由于和“环控”脱节导致与企业环境绩效显著负相关。可见，为了提高环境绩效水平，应该鼓励企业环保技术的创新，通过“研发”与“环控”相结合的形式降低环境的影响程度，同时企业必须重视环保战略的制定，将环境战略贯穿于环境管理的各个环节。

关键词：环境绩效；石化行业；环境责任信息披露；可持续发展报告指南

引 言

石化行业是我国国民经济的支柱型产业，该产业具有覆盖面广、产业链长、高污染、高能耗等特点。2012 年，我国环境保护部对八家中央企业的主要污染物进行考核，其中就有两家属于石化行业，考核结果显示：中央六家企业均实现了 2012 年各项主要污染物总量减排目标，通过年度考核；而中石油未完成化学需氧量减排目标，中石化未完成氮氧化物减排目标，未通过年度考核。相关负责人表示，依据有关规定，暂停审批中石油、中石化两家集团公司除油品升级和节能减排项目之外的新、改、扩建炼化项目环评。可见，石化行业的环境问题已引起了国家相关部门的高度关注，与此同时，作为污染行业的主体，我国石化企业所形成的环境外部性也严重地影响了企业形象。2013 年长庆油田公司的水污染事件，由于直接排污进湖导致大面积植被破坏；2017 年东辰石化的“化工围村”事件又一次引起了人们对环境问题的深思。企业在追求利润最大化的同时忽略了自身应承担的社会责任，导致其为后期的潜在成本付出巨大代价。环境绩效（Environmental Performance）不仅是一种环境成本与环境收益所形成的类似于利润的概念，还强调了环境管理行为所形成的效果，即通过量化和非量化的形式披露出来的环境质量绩效。因此，将现实与潜在的环境成本作为业绩的考核维度有利于激励企业积极承担社会责任，有助于认清我国石化行业发展中的资源环境代价，从而不断完善环境的公示与监督体制，降低企业发展中环境的外部效应。

那么，如何评价我国石化行业的环境绩效？哪些因素制约了环境绩效水平的提升？对这些问题的研究和解决均具有较强的理论和实践意义。鉴于此，本文首先依据《可持续发展报告指南》最新版本（G4）所提供的指标体系，采用指数分析法对环境绩效进行量化，为衡量企业环境绩效提供了评价工具。同时，与现有的研究相比，G4 作为国际认可的评判标准，在指标的设计上充分地考虑了利益相关者要素，评价更加全面、合理。其次已有文献对环境绩效影响因素的研究主要集中于公司结构、政府监督、媒体关注等方面，而本文考虑了科技创新的环保效应和企业绩效管理的特点，探讨了环保技术的研发以及环保战略的实施对环境绩效的影响，丰富了现有的理论。实践上，通过本文的研究，有助于企业在环境绩效管理中有效地控制环境成本并辨识关键控制点，有助于石化企业做出更加科学、合理的决策，从而促进行业发展与资源环境的和谐统一。

一、文献综述

目前，我国环境绩效的评价体系尚未达成一致，依据的评估工具以 ISO14031 和《可持续发展报告指南》为主。ISO14031 评价体系虽然具有一定的指导性，但是可比性较弱，由于不能直接反映经济效益，因而无法激励环境管理者对环保事业的积极性。C. Trumpp（2013）对近十年文献中有关 ISO14031 环境绩效评价体系进行总结，提出企业应该从EMP和EOP两个维度综合评价环境绩效；李平等（2015）以我国重污染行业上市公司为研究样本，依据ISO14031环境绩效评估标准，从绩效管理和执行情况两个维度建立了环境绩效的评价指标体系；温素彬等（2016）借鉴了ISO14031环境指标体系，结合石油化工行业的实际情况，建立了管理绩效和经营绩效两类指标群并以此来衡量环境绩效，研究表明中国石化行业上市公司在环境绩效管理方面还有很多不足。鉴于ISO14031评价体系存在的缺陷和不足，全球报告倡议组织（GRI）发布的《可持续发展报告指南》包含了核心指标和辅助指标，其中核心指标与利益相关者密切相关而辅助指标则面向特定的需求者，充分考虑了环境成本对企业绩效的影响，因此，该评价体系的指标设计要比ISO14031更加具有针对性。Clakson（2008）依据《可持续发展报告指南》（第二版，G2）对美国五个行业165家公司的环境绩效指标进行量化；何丽梅等（2011）以我国电力公司为研究样本，依据《可持续发展报告指南》（G3）提供的指标体系对环境绩效进行量化，结果表明该行业环境绩效水平不高；唐久芳等（2008）采用相同的方法对中国化工行业的环境绩效进行评价，得出我国化工行业环境绩效水平不高的结论；温素彬（2016）依据《可持续发展报告指南》（第四版）作为环境绩效评价工具对我国两家大型钢铁公司的环境绩效情况进行了分析，研究表明宝钢的环境绩效在总体上优于武钢。相较于G3版，G4版更加强调实质性原则，增加了供应商环境评估和环境问题申诉机制两个内容，指标体系对环境所涉及的利益相关者有了更全面的覆盖并且更加注重企业环境管理的执行效果。另外，参照新颁布的环保法，其相关的重点内容与《可持续发展报告指南》（第四版）所设立的核心指标相对应，如表1所示。故本文以G4版《可持续发展报告指南》指标体系为标准对石化企业的环境绩效进行评价，使评估结果更加合理和准确。

表1　G4与新《环保法》对应表

评价对象	新环保法的亮点	对应的G4环境绩效评价一级指标
生态资源	首次划定生态保护红线	物料、能源、水、生物多样性
废气	建立检测预警机制，防治雾霾	废气排放
合法与惩罚	加大违法排污处罚力度，按日计罚无上限	合规、环境问题申诉机制
排污情况	排污超过一定量即构成犯罪，追究刑事责任	污水和废弃物

续表

评价对象	新环保法的亮点	对应的 G4 环境绩效评价一级指标
环境影响披露	设公众参与和信息公开专章	产品服务、交通运输、供应商环境评估
环保投入	环境保护作为国策写入法律	整体情况

既有研究主要从公司治理、财务层面、企业规模和政府等外界关注度几个方面对环境绩效的影响因素进行研究。LopeZ - Gamero 等（2010）以西班牙 208 家受 IPPC 约束的公司为对象展开调查，研究发现领导人的环保意识、企业规模对环境管理具有较大的促进作用；周闰臣（2015）以重污染行业企业为样本进行实证性研究，结果表明：企业的盈利能力较强时可以为环境绩效提供资金基础，内部董事比例、股权集中程度与环境绩效显著负相关，政府等外界的关注可以促进环境管理；杨小科等（2015）探究了中国上市公司环境绩效影响因素，研究发现：企业规模和企业营利性与环境绩效显著正相关，资产负债比率、营业收入净利率均对环境责任水平均具有正向影响，独立董事比例、两职兼任、高管薪酬与环境责任水平显著正相关；宴维莎（2015）对火电行业环境绩效影响因素进行实证研究，结果表明：公司规模、经营获利水平、政府监管、监事会规模和独立董事比例均与企业环境绩效水平呈显著正相关，而股权集中度抑制环境绩效。既有研究主要以企业的自身属性、外界的关注作为重点研究对象，如盈利水平、营运规模、组织结构以及外部的利益相关者等，具有一定的参考价值。然而，石化行业是重污染行业，仅凭财务绩效、组织结构以及监督规制的控制来实现较高的环境绩效具有一定的局限性，这些因素并不能完全契合企业特点。高污染、高消耗、产业链长等特点使石化行业必须从生产链上解决环境污染的问题，其中环保技术研发与环境战略是改善环境绩效的基础。鉴于此，本文结合石化行业的特点，深入探讨环境战略和研发强度等驱动因素对环境绩效的影响机制。

与既有研究文献相比，本文在三个方面进行了拓展：一是本文以 G4 版《可持续发展报告指南》指标体系为标准对石化企业的环境绩效进行评价，使评估结果更加合理和准确；二是本文以企业环境政策的制定表示战略的执行情况，考察了环保战略与环境绩效的关系；三是以波特（Porter）为代表的修正学派认为那些承担高污染治理成本的企业更愿意去开发新技术和生产工艺，从长远来看，创新和研发新型环保技术有利于提高企业的环保竞争优势，因此，本文对环保技术的研发强度对环境绩效的影响机制进行研究。

二、样本选择及数据处理

本文以 2010 ~2015 年石化行业的上市公司为研究样本，由于我国石化行业属于化工行业的一个分支，根据行业范围的界定，所划分到该行业的上市公司的数目比较少，分别包括：能源类、基础化工、橡胶塑料以及合成纤维等基础化工类企业等 104 家。本文在样本的选取中，剔除了停牌，数据缺失严重和新进的上市公司，如 * ST 云维、石大胜华、博迈科、ST 明科等。同时，考虑到剔除的样本中缺失数据较多，故选取 91 家 546 个平衡面板数据进行研究。环境绩效并没有直接可获得的数据，均是从 91 家石化企业 2010 ~2015 年的年报和单独披露的社会责任报告手工收集，据披露的相关环境绩效信息进行整理，并进行相关统计分析。样本数据取自巨潮资讯网、中国证监会网站，而财务数据主要通过万得数据库获取。本文的数据处理使用了 Excel 软件，描述性统计分析和多元回归统计分析使用了 Stata 统计软件，论文使用不同年份的混合截面数据，通过扩大样本提高估计的精确度，以消除残差项与解释变量相关的估计量有偏问题。

三、环境绩效指标编制

（一）编制方法

本文采用指数法对年报和社会责任报告披露的环境绩效信息进行量化。具体打分标准如下（见表 2）：

我国的既有研究主要以 G3 版《可持续发展报告指南》指标体系为评判依据进行打分（何丽梅等，2010；唐久芳等，2012），G3 版的环境业绩指标包括 9 个方面共计 30 项指标，经整改 G4 版将“三废”排放这一项细分为废气和污水、废弃物两个方面，使得打分标准更精确，评分结果可信度更高。同时新版又增加了供应商环境评估和环境问题申诉机制两个方面，不仅体现了供应链的重要性，对利益相关者进行了更充分的概括，还可以根据企业处理和解决环境申诉的数量等信息更好地检验企业环境绩效的管理情况。因此，G4 版作为评判依据要比 G3 版更科学更合理，评分更加准确。

表 2 打分规则

指标属性	说明	评分规则	得分（分）
核心指标	反映环境信息披露的基本指标，大多以定量形式体现	既有定性又有定量分析，披露十分详细	5
		兼并定性和定量分析，披露较为详细	4
		定性和定量分析均有，披露不充分	3
		只有定性披露	1.5
		没有披露	0
补充指标	反映环境信息披露的辅助指标，主要以定性的形式对核心指标补充说明	披露十分详细	3
		披露比较充分	1.5
		披露不充分	1
		没有披露	0
额外附评		报告中如果有相关指标索引，有助于评价企业的环境绩效	1
		报告中如果有第三方验证或审计，增加环境绩效的可信度	1
总分：10 分			

（二）环境信息披露概况

1. 环境信息披露载体

表 3 展示了环境信息的获取途径。六年数据显示，披露的环境绩效信息主要从年报的董事会报告，重要事项，附件三个部分获取，单独披露社会责任报告的企业很少，但呈逐年缓慢递增的趋势。虽然年报中也有社会责任情况的专项披露，但大多是查看社会责任报告的索引或以定性披露为主，较少能够进行详细披露。一般情况下，单独披露的社会责任报告，其环境保护章节总结了大部分年报中披露的环境绩效内容，故将两者结合起来可以获取更全面的环境绩效信息。总体来看，石化行业企业越来越重视环境信息的披露，设置独立社会责任报告的企业数不断增加。

2. 环境绩效信息披露的内容分析

根据 G4 准则，表 4 对我国石化行业上市公司年报和单独披露的社会责任报告所披露的环境信息进行总结，主要包括以下内容：ISO14001 体系认证、环保维护支出、政府补助用于环保、企业设立相关的环保部门或机构以及环保政策，环境标准筛选供应商，节约耗能，废气减排达标，第三方审计，降低运输过程环境影响，重大环境问题。其中供应商环境评估是《G4 可持续发展报告指南》新增内容，仅有乐通化工有限责任公司和海南橡胶集团进行了披露。其他企业均未披露是否按环境标准筛选供应商以及供应链产生的环境影响。三废减排包括废气、废水及废弃物。在选取的样本中大多披露的是减排量，几乎没有披露排放总量。

表 3　环境信息披露载体情况统计　　单位：家，%

年份	披露环境绩效信息的企业数目	年报中董事会报告、重要事项及附件等相关部分		社会责任报告单独披露	
		企业数	占比	企业数	占比
2010	91	87	95.6	15	16.48
2011	91	88	96.7	13	14.29
2012	91	91	100	13	14.29
2013	91	90	98.9	15	16.48
2014	91	90	98.9	16	17.58
2015	91	90	98.9	16	17.58

表 4　披露项目统计表　　单位：家

年份＼披露项目	ISO	环保维护支出	政府补助用于环保	环保部门	环保政策	环境标准筛选供应商	节约耗能	三废减排达标	第三方审计	降低运输过程环境影响	重大环境问题
2010	27	54	40	13	24	1	26	30	31	6	0
2011	33	52	42	11	26	1	28	28	31	7	0
2012	48	51	41	14	35	2	26	30	41	7	0
2013	50	55	44	16	36	1	26	30	39	6	0
2014	47	52	42	16	33	1	26	32	40	7	1
2015	49	50	37	17	36	1	32	32	39	8	0

注：环保支出是指为整顿环境而支付的相关费用。主要包括绿化费、河维管理费、排污费、环境保护费。第三方审计是指国家审计机关或相关环保部门对企业环境进行监测做出的环境绩效的认定。

3. 信息定性披露与定量披露情况

据G4准则，共计12个方面（一级指标）的34项环境绩效评价指标（二级指标）。我国石化行业上市公司披露的环境绩效信息可分为定性和定量两个部分。如表5所示，定量部分，大多企业主要披露的指标个数为1～3。定性部分，大多企业主要披露的指标个数为0～2。相对标准指标披露个数相差很大，表明我国石化行业环境绩效水平整体不高。在实际评分过程中，定量指标主要依据环保维护支出，节约耗能，三废减排量，重大环境问题提取；定性指标主要根据报告中所表述的节能措施和降低环境影响的方式确定。

表5　信息定性披露与定量披露情况　　单位：家，%

项目	披露指标数量	2010年		2011年		2012年		2013年		2014年		2015年	
		公司数量	占比	公司数量	占比	公司数量	占比	公司数量	占比	公司数量	占比	公司数量	占比
定量	8	3	3.3	2	2.2	0	0	0	0	0	0	0	0
	7	6	6.6	6	6.6	6	6.6	8	8.8	5	5.5	6	6.6
	6	1	1.1	3	3.3	1	1.1	2	2.2	3	3.3	2	2.2
	5	4	4.4	6	6.6	5	5.5	3	3.3	2	2.2	1	1.1
	4	9	9.9	8	8.8	11	12.09	14	15.38	9	9.9	10	11
	3	18	19.78	16	17.58	20	21.98	18	19.78	18	19.78	20	21.98
	2	37	40.66	31	34.07	25	27.47	27	29.67	32	35.16	32	35.16
	1	11	12.09	18	19.78	19	20.88	15	16.48	18	19.78	16	17.58
	0	2	2.2	1	1.1	4	4.4	4	4.4	4	4.4	4	4.4
定性	6	1	1.1	1	1.1	1	1.1	2	2.2	1	1.1	1	1.1
	4	2	2.2	1	1.1	2	2.2	1	1.1	1	1.1	1	1.1
	3	4	4.4	5	5.5	4	4.4	6	6.6	5	5.5	6	6.6
	2	38	30.77	40	43.96	57	62.64	54	59.34	58	63.74	56	61.54
	1	24	26.37	28	30.77	16	17.58	16	17.58	14	15.38	15	16.48
	0	22	24.18	16	17.58	11	12.09	12	13.19	12	13.19	12	13.19

（三）环境绩效指数测算结果分析

表6是利用Stata软件得出的样本数据的描述性统计结果。*EPDI*平均值为0.37，中位数为0.3455，表明我国石化行业的环境绩效整体水平较低。这与唐久

芳（2012）的结论一致，唐久芳（2012）依据 G3 版准则对我国化工行业企业环境绩效进行量化，平均值为 0.34 分，同样得出了环境绩效水平不高的结论。然而，本文以 G4 作为环境绩效评价标准更加科学合理。首先，G4 版把原有的“三废”指标细分为“废气排放”和“污水、废弃物”两个方面单独列示，突出了环境绩效评价的关键性指标，使评价结果更准确。其次，G4 版新增了“供应商环境评估”和“环境问题申诉机制”两个方面，关注了组织产业链的环境影响，从运行和服务角度来评价企业的环境绩效，使分析结果更加全面合理。同时，污染的监测与处理是石化行业亟待解决的问题，因此，通过申诉机制可以更好地检验企业环境管理的履行情况。

表 6　样本描述性统计

变量	*N*	中位数	平均标准误	最小值	最大值	平均值
EPDI	546	0.3455	0.1203	0.1	0.7	0.37
LEV	546	0.4747	0.2197	0.03	0.99	0.15
SIZE	546	22.0966	1.2721	18.29	28	21.72
PRO	546	0.5435	0.1790	0	0.97	0.54
RD	546	0.0201	0.0528	-0.69	0.84	0.07
STRATEGE	546	0.4451	0.4974	0	1	0.39

四、环境绩效的影响因素研究

（一）模型建立

本文依据年报和独立社会责任报告披露的环境绩效信息量化结果作为被解释变量，将石化行业上市公司的负债水平、规模、盈利能力、环保研发强度和环保战略作为解释变量。构建多元回归模型如下：

$$EPDI_i = \beta_0 + \beta_1 LEV_i + \beta_2 SIZE_i + \beta_3 PRO_i + \beta_4 RD_i + \beta_5 STRATEGE_i + \lambda$$

（二）研究假设

论文对企业环境绩效的影响因素进行理论分析，并相应地做出两个假设。

假设1：企业的研发强度对石化行业的环境绩效有正向影响。

石化行业属于重污染行业，随着环保意识的不断提高以及环保法的不断健全，产品的环保性能备受消费者的关注，并要求企业加强生产制造过程的环境控制。因此，企业通过研制环保性能的材料来满足客户需求，并通过对污染检测和处置设备的不断改进与更新实现节能减排的高效运作，进而减少环境问题的外部效应。因此，研发能力强的企业可以提高产出率和资源的利用效率。

假设2：企业的环境战略对石化行业的环境绩效有正向影响。

环境战略对环境管理的执行有重要的作用。制定积极的环境战略有利于企业聚焦于“污染防治”而非“末端防治理”（张长江，2016）。除了环保理念的宣传，企业往往通过设立环保部门，制定环保政策，主动达到环境体系标准以及严格执行《环保法》来执行环保管理。因此，环境管理体系建立得越完善就越有利于提高企业的环境绩效。

（三）变量定义

1. 被解释变量

环境绩效信息披露指数EPDIi，为第i家企业环境绩效披露情况的实际得分与企业环境绩效指标最佳得分比值。

2. 解释变量

借鉴国内外环境绩效影响因素实证研究的文献成果，选取以下指标作为解释变量：

（1）企业的研发强度，本文选取研发支出成本与主营业务收入比率衡量企业的研发强度，对于石化行业，企业的研发集中于产品的研制，生产技术和工艺的开发，以实现降耗减排高产的目的。研发支出作为一项支出，可直接从年报中获取与环保相关的技术开发支出等数据。

（2）企业的环境战略，本文以是否在企业内部制定相关的环境政策来衡量环境战略的执行情况。企业内部制定健全的环境保护政策反映了上市公司执行环境管理的主动性。企业制定了相关政策，取值为1，未制定，取值为0。

3. 控制变量

（1）企业的负债能力，本文选取期末资产负债率衡量企业的负债能力。

（2）企业的规模，本文选取期末总资产的自然对数衡量企业的规模。

（3）企业的盈利能力，本文选取收益净利率衡量企业的盈利能力。

本章所涉及的变量及定义如表7所示。

表7　变量定义表

变量类型	变量	预计符号	变量名称说明
被解释变量	*EPDIi*		环境绩效信息披露指数
	LEV	+	资产与负债比率
	SIZE	+	期末资产的自然对数
解释变量	*PRO*	+	净利润与营业总收入比率
	RD	+	研发支出成本占主营业务收入比率
	STRATEGE	+	虚拟变量，制定环保政策，取值为1；未制定，取值为0

（四）影响因素实证分析

1. 回归结果分析

表8反映了回归方程整体上的显著性情况。F值为9.10，$p=0.000<0.01$，故整个回归方程在1%的水平上整体显著。上市公司的规模在5%的水平上与环境绩效指数显著正相关，这与唐久芳（2012）的结论一致；上市公司的研发能力与环境绩效指数在10%的水平上显著负相关；企业的环境战略在1%水平上与环境绩效指数显著正相关。企业的负债能力和盈利水平与环境绩效指数正相关，

表8　多元线性回归结果

自变量	系数	标准误	Z	p>丨z丨	VIF	F	Adjuste R^2
常量	0.109 (0.94)	0.1162	0.94	0.349		9.10 p=0.0000	0.2211
LEV	0.0449 (1.48)	0.0304	1.48	0.139	1.24		
SIZE	0.0127** (2.22)	0.0057	2.22	0.026	1.35		
PRO	0.00819 (0.15)	0.0528	0.15	0.877	1.19		
RD	-0.00396* (-1.93)	0.0021	-1.93	0.054	1.01		
STRATEGE	0.102*** (9.02)	0.0113	9.02	0.000	1.08		

注：***、**、*分别表示显著性水平为1%、5%、10%，余同。

但未通过显著性验证。由此可得，环境战略的完善对环境绩效影响最大，其次是企业规模和研发强度。表 9 反映了各变量间的相关性，且通过 VIF 检验可知，解释变量之间呈现弱相关性，故不存在共线性问题。

表 9 研究变量相关度检验

	EPDI	*LEV*	*SIZE*	*PRO*	*RDCOST*	*CONTROL*
EPDI	1.0000					
LEV	0.0569 (0.9527)	1.0000				
SIZE	0.3306* (0.0000)	0.3908* (0.0000)	1.0000			
PRO	0.2697* (0.0000)	-0.0680 (0.8336)	0.2853* (0.0000)	1.0000		
RD	-0.0374 (0.9993)	-0.0293 (1.0000)	-0.0410 (0.9980)	-0.0756 (0.7021)	1.0000	
STRATEGE	0.5902* (0.0000)	-0.0228 (1.0000)	0.1544* (0.0044)	0.2508* (0.0000)	0.0012 (1.0000)	1.0000

2. 回归结果解释

（1）假设 1 未得到验证，企业的研发强度与环境绩效指数显著负相关（$p = 0.054 < 0.1$），在其他条件不发生变化的情况下，每增加一个单位的研发强度就会使环境绩效下降 0.4%。环保技术的研发需要投入大量资金，故管理者很难将更多的精力放在环境管理上，使“研发”与“环控”相脱节，从而降低了环境绩效水平。同时，从研发投入到实现效果需要经历一个过程，这种时间上的滞后性可能会在前期产生一些负面效应，最后导致企业的研发投入越强，其环境绩效越差。

（2）假设 2 得到验证，企业的环境战略与企业绩效指数显著正相关（$p = 0.000 < 0.001$），在其他条件不发生变化的情况下，环境战略每提高 1 个单位，环境绩效就会提升 10.2%。本文以是否在企业内部设置环保政策代表环境战略的执行情况。企业如果有完善的环保政策，环境管理的执行就有方向可循。各项环保指标均达标后，其执行效果必然会积极地影响企业的环境绩效指数。因此，环境战略越完善，其环境绩效水平越高。

（五）稳健性检验

在上述回归分析中，验证了研发强度与环境绩效显著负相关，而环境战略与环境绩效显著正相关。为了保证研究结果的可靠性，本文以专业研发人员的占比表示研发强度对平衡面板数据进行稳健性检验，回归结果没有发生显著性变化，F＝8.7，p＝0.000。同时，将模型中解释变量是否在企业内部设立环境政策用是否在企业内部设立环境保护部门替代，回归结果保持不变，F＝11.57，p＝0.000，以上检验结果表示模型具有稳健性（见表10）。

表10　环境绩效影响因素的稳健性检验

研发强度变量的替换		环境战略变量的替换	
变量	参数估计值	变量	参数估计值
常量	0.0833（0.77）	常量	0.123（0.91）
LEV	0.0309（0.86）	*LEV*	0.0508（1.64）
SIZE	0.0145***（2.72）	*SIZE*	0.0142**（2.25）
PRO	0.0370（0.69）	*PRO*	0.0246（0.75）
RD	－0.00507*（－1.65）	*RD*	－0.00634*（－1.78）
STRATEGE	0.0609***（4.57）	STRATEGE	0.0273**（2.27）
VIF 检验	1.12	VIF 检验	1.18
F 检验	8.70	F 检验	11.57

五、结论与启示

基于既有研究的缺陷与不足，本文参考 G4 版《可持续发展报告指南》，在构建环境绩效指标的基础上，对石化行业的环境绩效影响因素进行研究。结果表明：石化行业企业越来越重视环境信息的披露，设置独立社会责任报告的企业数不断增加，石化行业环境绩效平均得分为 0.37 分，整体水平偏低；企业环境战略对环境绩效有正向促进作用，而企业的研发强度对环境绩效具有显著的抑制作用；企业的规模越大，其环境绩效越好，而企业的盈利能力和负债能力对环境绩效的影响不显著。因此，企业应提高自身的技术创新能力，通过“研发”与“环控”相结合的形式降低整个生产供应链对环境的影响程度；同时，公司应重视环境保护战略的制定，并通过政策的形式贯穿于环境绩效管理的各个环节，以实现企业环境绩效的长期目标。

参考文献

［1］何丽梅，李哲，朱红．我国电力上市公司及环境信息绩效披露研究［J］．数理统计与管理，2011（3）：397－403.

［2］黄进．国际标准中组织环境绩效评价指标体系的研究［J］．标准科学，2015（7）：78－84.

［3］何丽梅，侯涛．环境绩效信息披露及影响因素实证研究——来自我国上市公司社会责任报告的经验数据［J］．中国人口·资源与环境，2010（8）：99－104.

［4］李平，黄嘉慧，王玉乾．公司治理影响环境绩效的实证研究［J］．绩效管理，2015（2）：81－83.

［5］唐久芳，李鹏飞．环境信息披露的实证研究——来自中国证券市场化工行业的经验数据［J］．中国人口·资源与环境，2008（5）：112－117.

［6］唐久芳，李鹏飞，林晓华．社会责任报告与环境绩效信息披露的实证研究——来自中国证券市场化工行业的经验数据［J］．宏观经济研究，2012（1）：67－72.

［7］温素彬，张建霞．管理会计工具及应用案例——ISO14031 环境绩效评价工具及应用［J］．会计之友，2016（13）：133－136.

［8］温素彬，曹歆辰．管理会计工具及应用案例——GRI 环境绩效评价工具及应用［J］．会计之友，2016（17）：132－136.

［9］杨小科，石颖．企业环境绩效影响因素分析［J］．中国社会科学院研究生院学报，2015（2）：39－44.

［10］晏维莎．企业环境绩效的影响因素研究——基于火电行业上市公司的实证检验［D］．湖南：长沙理工大学硕士学位论文，2015.

［11］周闰臣．重污染行业上市公司环境绩效影响因素研究［D］．南京：

东南大学博士学位论文，2015.

［12］张长江，温作民，徐晴．重污染行业上市公司环境绩效与财务绩效互动关系实证研究［J］．生态经济，2016（11）：20－26.

［13］Marta D. López Gamero，JoséF. Molin Azorín，Enrique Claver Cortés. The Potential of Environmental Regulation to Change Managerial Perception，Environmental Management，Competitiveness and Financial Performance［J］．Cleaner production，2010，43（4）：717－736.

［14］Peter M. Clarkson，Yue Li，Gordon D. Richardson，Florin P. Vasvari. Revisiting the Relation between Environmental Performance and Environmental Disclosure：An Empirical Analysis［J］．Accounting，Organizations andSociety，2008，33（4）：303－327.

［15］Trumpp C.，Endrikat J.，Zopf C. et al. Definition，Conceptualization，and Measurement of Corporate Environmental Performance：A Critical Examination of a Multidimensional Construct［J］．Journal of Business Ethics，2015，126，（2）：185－204.

后　记

本书为2019年结题的国家社科基金主要研究成果，虽然我努力地去做了，但还是不敢说完美，因其中的许多问题可能论证得还不够透彻，对文献的选择与把握也不敢说完全前沿，对模型的选择与度量可能还存在争论，但学无止境，这也将是我继续前进的动力。

这是我第一次独立申请并负责国家社科基金项目，所以我们团队万分谨慎地对待这一项目，想尽量把这个项目做到最好，担心能力不足，虽然课题组每周都要参与课题的研究与讨论，但是大家乐此不疲，研究的兴趣与动力十足，因为我们有收获，课题有进展，学识更渊博。我们认真地在各种数据库上收集数据、文献等资料，并密切留意国外网站、相关专家的最新观点与成果，以确保本项目的研究方法、研究思路及研究成果与时俱进。同时，我们也不断翻阅涉及经济增长效率的经典书籍、最新文献，提高自身文化素养，增强团队文化氛围，以便为撰写报告做好充足的准备。虽然在研究报告写作过程中，由于国家政策和环境的不断变化，报告几易其稿，但值得欣慰的是这份凝聚了课题组全体成员心血的研究报告最终尘埃落定。

在团队积极讨论并改进项目报告的同时，我们先后与北京、上海等多名专家讨论与交流，并先后两次送给专家评审，诚恳接纳专家们提出的宝贵意见，积极修改报告，使本项目的水平得以进一步提升。虽然在完成项目过程中面临很多困难，但我们也取得了相对丰硕的研究成果，不仅顺利完成了研究报告，还在权威与核心期刊发表了相关学术论文。

本报告不仅得力于团队成员的奉献，还要感谢国家社科规划办、云南省社科规划办等机构的支持。在此，请允许我由衷地感谢你们的辛勤耕耘和默默奉献！

最后，特别要感谢我的家人。本书都是在家人的支持和鼓励下完成的，是他们的爱让我更坚强、更执着地去完成课题。因此，我的所有一切，应首先归属于他们。

2020 年 5 月于昆明